인구감소 시대의 공공시설 개혁

마을 만들기가 키워드

JINKOU GENSHO JIDAI NO KOUKYOSHISETSU KAIKAKU

by NOBUHIRO NAITOU

Copyright © NOBUHIRO NAITOU 2015
Korean translation copyright © HanulMPlus Inc. 2017

Originally published in Japan in 2015 by JiJi Press Publication Services, Inc, Tokyo,
Korean translation rights arranged with JiJi Press Publication Services, Inc, Tokyo,
through TOHAN CORPORATION, TOKYO, and SHINWON AGENCY CO., SEOUL

이 책의 한국어판 저작권은 신원에이전시를 통해 저작권자와 독점 계약한 한울엠플러스
(주)에 있습니다. 저작권법에 의해 보호를 받는 저작물이므로 무단 전재와 무단 복제를
금합니다.

이 도서의 국립중앙도서관 출판예정도서목록(CIP)은 서지정보유통지원시스템 홈페이지
(http://seoji.nl.go.kr)와 국가자료공동목록시스템(http://www.nl.go.kr/kolisnet)에서 이용하
실 수 있습니다.
CIP제어번호: CIP2017007338

인구감소 시대의
공공시설 개혁

마을 만들기가 키워드

나이토 노부히로 지음
충남연구원 기획
임준홍·박춘섭·김정연·김한수·임지현 옮김

한울
아카데미

▌ 일러두기

이 책에서의 공공시설과 인프라의 정의

공공시설과 인프라(정확하게는 infrastructure)라는 말은 도로나 교량, 상하수도, 공원, 학교, 공공회관, 공영주택, 청사 등 사회기반시설의 집합 개념으로서 모두 동일한 의미로 쓰인다. 한편 공공시설은 공공건축물과 그 부지를, 인프라는 도로, 교량, 상하수도, 폐기물 처리시설 등의 토목구조물이나 플랜트(공장설비)를 가리키는 것으로 사용되는 경우도 많다.

이 책에는 공공시설과 인프라를 다음과 같이 정의한다.

✻ **공공시설**: 공공건축물(학교, 공공회관, 청사 등)과 그 부지 및 도시공원

✻ **인프라**: 공공시설을 제외한 사회기반시설(도로, 교량, 상하수도, 폐기물처리시설 등)

이 책에서 논의하는 주요 대상은 공공시설 및 인프라 중 마을 만들기와 관련 깊은 시가지 내 도로(가로) 및 하천부지이다. 공공시설 이외의 인프라인 도로(가로)나 하천부지도 다루기 때문에 이 책의 제목은 본래 「공공시설 등의 개혁」으로 해야 한다. 그러나 표기를 간결하게 하기 위해 일부러 「공공시설 개혁」으로 했다.

또한 보통 지방공공단체인 도도부현(都道府県) 및 시정촌(市町村), 그리고 특별지방공공단체인 특별구(지방자치법 제1조 3)의 총칭을 '지자체'로 했다. 또한, 지자체 중에서 도도부현을 제외한 경우를 '시읍면'으로 했다. 따라서 단순히 시읍면으로 표기하는 경우에도 원칙적으로 특별구를 포함하고 있다.

발간사

    우리나라의 많은 도시들은 인구감소 시대를 넘어 축소도시 시대로 진입하고 있다. 인구감소에 대한 대응은 수요 감소와 소비 위축, 실업 증가와 정부 재정악화로 이어지는 악순환을 막기 위해서라도 꼭 필요하다.

    이 책은 우리보다 앞서 인구감소를 맞이한 일본의 경험과 고민을 생생하게 전하고 있다. 지금 일본에서는 고도성장기(1950~1970년대) 집중적으로 만들어진 인프라와 공공시설의 사용연한이 다가옴에 따라 인구밀도가 낮은 지역의 인프라와 공공시설을 어떻게 할 것인가에 대해 고민하고 있다. 이러한 문제에 대해 일본의 지자체들은 압축도시(compact city)를 목표로 중심시가지 활성화와 공공교통 확충 등에 주력하고 있다.

    그러나 무조건적인 비용 절감과 재정 합리화만을 목적으로 하는 공공시설 통폐합과 무리한 이주 권고는 지역민들의 이해를 얻지 못하고 갈등을 초래하게 된다. 이와 관련하여 최근 후쿠이(福井) 현 사례는 일본 사회에 중요한 시사점을 던지고 있다.

    후쿠이 현은 일본 내의 행복도 평가에서 10년 넘게 최고점을 받으면서도, 빈곤률과 실업률은 낮다. 또한 슈퍼마켓과 병원을 유치하는 등 몇 개의 도심지역을 집중개발하면서, 도심의 편이성을 높이는 동시에 도심으로 이주해오는 이들에게 보조금을 지급하고 대중교통수단을 확충하는 등 주민들을 설득하고 있다.

저자는 도쿄대학 공공정책대학원의 교수로서, 일본 국토교통성의 공공부동산 관련 정책에 깊이 관여하여 왔다. 특히 PRE/FM연수회를 기획하여, 중앙정부 및 지자체 공무원들과 함께 인구감소시대의 공공시설의 관리·유지에 대해 고민하였다. 이러한 고민이 고스란히 이 책에 담겨 있다. 곧 닥쳐올 인구감소시대 공공인프라 유지·관리를 포함한 마을(지역)만들기를 고민한다면, 이 책은 독자 여러분에게 많은 도움을 주리라 생각한다.

이 번역서가 나오기까지 원내외 많은 분들이 수고하였다. 번역작업에는 임준홍·박춘섭 박사를 비롯한 원내 연구자들과 외부 전문가가 참여하였다. 이들의 노고로 이런 뜻 깊은 책이 발간되었다. 고생하신 분들께 감사의 말씀을 드리며, 이 책이 널리 읽혀 인구감소 시대에 나침반과 같은 지침서가 되기를 바라는 바이다.

2016년 12월
충남연구원장 강현수

들어가기

일본은 인구감소 사회에 들어섰다. 제2차 세계대전의 영향으로 인해 일시적으로 감소했던 때를 제외하면 메이지 유신 이후 한 번도 경험한 적이 없는 환경이다. 일본은 지금 살고 있는 사람 누구도 경험한 적 없는 상황 아래 재정 재건을 도모하면서 고령화와 사회자본 노후화에 대처해야 하는 지극히 어려운 과제에 직면해 있다. 적어도 금세기 전반, 우리들은 이러한 문제와 마주하며 지속 가능한 사회와 도시의 모습을 모색해야 한다.

지금까지 일본은 오일쇼크와 엔고, 무역 마찰, 금융 자유화 등 밀려들어오는 거센 파도를 고통스러운 구조전환으로 극복했다. 하지만 그것들은 모두 국제 정치·경제에서 일어난 변화와 갈등에 따른 외생적 위협이었다.

그러나 지금 우리가 직면한 거액의 정부채무와 인구감소 문제는 재정의 불균형과 출생률 저하를 정부와 국민이 오랜 시간 용인해 생겨난 내생적 위협이다.

외부로부터의 위협은 사회에 강한 위기의식을 불러와 기민한 대응을 촉진한다. 대조적으로 일본 내부에서 서서히 진행된 변화가 가져온 위협은 문제의식이 있지만 구체적인 지장이 발생하지 않는 한 대처가 늦어지게 되기 쉽다.

고도성장기(1955~1973년)에 집중적으로 정비된 인프라와 공공시설이 노후화되어 일제히 갱신기를 맞이하고 있다. 그러나 향후 30년간 일본의 총인구는 약 20% 감소한다. 만약 평면적으로 확대(sprawl)된 시가지에 인구가 확산한 상태에서 그 밀도가 희박해지면 갱신을 계기로 인구감소에 대응한 인프라와 공공시설의 갱신 집약화가 어려워지고, 비효율적인 도시지역 경영이 강요된다. 또한 재정난하에서 갱신 투자가 확산·과소화되어 시민의 편의가 저하된다.

그래서 CO_2 대책을 포함한 집약형 도시구조로의 전환이 강조되고 있으며, 많은 지자체가 압축도시(compact city)를 목표로 중심시가지 활성화와 공공교통 확충, 시가지 확대 억제 등에 주력하고 있다. 또한 일부 지자체에서는 통합적인 관점에서 공공자산의 합리적 운영관리와 이용·활용을 위한 활동이 시작되고 있다.

일본 중앙정부에서도 이와 같은 방향에서 모든 지자체에 공공시설 등에 대한 종합관리계획 작성을 요청하거나 도시재생 특별조치법을 개정하고, 입지 적정화 계획제도를 창설하는 등의 정책을 내놓고 있다.

그러나 집약화에 대한 대처와 공공시설의 통폐합은 총론에 대해서는 찬성해도 막상 세부적으로 들어가면 견해가 엇갈려 아직까지 많은 지자체가 추진하지 못하고 있다.

이러한 정책(대책)을 추진하기 위해서 무엇보다 중요한 관점은 인구감소를 주시하면서 시가지를 어떤 모습으로 변화시켜 나갈 것인가, 즉 마을 만들기의 방향성을 지역주민과 공유하는 것이다. 이러한 이념 없이 단순히 비용·절감, 재정 합리화만을 목적으로 한 공공건물*의 통폐합을 진행시킨다면 사람들의 이해를 얻기가 어렵다. 무엇보다 지자체장과 의회가 망설이게 된다.

필자는 도쿄대학 공공정책대학원에서의 연구활동과 국토교통성과 공공
정책대학원이 공동 주최하는 'PRE/FM연수회' 등을 통해 공공시설 개혁 방
법에 관한 다양한 사례를 견문하고, 이 분야의 선진적 지자체 관계자들과
논의를 해왔다. 이를 통해 공공시설 개혁을 마을 만들기와 함께 할 필요성
을 강하게 인식하게 되었다.

이 책을 집필한 동기도 여기에 있다. 행·재정 개혁의 관점에서 공공시설
관리 방법이나 공공 부동산의 이용·활용을 논한 도서는 이미 발간되어 있
다. 그러나 마을 만들기의 관점으로 접근한 경우는 적고 이 점이 이 책의
특징이라고 생각한다.

따라서 이 책은 지자체나 마을 만들기 관계자와 그러한 사람들에게 서비
스나 조언을 제공하는 기업과 싱크탱크 등의 관계자를 주요 독자로 상정하
고 있다. 다소 전문적인 논의들은 활동의 기초가 되는 사고방식을 정리하
기 위함이며, 이 책에는 공공경제학 등의 예비지식은 전혀 필요하지 않다.

이 책의 구성은 대략 다음과 같다.

먼저 서장에서는 이 책에서 다루는 공공시설 경영을 둘러싼 여러 가지
과제를 지방도시에서 생활하는 주부의 이야기를 통해 평이하게 제시한다.

제1장부터 제3장까지는 공공시설 개혁의 총론과 그 구체적 진행방법에
대해 논한다. 2014년 4월 국토교통성에서 시작되어 필자도 검토에 참가했
던 「마을 만들기를 위한 공공 부동산(PRE)의 효과적인 활용 가이드라인」
내용도 소개한다.

---

* 옮긴이 주 원문은 하코모노(ハコモノ)로 사전적으로는 서랍, 책장 등 상자형 가구의 총
칭이다. 여기서는 국가나 지자체가 세운 도서관, 미술관, 체육관 등의 건물을 의미한다.

제4장부터 제6장까지는 앞으로의 마을 만들기가 반드시 대처해야만 하는 도시기능 집약화를 위한 압축도시에 대한 논의와 함께 공공시설이 담당해야 할 역할에 대해 도서관이나 공공회관, 도시공원 등 구체적 시설의 예를 통해 고찰한다.

제7장에는 사회자본 파이낸스라는 콘셉트를 제안하고, 공공시설 갱신과 통폐합을 위해 실행하고 있는 복합공공시설 정비 등에 관한 민관연대 방법과 자금조달 방법에 대해 검토한다.

주로 마을 만들기에 관심 있는 독자는 제4장에서 제6장까지를 먼저 읽는 것이 좋을지도 모르겠다. 공공시설이 마을 만들기에서 담당하는 역할을 구체적으로 먼저 파악하는 것이 공공시설 개혁의 필요성과 의의에 대한 이해를 깊게 할 것이라 생각하기 때문이다.

또한 이 책의 분석이나 고찰은 모두 필자의 개인적 견해이고 소속한 조직과는 관계가 없다는 것을 말씀드린다.

집약화를 위한 마을 만들기는 수십 년의 세월을 들여 이제 겨우 실현하게 된 대장정의 활동이다. 꾸준한 축적이야말로 성공의 열쇠이다.

듣기에는 좋지만 구체성이 결핍된 추상적인 미래상이 아니라, 어려운 현실에 한 발짝 한 발짝 전진해가기 위한 구체적인 상을 그린다. 그 속에서 공공시설 본연의 방식을 재고하고 재편하는 것이 요구된다.

이 책이 마을 만들기 관점에서 공공시설 개혁에 대처하는 데 일조한다면 다행이겠다.

2015년 3월
나이토 노부히로

감사의 말

   필자의 공공시설 개혁과 마을 만들기에 관한 연구에 많은 분들이 유익한 지식과 시사를 주었다. 특히 PRE/FM연수회의 연수 조언자인 선진자치회 분들은 폭넓은 문제의식을 주었다. 그 개혁을 향한 뜨거운 마음에 접할 기회가 없었다면, 이 책이 탄생할 일은 없었다고 해도 과언이 아니다. 또한 도쿄대학 공공정책대학원 공개포럼과 세미나 등에서 강연과 강의를 맡아주신 전문가와 국토교통성 관계자들로부터 많은 지식을 얻었다. 그리고 동 대학원 교수님들은 수업과 연습을 함께하는 기회를 통해 여러 가지 시사를 주었다. 다시 한 번 깊은 감사를 드린다.

   마지막으로 이 책의 내용을 이해해주고 출판의 기회를 준 시사통신출판국의 후나가와 슈이치(舟川修一) 씨와 사와다이시 노보루(沢田石登) 씨에게 깊은 감사를 드린다.

2015년 3월
나이토 노부히로

차례

발간사　5
들어가기　7

서론_ **발에 의한 투표**　주민이 지자체를 선택한다　　　　　　　　　15
　1. 지방도시에서 살고 있는 주부의 이야기　17
　2. 발에 의한 투표가 지자체를 도태시킨다　24
　『연구노트』 티부 가설의 전제조건과 부담자 시민　29

제1장_ **공공시설 노후화와 갱신 문제**　양적 확대가 가져온 비효율과 재정난　33
　1. 일제히 노후화되는 인프라와 공공시설　35
　2. 양적 확대와 효율성의 상쇄 관계(trade off)　42
　3. 도시·지역 재생의 열쇠를 쥐고 있는 공공 부동산의 이용·활용　51

제2장_ **PRE/FM 전략**　마을 만들기와 행·재정 개혁의 십자로　　　57
　1. PRE/FM 전략의 전체상　59
　2. PRE/FM 전략의 핵심　72
　3. 마을 만들기와 연계한 실행 절차　76
　4. 시간과 함께 변화하는 비용과 편익　87

제3장_ **공공시설백서**　PRE/FM 전략의 조감도　　　　　　　　　91
　1. 마을 만들기와 공공시설의 관계　93
　2. 비용 대 효과 분석방법과 과제　104
　3. 백서 작성·공개·갱신에 관한 방침　118
　『연구노트』 공통비 등의 배부기준　122

제4장_ **다심형 압축도시** 집약화로의 현실적 어프로치와 공공시설 역할 125
1. 압축도시의 목적과 지향해야 할 집약형 도시구조 127
2. 중심상점가의 쇠퇴 원인은 주택 교외화와 자동차화 141
3. 중심상점가 구역을 집약 거점의 하나로서 재생한다 146
4. 다심형 압축도시에 대한 중심 거점 시설 152

제5장_ **커뮤니티센터 혁신** 새로운 교류와 연대를 키우는 장치 163
1. 지역커뮤니티 쇠퇴와 새로운 교류·연대의 필요성 165
2. 중요성을 더하는 커뮤니티센터와 그 혁신 171
3. 도서관과 공공회관의 제도적 위상과 그 방향성 182
「연구노트」 도서관과 공공회관은 시설일까 기관일까 191

제6장_ **공원·가로·수변공간의 재생** 193
도시 매력을 창조하는 녹지와 물과 오픈스페이스
1. 휴식과 활기를 가져오는 도시공원 195
2. 앎과 정신을 키우는 문화와 생활이 숨 쉬는 수변·연도 공간 209
3. 공원·가로·수변공간을 이용한 PRE/FM 전략 215

제7장_ **사회자본 파이낸스** 민간의 지혜와 자본을 활용하는 방법 225
1. 자산과 자금의 민관 협업을 도모하는 사회자본 파이낸스 227
2. 민관의 자금비용과 이익추구 동기 233
3. 갭 펀딩(gap funding) 251
「연구노트」 미국의 임대 주택 공급자 대상 세액공제권 258

인용·참고문헌 261

발에 의한 투표

주민이 지자체를 선택한다

"태어나고 자란 고향이기에 계속 살고 싶다는 생각은 있습니다. 그러나 저처럼 일하면서 육아를 하는 주부를 이 도시가 잘 이해해주지 않는 것 같습니다. 인근 M시의 주민 서비스가 훨씬 편리하고 매력적이기에 이사하기로 했습니다."

"다행히 M시의 주택 가격이 우리가 살 수 있을 정도가 되었습니다. 새것은 아니지만 중심시가지에서 조금 떨어진 교외의 단독주택을 사기로 했습니다. 지금은 친정 가까운 곳에 살고 있지만 인근의 M시로 이사한 후에도 자동차로 40분 정도의 거리입니다. 시청의 서비스가 충실해도 주민세가 높아지지는 않았습니다."

1. 지방도시에서 살고 있는 주부의 이야기

인구가 약 4만 명인 지방도시 D시에 사는 주부 A씨(35세)의 이야기다. D시는 현청 소재지인 M시(인구 약 30만 명)에 인접해 있고, D시의 중심부에서 M시의 중심부까지의 거리는 약 30Km이다.

A씨는 고향인 D시의 중심시가지에서 3Km 정도 떨어진 교외 주택단지 내 임대 집합주택에서 2명의 자녀들과 살고 있다. 자녀는 7살인 초등학교 1학년생과 4살인 보육원생이다.

남편은 이 지역의 큰 공장에 근무했는데, 그 공장이 10년 전 중국으로 생산 거점을 옮겨서, 현재는 중국 현지 종업원의 지도담당자로서 혼자 근무하고 있다. A씨는 가까운 식품 슈퍼마켓에서 매일 파트타임으로 일하고 있다.

노후화된 교사: 통폐합과 재건축, 어떤 것이 좋을까

"우리 가족이 살고 있는 단지는 주민의 70% 정도가 고령자 세대이고, 유아나 초등학생이 있는 가정은 10%도 되지 않습니다. 첫째 아이가 다니고 있는 초등학교도 한 학년이 한 반이고, 반 아동 수는 15명 정도입니다. 제가 여기에 살기 시작한 것은 수년 전이지만, 20년 전까지는 지금의 10배 정도의 아이들이 있었다고 합니다. 하지만 남편이 근무했던 공장이 중국으로 이전하고 난 뒤에는 이 단지에 새로 이사 온 사람이 거의 없습니다."

"첫째 아이가 다니고 있는 초등학교의 교사(校舍)는 건축한 지 40년 이상 지나 내진성도 없기 때문에 최근에 시청 관계자가 교사를 어떻게 하면 좋을지에 대해 학부모회를 열었습니다."

"현재의 장소에 가설 교사를 만들어 재건축을 할 것인가, 아니면 1km 정도 떨어진 마을에 있는, 한 학년이 세 반인 큰 초등학교와 통합할 것인가를 논의했습니다. 시청 측 설명으로는 옆 마을의 큰 초등학교는 지은 지 아직 20년이고, 아이들이 가장 많았던 시대에는 한 학년에 여섯 반이었던바, 현재 빈 교실을 사용한다면 우리 아이가 다니는 초등학교의 아동이 전부 전학할 수 있습니다. 반면 재건축하는 경우는 가설 교사를 교정에 짓기 때문에 거의 1년간은 교정에서 운동을 하는 것이 불가능하게 됩니다. 공사용 차량의 출입이나 건설에 동반되는 소음도 피할 수 없다는 것이었습니다."

"옆 마을의 초등학교로 옮기면 다소 통학시간이 걸리지만, 그렇게 멀어지는 것은 아닙니다. 재건축으로 인해 가설 교사에서 1년간 불편한 상태에서 지내는 것보다, 또 같은 학년끼리 축구도 할 수 없는 작은 학교에 있기보다는 동급생이 몇 배나 있는 옆 마을의 초등학교와 통합하는 것이 더 좋다고 학부모회 의견이 모아졌습니다."

"하지만 실제로는 현재의 장소에 재건축하게 되었습니다. 학군의 주민을 대상으로 한 설명회에서, 옆 마을 초등학교와의 통합안에 반대하는 목소리가 컸기 때문이었습니다. 특히 초등학교 졸업생인 어르신들 가운데 모교가 없어지는 것은 절대 용납할 수 없다는 강경한 의견이 있어서, 결국 그 의견이 통과된 것인지도 모르겠습니다. 이른바 지역 유력자의 의견도 있었다는 것이었습니다."

"분명히 매일 통학했던 모교에는 누구라도 깊은 애착이 있다고 생각합니다. 특히 초등학교에는 여러 가지 추억이 가득 차 있다고 생각합니다. 그러나 가장 중요한 것은 현재 학교에 다니고 있는 아이들에게 가장 좋은 선택을 하는 것이라고 생각합니다. 그러나 D시에서는 목소리가 큰 일부의 의견을 들어주고 아이들을 통학시키는 우리 학부모들의 의견을 최종적으로는 들어주지 않았습니다."

학교 급식시설

"시청 관계자들에게 그때 들었는데, 통폐합의 논의와는 별개로 큰 초등학교의 급식시설을 사용해 우리 아이들이 다니고 있는 초등학교를 포함해 시내 소규모 초등학교 세 곳에 급식을 조리해서 배달하는 것에 대해 검토했다고 합니다. 큰 초등학교는 가장 많을 때는 1500명 정도의 아동을 대상으로 급식을 제공했기 때문에 아동 수가 약 절반으로 줄어든 현재는 시설에 여유가 있는 반면, 다른 초등학교 세 곳의 급식설비는 갱신기가 되었기 때문입니다. 개략적인 계산으로는 급식비를 몇 % 내려도 충분할 정도로 비용이 합리화될 수 있다는 것이었습니다."

"하지만 다시 검토해봤더니, 다른 곳으로 음식을 배달하는 조리시설은 공장으로 간주되고, 초등학교가 있는 지구에서는 공장을 만들면 안 된다는 규제가 있어서, 결국 불가능하다는 것을 알았다고 합니다. 애당초 학교 급식시설이 음식을 외부로 배달하면 공장이 된다는 이야기는 잘 모르겠지만, 그 초등학교는 이전엔 지금의 두 배로 음식을 만들었던 곳입니다. 작은 3개 학교 분 급식을 추가한다고 해도 그 당시보다 많이 만드는 것도 아니기 때문에 주위에 민폐를 끼치는 일은 없다고 생각합니다."

보육원과 돌봄 교실

"둘째가 다니고 있는 시립 보육원은 지은 지 40년 이상 지나 노후화되었습니다. 초등학교를 재건축할 예산이 있다면 보육원의 개수비로 돌렸으면 좋겠습니다. 또한 일손 부족으로 연장보육은 오후 6시까지만 하기 때문에 파트타임 일이 바쁠 때는 정말 힘듭니다. 하다못해 1시간만이라도 연장해준다면 정말 도움이 될 것입니다. 초등학교를 통합한다면 유지관리비도 절약되기 때문에, 거기서 남은 비용을 사용해서 보육원의 일손 부족을 해소해주길 바랍니다. 도쿄에서 아이를 키우고 있는 친구 말에 의하면 공립보육원에 들어갈 수 있는 것만으로 행복이라고 합니다만 ……."

"파트타임 일을 끝내고 둘째 아이를 보육원에 데리러갔다가 집에 돌아오면 오후 6시 반경이 됩니다. 그래서 첫째는 돌봄 교실을 합니다. 돌봄 교실은 학교에서 1.5km 떨어진 장소에 있는 아동관에서 하고 있습니다. 돌봄 교실이 끝나는 오후 5시 30분에 아이는 걸어서 집으로 옵니다. 여름에는 괜찮지만 겨울이 되면 주위가 어두워지기 때문에 혼자 돌아오는 길이 걱정이 됩니다. 초등학교의 교사에는 비어 있는 교실이 많기 때문에, 돌봄 교실을 학교에서 하면 좋지 않을까 생각합니다. 학교에서 아동관으로 이동하는 데 아이들 걸음으로 30분 가까이 걸리고, 통학로를 통해 집으로 돌아오는 편이 안전합니다. 돌봄 교실을 이용하지 않는 친구들과 함께 놀 시간도 길어집니다."

"인근 도시에서는 교내에서 돌봄 교실을 하고 있는 초등학교가 많이 있습니다. 하지만 이 시에는, 아동관이 초등학교구마다 있기 때문에 돌봄 교실은 아동관에서 하는 것이 원칙이라고 합니다. 아동을 위해 아동관이 있는 건지 아동관을 위해 아동이 있는 건지 모르겠습니다."

"휴일은 아이들을 가능한 바깥에서 놀게 하고자 합니다. 단지 안에 시가 관리하는 놀이터가 있지만 놀이기구가 많이 낡았습니다. 또한 주말에도 거의 사람이 없어서 아이들만 놀게 하는 것이 불안할 때가 있습니다. 어른들이 조금 더 관심을 가졌으면 좋겠습니다."

고령자 복지와 청년을 위한 서비스

"이 시는 유권자의 약 30%가 고령자입니다. 투표율은 고령자층에서 압도적으로 높기 때문에 고령자의 표가 투표의 반 정도를 차지하고 있지 않을까

합니다. 그 때문인지는 모르겠습니다만, 고령자를 위한 시설은 충실합니다. 수년 전에 훌륭한 고령자 복지센터가 생겼고, 공중목욕탕과 식당이 있습니다. 그곳에서 얼마 떨어져 있지 않은 장소에 경로당도 있고, 규모는 작지만 비슷한 시설이 또 있습니다."

"초등학교구마다 공공회관*이 있습니다. 저와 같은 세대의 어머니들은 거의가 맞벌이이기 때문에 평일에 공공회관을 이용하는 일은 없습니다. 서클 활동을 포함해, 평일 공공회관 이용자는 어르신들을 중심으로 일부 주민층에 치우쳐 있습니다."

"애초에 공공회관에서 주최하는 프로그램에는 참가하고 싶은 생각이 별로 없습니다. 옆 마을 M시에 있는 민간 문화서클에 더 재미있어 보이는 프로그램이 많이 있습니다."

"저는 주말에 서클 활동을 하고 있습니다. 하지만 공공회관 시설이 낡고 쇼핑 등 다른 서비스를 받을 수도 없기 때문에 돈이 더 들어도 쇼핑센터 안에 있는 대여 공간을 이용하는 경우가 많습니다. 차라리 쇼핑센터의 일부를 빌려서 그곳을 공공회관으로 해주면 좋겠다고 생각합니다."

"주중에 일하는 우리들은 공공회관을 이용하기 어렵고, 흥미를 불러일으킬 만한 강좌가 적기 때문에, 시가 민간 대여 회의실의 이용료나 문화서클 수업료 등에 얼마간 보조를 해준다면 세금을 내는 보람도 생긴다고 생각합니다. 노인복지센터나 도서관, 아동관 등에서도 공공회관과 같은 내용의 교실이나 이벤트를 하고 있습니다. 그런 시설을 통합하거나 서비스의 방식을 좀 더 합리화해서 남은 예산을 보조로 돌릴 수는 없을까요?"

"500석 정도의 규모입니다만 시민회관에서도 때때로 행사를 합니다. 그러나 거기서 하고 있는 이벤트에는 우리들이나 젊은이들이 가고 싶다는 생각이

---

* 옮긴이 주 원문은 공민관으로 표기하였으나 한국 실정에 맞게 공공회관으로 번역.

거의 들지 않습니다. 인근 M시에 있는 현민회관에서 개최되는 이벤트나 콘서트에는 가보고 싶은 프로그램이 있습니다."

중심상점가와 교외형 상업시설

그녀의 부모님은 D시의 중심시가지에서 가전 판매업을 경영하고 있다. 그러나 손님이 줄어들어 5년 전에 폐업했다. 중심시가지라고 해도 시청이나 경찰청 등의 행정청사는 있지만, 상점가는 쇠퇴해서 이른바 '셔터 거리 (シャッタ-通り)'*가 되었다. 서적, 신발, 안경, 가전제품 등을 취급하는 가게는 폐업하거나 교외 우회도로변에 생긴 대형 쇼핑센터로 이전하고 있다. 상점가에서 영업을 계속하고 있는 것은 옛날부터 있던 소규모 음식점, 세탁소, 이발소, 어르신들을 위한 옷집뿐이다. 전국 어디에나 있는 편의점은 하나도 없다.

"시는 상점가 활성화에 노력을 기울이고 있지만, 잘되고 있는 것 같지 않습니다. 아버지도 몇 년 전에 가게를 접어서, 지금은 1층을 지붕 딸린 차고로 빌려주고 있습니다. 저는 주로 자동차로 교외 대형쇼핑센터나 전문점에서 쇼핑을 합니다. 작년에 상점가 아케이드를 정부와 현의 보조금을 받아 새로 단장했습니다. 하지만 저는 상점가에서 거의 쇼핑을 하지 않습니다. 저와 같은 시민이 다수 있다고 생각합니다. 겨울에는 눈이 쌓이는 추운 지역이기 때문에, 만약 교외 쇼핑센터 주차장에서 센터까지 옥외 통로에 지붕을 만들어준다면, 저와 같이 어린 자녀나 부모님을 모시고 가는 손님들에게 매우 도움이 될 것입니다."

---

* 옮긴이 주 폐점해서 셔터를 내리고 있는 상점들이 많은 길을 말함.

한계 거주지에 대한 인프라 갱신

A씨의 조부는 이 시에서 농가의 장남으로 태어나 지금까지 고향을 떠나지 않고 양친과 함께 살아왔다. 조부의 생가는 중심시가지에서 차로 20분 정도 떨어져 있는 약 30호의 작은 마을에서 다시 1km 정도 더 떨어진 장소에 있는 단독주택으로, 지금도 그곳에 살고 있다.

차로 1시간 거리의 현청 소재지인 M시에 있는 회사에서 근무하면서 부모님의 농업을 돕다가 55세에 정년퇴직했다. 정년퇴직 후에는 자신과 친족이 먹을 만큼만 논밭의 일부에 농사지으면서 아내와 둘이서 연금생활을 했다. 7년 전 아내를 잃고 난 후에는 혼자서 생활하고 있다. A씨의 어머니가 가끔씩 집에 가서 뒷바라지를 해주지만, 조부는 85세가 된 지금도 건강해서 시나 자원봉사단체가 제공하는 배식 서비스나 생활지원 서비스를 받으며 자립적인 생활을 하고 있다.

"이 시에서 나고 자라 지금도 고향에서 건강하게 계속 사시는 할아버지는 행복하다고 생각합니다. 부유한 시는 아니지만 고령자의 복지는 충실하다고 생각합니다."

"할아버지 집은 야산 자락에 있습니다. 가장 가까운 마을에서 집까지 이어지는 유일한 길에는 길이 6~7m 정도의 낡은 다리가 있었습니다. 그런데 그 다리가 재작년 태풍 때 홍수로 떠내려갔습니다. 다리 끝에는 할아버지 집밖에 없습니다. 시청에서는 혼자 사시는 어르신이기도 해서 마을 안에 있는 시영주택으로 이사시키고, 다리는 복원하지 않고 다리 끝의 도로도 폐지하고 싶었던 모양이었습니다. 그러나 할아버지는 생가를 떠날 생각이 털끝만큼도 없었기 때문에 시는 다리를 복원할 수밖에 없었다고 합니다."

"저도 때때로 어머니와 아이들을 데리고 할아버지 집을 방문합니다. 혼자

사는 생활은 외롭겠지만 나고 자란 집에서 풍부한 자연과 함께 여생을 보내는 것은 멋진 일이라고 생각합니다. 하지만 그곳에 있는 할아버지 집 한 채 때문에 세금을 사용해 다리를 복원하는 것이 과연 옳은 일일까요. 만약 할아버지가 돌아가셔도, 부모님이나 저희가 그곳에 살 일은 없습니다. 할아버지 집의 대지는 시가화조정구역이어서 친족 이외는 재건축이 불가능합니다. 그런 토지이기 때문에 거저 줘도 인수할 사람은 없다고 생각합니다."

2. 발에 의한 투표가 지자체를 도태시킨다

이상은 가상의 가족과 시의 이야기이다. 그러나 이야기 안에 나오는 에피소드는 모두 필자가 들은 실제의 일을 바탕으로 한 것이다. D시에 대해 A씨가 얘기한 문제는 실제 지자체에서 일어나는 일이며 결코 가공의 이야기가 아니다.

물론 행정 전문가가 아닌 A씨의 이야기는 행정 당국 입장에서 볼 때 억지라고 생각되는 부분도 있다. 예를 들면 교육위원회가 소관하고 있는 초등학교를 통폐합하고 그 결과 교사 유지관리비를 절감했다고 해서, 거기서 남은 예산을 복지부서가 소관하는 보육원 사업비로 돌리라고 하는 것은 일반적으로는 상상할 수 없는 일일 것이다.

발에 의한 투표

그렇지만 육아층이나 젊은이들에게 A씨와 같은 생각을 가지게 하는 행정을 펼친다면 그 지자체의 미래는 어둡다.

왜냐하면 그런 지자체는 '발에 의한 투표'에 의해 서서히 쇠퇴하기 때문이다. 주민은 선거를 통해 지자체장이나 의원을 선택함으로서 자신이 사는 지자체 정치나 행정에 대해 자신들의 의사를 간접적으로 실현한다. 그렇지만 자신이 가진 한 표만으로는 자신의 의견과 일치하는 정치나 행정을 실현하는 것은 불가능하다. 만약 실제로 이루어지는 정치나 행정이 자신의 의견이나 바람과 동떨어졌을 때, 주민은 자신의 의견이나 바람에 더 가까운 정책이 이루어지는 지역으로 이사할 수 있다. 이런 이주·이사가 '발에 의한 투표'이다.

국정에서 발에 의한 투표는 타국으로 이주하는 것이기 때문에 간단하지 않다. 하지만 지자체에서는 같은 일본 안에서의 이주인데다, 자동차로 1시간 정도 거리의 인접 지자체로 옮기는 것이라면 그 벽은 훨씬 낮다.

도태된 지자체

일본은 고도성장기 동안 시골에서 도시로, 지방에서 중앙으로 많은 사람들이 이동했다. 그러나 그것은 신규 졸업자의 취직을 동반한 이주가 중심이어서 발에 의한 투표와는 다른 성질의 것이었다.

고도성장기 때 이주에서 사람들이 고려한 사항은 무엇보다 취직자리였다. 인구증가와 도시 집중으로 인해 주거 수급이 어려워져, 통근이 가능하고 수입에 맞는 월세 주택이나 구입 가능한 가격의 주택은 한정되었다. 물론 지자체 서비스도 포함해서 종합적인 주거환경도 고려했지만, 한정된 선택지 중에서 주택 확보가 무엇보다도 선결 문제였고, 지자체 서비스의 내용은 부차적인 요소에 지나지 않았다. 특히 그 당시 지자체 서비스는 증가하는 인구와 확대되는 시가지에 대응해서 학교나 공영주택, 도로, 상하수도 등의 기본적인 공공시설과 인프라를 정비해가는 것이 고작이어서, 지자체 서비스의 차이도 별로 없었다.

그러나 이제부터는 다르다.

인구감소로 인해 빈집이 증가하고, 지가가 양극화되고 있다. 대도시나 편리성이 높은 시가지는 지가가 상승하거나 현재의 상태를 유지하지만, 그 외의 지역에서는 인구감소와 함께 약세인 상태로 유지될 가능성이 높다. 지가 상승이 계속되었던 고도성장기와 비교해서 주거지를 찾을 수 있는 지역의 폭은 현격히 넓어지고 있다.

또한 인프라나 공공시설의 정비가 어느 정도 완성되어, 이제부터는 노후화된 시설의 갱신을 한정된 재원 아래서 신축성 있게 실시해가는 것이 요구된다. 각 지자체는 민간의 지혜와 자금도 활용하면서, 지역의 필요에 입각한 특색 있는 서비스를 제공함으로써 주민을 유지·확보하는 경쟁을 전개한다.

그리고 A씨와 같이 이미 가정을 이룬 주민도 지자체 서비스의 내용을 평가해서 '발에 의한 투표'를 하는 것이다.

만약 A씨가 있는 D시와 같은 정책을 계속한다면 육아층이 다 빠져나가고 외부에서도 들어오지 않을 것이다. 아이들이 적어지면 청년도 줄고, 고령자 비율이 더욱 높아진다. 지자체장과 의회는 고령자에 대한 배려가 갈수록 큰 비중을 차지하게 되어 재정난 아래에서는 아무래도 젊은이나 육아층을 위한 시책이 적어진다. 그것은 다시 젊은이나 육아층을 멀어지게 하는 악순환에 빠진다. 그러한 지자체는 현역 세대 감소가 더 커져 세수가 줄어들고 머지않아 도로나 다리 등 인프라 노후화 대책을 실행하는 것만으로 정책예산을 다 사용해버리는 사태에 빠진다. 결국에는 컴퓨터 유지·갱신도 할 수 없어 고령자도 다 떠나버리는······.

이와 같이 발에 의한 투표는 지자체를 도태시킨다. 지자체 간의 경쟁은 제로 섬(zero-sum)이 아니라 인구감소에 의한 마이너스 섬(minus-sum)의 치열한 경쟁이다. 이와 같이 지자체들이 악순환에 빠져 점점 축소된 후에는 쓸 수 있는 수단이 한정된다. 지금 당장 행동을 시작하지 않으면 안 된다.

인구감소에 입각한 자조 노력

국립사회보장·인구문제연구소의 추계[「일본 지역별 장래 추정인구」(2013년 3월 추계)]에 의하면, 일본 총인구는 2010년부터 2040년까지 30년간 약 20%가 감소한다. 그러나 도쿄(東京), 오사카(大阪), 나고야(名古屋), 후쿠오카(福岡) 등의 대도시권은 현상 유지하거나 10% 정도 감소하기 때문에, 다른 도시권의 감소율은 20%보다 더 높을 것이다. 전 시정촌 중에 2040년에 2010년과 비교해서, 총인구가 30% 이상 감소하는 지자체는 약 50%이고, 40% 이상 감소하는 지자체는 약 20%이다(〈그림 0-1〉).

정말 곤란해지면 국가가 뭐라도 해주겠지라는 생각도 버려야 한다. 거액

그림 0-1 **일본 장래 인구에 관한 지수별 시정촌 비율**   단위: %

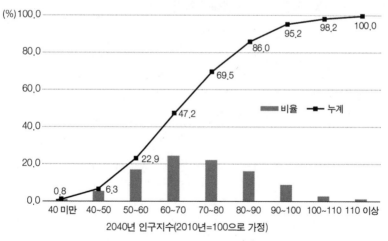

자료: 국립사회보장·인구문제연구소, 「일본의 지역별 장래 추계인구(2013년 3월 추계): 2010~2040년」(2013), 표 III-6 '지역 블록별 총인구의 지수별 시구정촌 비율'에 기초해 작성.

의 채무를 떠안은 국가는 재정 재건에 중장기적으로 힘쓰지 않으면 안 된다. 향후 지방재정이 더욱 좋지 않을 경우, 지방교부세교부금 등에 의한 하한선도 언젠가는 한계에 도달한다. 이미 국가도 "스스로 돕는 자를 돕는다"라는 발상으로 전환하고 있다.

지자체로서의 지속 가능성은 다음 세대를 재생산할 수 있는 젊은 층, 특히 젊은 층의 여성에게 달려 있다. 이 세대가 계속 살 수 있는 환경을 정비하고, 계속 살고 싶은 생각이 들게 하는 정책을 실행해야 한다. 한편 고령화의 진전과 함께 간호 등 고령자 복지를 충실히 해야 할 필요성도 커지고 있다. 갈수록 어려워지는 재정 아래 지금까지의 방법을 계속하는 것으로는 두 가지를 동시에 추진할 수 없다.

가능한 한 빨리 공공시설 개혁을 추진해 노후화한 공공시설의 갱신에 맞춰, 이미 불가피하게 된 인구감소에 입각한 공공시설의 통폐합을 진행해야 한다. 그것과 함께 팽창한 시가지에 확산한 인구를 가능한 한 집약화함으로써 행정서비스 제공의 효율화를 도모하면서, 도시나 지역의 매력을 높이기 위한 시책을 종합적으로 전개해야 한다.

▌연구노트▟ 티부 가설 Tiebout hypothesis **의 전제조건과 부담자 시민**

　'발에 의한 투표'는 미국의 경제학자 찰스 티부(Charles Tiebout)가 1956년에 제창한 사고이다. 주민이 그 선호에 따라 거주지(지방정부)를 자유롭게 선택함으로써 지방공공재 제공이 최적화된다는 가설이다. 그 후 많은 공공경제학자에 의해 다양한 논의가 전개되어 지금까지도 계속되고 있다.

　이 책의 성격상 전문적 논의의 상세한 부분까지 파고들지는 않지만, 티부는 주민이 자유롭게 선택하기 위해서 필요한 7가지의 가정적 전제조건을 두고 있다.

　그 전제조건 중에 다음의 3개를 언급해본다.

　① 이주가 큰 비용을 수반하지 않고, 취업상의 제약도 없기 때문에 주민은 자유롭게 이동 가능하다.

　② 주민의 다양한 선호에 부응할 만큼 많은 지방정부들이 다양한 방법으로 지방공공재를 제공하고 있다.　

　③ 지방공공재가 제공하는 편익에 대해 수익자와 비용 부담자가 일치한다.

　고도성장기에는 주택 수급이 어려워 선택지가 한정된 반면, 지자체의 서비스도 대동소이했다. 그러나 최근 본문에서 지적한 것처럼 상황이 변화했다. 이것은 '발에 의한 투표'를 통해서 지방공공재 공급이 최적화되기 위한 전제조건 ① 및 ②가 현실로 다가오고 있음을 의미한다.

　그러나 ③은 충족시키지 못한다. 조건 ③ 수익자와 부담자 일치는 지방공공재 편익이 미치는 범위에 있는 주민이 공평하게 그 비용을 부담한다는 것을 의미하며, 이는 인두세를 의미한다. 왜냐하면 공공시설 서비스에서 받는 편익은 소득의 많고 적음에 관계없이 동일하기 때문에, 공공재 서비스 제공에 필요한 총비용을 편익을 얻는 주민의 머릿수로 나눈 금액을 균등하게 부담하는 것이 공평하기 때문이다.

이 조건이 충족된다면 비용 부담자인 주민은 동일한 서비스 제공을 저렴한 비용으로 행하는 지자체가 있을 경우, 많은 비용이 드는 지자체로부터 이사할 것이다. 또는 비용 대 효과는 동일한 수준인데 어떤 지자체는 높은 복지 높은 부담, 어떤 지자체는 낮은 복지 낮은 부담을 방침으로 하고 있다면, 개개의 주민이 그 선호에 따라 둘 중 하나를 선택함으로써, 결과적으로 주민이 원하는 것이 이루어진 최적의 공공재 제공이 실현된다.

그러나 현재 개인의 시정촌 주민세 수입액 중에서 인두세에 상당하는 '균등분(인구당 균등 배분)'이 차지하는 비율은 고작 3%(2012년도)에 지나지 않는다(〈그림 0-2〉). 게다가 국세 5법(법인세, 소득세, 소비세, 주세, 담배세)의 일정 비율을 원자본으로 하는 지방교부세교부금이 지자체에 배분된다. 이것들로 인해 수익자와 부담자가 크게 엇갈리고 있다.

이러한 상황에서, 지역주민은 지자체가 주민 서비스를 제공하기 위한 비용 부담자

그림 0-2 **개인 시정촌세에 차지하는 균등분·소득분의 비율(2012년도)**

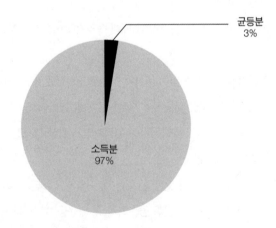

자료: 총무성, 「지방재정의 상황」(2014. 3), 자료편 표 12에 기초해 작성.

라는 의식이 희박해지기 쉽다. 즉, 높은 주민 서비스를 제공하는 지자체에 '발에 의한 투표'를 하는 것으로, 그것을 부담과의 균형으로 판단하는 측면이 크게 줄어들고 있다. 그리고 시민의 부담자라는 자각 부족은 공공시설 개혁 진행에 장애가 된다.

향후 노후화한 공공시설을 폐지할 것인가 갱신할 것인가를 결정할 때, 예를 들면 갱신에 필요한 재원을 개인 주민세의 균등분 금액을 증세하여 확보함으로써, 그 옳고 그름을 의회·주민에게 묻는 등 부담자로서의 의식을 높이는 방법을 생각해갈 필요가 있다.

공공시설 노후화와 갱신 문제

양적 확대가 가져온 비효율과 재정난

기초 지자체로서 시정촌은 지역주민에게 가장 친근한 행정조직으로 다양한 공공시설을 정비·운영하고 주민서비스를 제공한다. 그리고 지금 그 상당수가 노후화되어 대규모 수선과 갱신을 해야 한다. 그러나 많은 시정촌이 재정난으로 충분히 대응하지 못하고 있는 실정이다. 공공시설 노후화는 향후 더욱 심각해질 것이 분명하다. 이러한 공공시설의 현재와 그 유지갱신을 둘러싼 문제에 대해 생각해보자.

1. 일제히 노후화되는 인프라와 공공시설

먼저 인프라와 공공시설 상황에 대해 확인한다.

인프라와 공공시설 갱신문제

일본은 경제 고도성장기, 즉 1950년대 후반에서 1970년대 전반에 걸쳐 경제발전의 기초가 되는 도로나 다리, 댐, 상하수도 등 인프라(사회기반시설)를 집중적으로 정비했다.

또한 지속적인 인구증가 및 시가지 확대와 함께 교육, 문화, 교양, 스포츠, 의료, 복지 등 공공서비스 수요가 확대되고, 그에 대응하기 위한 학교나 도서관, 공공회관, 체육관, 회관, 병원, 간호·복지시설, 공원, 운동장, 수영장 등 다양한 공공시설을 인프라와 함께 대량으로 정비했다.

이렇게 집중적으로 정비된 인프라와 공공시설이 40년에서 60년을 경과해 일제히 노후화되기 시작했다. 따라서 같은 기간에 정비된 방대한 양의 인프라와 공공시설들이 갱신기를 맞고 있어 대응이 요구된다.

총무성의 조사결과[「공공시설과 인프라 자산의 미래 갱신비용 비교분석에 관한 조사」(2012.3)] 노후화된 시설 비율을 산출하고 있다(〈표 1-1〉). 이에 따르면, 공공시설은 이미 약 40%가 노후화되었고, 상수도관(내구연한 40년)도 약 30%가 노후화되었다. 교량(내구연한 60년)의 노후화율은 아직 10% 조금 넘는 정도이긴 하지만 국토교통성에 의하면 〈그림 1-1〉과 같이 2032년에는 60% 이상이 노후화된다. 터널이나 하천관리시설, 항만 안벽(岸壁) 등도 마찬가지다.

게다가 총무성 조사 중에서 노후화된 공공시설이나 인프라 갱신비를 계산해 그것과 현재 기존 갱신액 혹은 투자액(기존 갱신액에 신규 정비비와 용

표 1-1   노후화 상황(내구연한까지 10년 미만 및 내구연한이 지난 것의 비율)   단위: %

	공공시설 (건축 후 30년 이상)	교량 (정비 후 50년 이상)	상수도관 (정비 후 30년 이상)
평균치(가중평균)	43.1	13.2	33.7
중앙치	39.2	12.9	30.3

주: 본 조사는 시정촌에 조사 협력을 의뢰해, 회답이 있었던 111개 시정촌의 집계를 정리한 것이다.
전국 인구에서 조사협력 시정촌의 인구(1802만 명)의 점유 비율은 14.2%이다. 노후도에 대해서
는 공공시설(건축물)은 대규모 개수가 필요한 건설 후 30년 이상 된 것, 교량 및 상수도관에 대
해서는 내구연한까지 10년 미만의 것과 내구연한이 지난 것의 비율을 산출하고 있다. 즉,
• 공공시설 및 상수도시설에 대해서는 건설 후 30년 이상 경과한 것의 연면적의 비율.
• 교량(내구연한 60년)에 대해서는 정비 후 50년 이상 경과 한 것의 면적의 비율.
• 상수도관(내구연한 40년)에 대해서는 정비 후 30년 이상 경과한 것의 연장의 비율.
자료: 총무성자치재정국재무조사과, 「공공시설 및 인프라자산의 장애 갱신비용의 비교분석에 관한
조사결과」(2012.3)를 바탕으로 작성.

그림 1-1   2032년 3월 기준 건설 후 50년을 경과하는 사회자본 비율

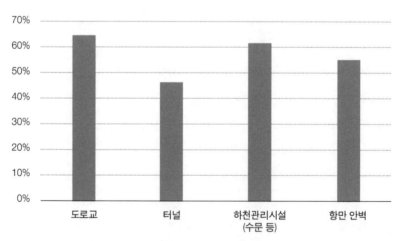

자료: 인프라 노후화대책 추진에 관한 관계부처 연락회의(제1회) 참고자료 「각 부처의 인프라 노후
화대책 상황 13. 국토교통성 '사회자본의 노후화 현상」에서 작성.

표 1-2 **기존 갱신액·투자액 대비 미래 갱신비용 비율** 　　　　　　　　　단위: %

		공공시설	도로	교량	상수도관
기존 갱신액 대비 미래 연간 갱신비용의 비율	평균치(가중평균)	243.6	194.5	507.3	363.4
	중앙치	361.5	414.1	1,130.9	521.1
투자액 대비 미래 연간 갱신비용의 비율	평균치(가중평균)	107.3	94.5	286.4	230.0
	중앙치	152.1	175.9	381.0	326.9

주: 본 조사는 시정촌에 조사 협력을 의뢰해, 회답이 있었던 111개 시정촌의 집계를 정리한 것이다.
　　전국 인구에서 조사협력 시정촌의 인구(1802만 명)의 점유 비율은 14.2%이다.
자료: 총무성자치재정국재무조사과, 「공공시설 및 인프라자산의 장애 갱신비용의 비교분석에 관한
　　조사결과」(2012.3)을 바탕으로 작성.

지 취득비용을 더한 것)의 비율을 구한 것이 〈표 1-2〉이다. 미래의 연간 갱신
비용이 기존 갱신액의 2배에서 5배, 투자액의 1배에서 3배가 됨을 볼 수
있다.

국토교통성도 『2009년 국토교통백서』에서 소관 인프라(도로, 항만, 공항,
하수도, 치수)에 대해 신규 정비를 포함한 2010년도 총투자액을 전제로 할
경우, 2037년 이후 필요한 유지관리비와 갱신비 전부를 조달하는 것이 불
가능하다는 계산을 내놓았다.

경색·경직화하는 지방재정

한편 시정촌 재정은 압박받으면서 동시에 경직되고 있다.

자기 부담 재정수입으로 재정수요를 조달하는 정도를 나타내는 재정력
지수(기준재정수입액을 기준재정수요액으로 나눈 수치의 과거 3년간 평균치)가 1
이상인 시정촌은 겨우 6.4%(전 지자체 1719개 중 110개)에 지나지 않는다
(〈그림 1-2〉). 나머지 93.6%는 1 미만이고, 특히 0.5 미만의 지자체가 전체

그림 1-2 **재정력지수 단계별 시정촌 수 구성비**

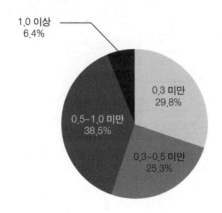

자료: 『2013년 판 지방자치백서』, 자료편 제3표에서 작성.

그림 1-3 **경상수지 비율**

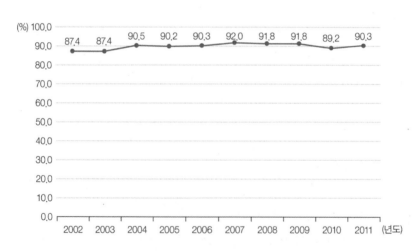

자료: 『2013년 판 지방자치백서』, 자료편 제3표에서 작성.

의 55.1%를 차지하고 있다.

또한 재정 경직도를 나타내는 경상경비 비율은 전국 시정촌 평균이 약 90%이다(〈그림 1-3〉). 즉, 정책재원으로서 자유롭게 이용 가능한 것은 겨우 10%에 지나지 않는다. 그중 인프라와 공공시설의 신설비·갱신비·대규모 수선비를 다른 정책 경비와 동시에 고려해야 하는 것이다.

이와 같은 방대한 예산이 소요되는 인프라와 공공시설 갱신재원을 시정촌은 재정난 속에서 어떻게 확보해 나갈 것인가라는 어려운 문제에 직면해 있다.

인프라조차 전량 갱신이 무리, 하물며 공공건물은 ……

한편, 향후 30년간 일본 총인구는 약 20% 감소한다. 만약 인구감소에 따라 인프라나 공공시설 총량이 줄어든다면 문제는 다소 다루기 쉬워진다.

하지만 인구가 줄어든다고 해서 인프라 총량이 감소하는 일은 거의 없다. 왜냐하면 도로나 상하수도 등 네트워크 계통 생활 인프라는 네트워크 말단에 주야간 인구가 없는 토지가 면(面)으로 생겨야만 비로소 폐지할 수 있기 때문이다. 만약 압축도시 정책이 본격적으로 추진된다 해도, 향후 30년 안에 이를 실현할 수 있는 지역은 극히 일부일 것이다.

또한 치수 댐이나 제방·호안 등 국토보전 계통 방제 인프라는 인구 규모와 관계없이 필요한 것이라서 이를 줄이는 것도 곤란한 일이다. 오히려 방재 인프라는 지진과 해일 등 대규모 재해에 대비해 확충하는 방향이다.

인구감소에 따른 탄력적 총량 조정은 인프라보다 공공시설 쪽이 실시하기 쉽다. 왜냐하면 공공회관이나 시민회관 등의 공공시설은 주민에게 중요한 시설이지만, 총량을 줄임으로써 시설 이용에 다소 불편이나 혼잡이 발생할 수는 있어도 주민의 생명·재산에 위험을 끼치거나 경제활동과 사회

생활에 중대한 지장이 발생하지는 않기 때문이다.

공공재와 준공공재

이러한 인프라와 공공시설의 차이는 전자의 많은 부분이 공공재이고, 후자의 많은 부분이 준공공재 혹은 비공공재인 것에서 유래한다고 바꿔 말할 수 있다.

정부가 고유 역할로서 제공해야 하는 것이 '공공재'이다. 공공재란 많은 사람들이 동시에 이용 가능(비경합성)하고, 대가를 지불하지 않는 이용자(무임승차자)를 배제할 수 없기(비배재성, 무상성) 때문에, 사회적으로는 유용해도 시장경제에서는 제공할 수 없는 재화·서비스이다. 치수 댐이나 하천의 제방·호안은 비경합성과 비배재성 둘 다를 만족하는 전형적인 공공재의 예이고, 순수 공공재라고도 불린다. 순수 공공재는 정부에 의해 제공되고, 그 비용은 세금이라는 형태로 강제적으로 징수된다.

공공재 정의에서 비배재성이란 요금을 지불하지 않는 자의 이용을 배재하는 것이 불가능하지는 않지만, 그를 위해 필요한 물리적 구조를 만들기 위한 비용이나 요금징수 비용이 편익과 비교했을 때 높아져서, 실질적으로 불가능한 것을 포함한다.

따라서 시가지 내부를 횡단하는 도로나 일반교량은 실질적으로 비경합성과 비배재성을 모두 가지고 있는 (순수) 공공재이다. 다소 정체가 있어도 통행자와 통행차량 수를 제한해야 할 정도의 혼잡한 도로나 다리는 적고, 요금을 지불하지 않는 사람이나 차량 통행을 제한하는 것은 비현실적이기 때문이다.

이에 대해 공공회관이나 시민회관의 대관사업은 시설 수나 정원을 초과해서 이용할 수 없기 때문에 경합성이 있고, 대가를 지불하지 않는 이용자를 간단히 배제할 수 있다. 따라서 필요하다면 시장 기능을 통해 민간이 서비스를 제공한다. 실제로 민간 대여 회의실이나 대여 홀이 존재한다. 공공회관의 강좌나 시민회관 행사 등에 대해서도 마찬가지다. 실제로 민간 문화센터나 홀에서도 같은 종류의 강좌나 행사가 열리고 있다. 따라서 공공회관도 시민회관도 (순수) 공공재가 아니다.

그러나 공공회관이나 시민회관이 제공하는 집회 기능이나 평생교육 지원 기능은 지역사회 문제해결과 주민 문화·교양 수준 향상을 가져온다. 그것은 개인을 넘어 사회 전체의 후생 수준 향상으로 이어진다. 이러한 효과를 공공경제학에서는 '외부경제' 또는 '외부성'이라고 부른다. 이 외부경제에 비춰보면 많은 지역주민이 다양한 지역문제에 관해 집회를 열고 적극적으로 교양을 높이는 것은 사회적으로 의미가 있다.

한편 시장경제하에서 제공되는 집회 기능이나 평생교육 지원 기능만으로는 실제로 행해지는 집회나 평생교육의 양과 질이 과소하고 낮은 수준의 상태에 빠질 가능성이 있다. 왜냐하면, 민간의 채산성을 맞출 정도로 높은 요금으로는 개인이 얻는 혜택이 적기 때문에 실제 열리는 집회나 평생교육이 사회에 필요한 양을 밑돌기 때문이다. 또 인구밀도가 낮은 지역에는 그러한 대여 회의실이나 홀이 제공되지 않기 때문이다.

그래서 행정이 공공시설을 정비해 낮은 요금으로 집회 기능이나 평생교육 기능을 제공한다. 그로 인해 유의미한 외부경제 발현이 기대되는 수준의 양까지 집회나 평생교육이 이루어지도록 유도한다.

이것이 (순수) 공공재가 아닌 공공시설을 정부가 정비·운영하는 근거이고, 준공공재라고 불리는 이유이다.

그러나 준공공재로서 공공시설의 필요성이나 절실함은 도로나 다리, 제방·호안 등의 인프라에 비해 작다고 판단되는 경우가 많다. 특히 그 지역에서 민간이 공공시설과 같은 기능을 제공하고 있다면 더욱 그럴 것이다.

왜냐하면, 공공재로서 인프라는 민간 주체로 공공사업을 행하는 민간투자사업(Private Finance Initiative: PFI) 등 특별한 장치가 없는 한, 현실적으로도 이론적으로도 민간에서는 제공되지 않기 때문이다. 따라서 공공재의 인프라 갱신이 준공공재로서 공공건물 갱신에 우선하는 것은 어쩔 수 없다.

물론 공공시설이 가져다주는 서비스는 주민과 지역커뮤니티에 중요하고 그것을 실제로 줄이는 일은 쉽지 않다. 공공시설을 통폐합한다면 시설까지의 거리가 멀어지거나 시설이 혼잡해지기 때문에 주민과 의회에서 반대의 목소리가 높아질 것이다.

하지만 인프라조차 전체 갱신을 위한 재원 확보가 불투명한 상황이다. 인프라는 국민의 생명·재산을 지키고 생활을 유지하기 위해 불가결한 글자 그대로 사회기반시설이다. 노후화한 상태로 방치할 수는 없다. 중앙자동차도로 사사고(笹子) 터널에서 일어난 중대사고*는 결코 반복되어서는 안 된다.

따라서 한정된 정책재원을 먼저 인프라 갱신에 충당했을 경우, 많은 지자체에서 지자체가 보유한 공공시설의 양과 질을 그대로 유지·갱신하는 것이 실질적으로 불가능하다.

2. 양적 확대와 효율성의 상쇄 관계(trade off)

공공시설의 양은 지금까지 일관되게 계속해서 증가했다. 시설 양이 늘면

---

* 옮긴이 주 2012년 12월 2일 야마나시(山梨) 현 오츠키(大月) 시 사사고 마을 중앙고속도로 상행선 사사고 터널에서 천정 콘크리트 판이 약 130m에 걸쳐 주행 중인 차량 여러 대 위로 낙하하여 사상자가 나온 사고.

서비스 양도 증대한다. 하지만 제공에 필요한 비용도 증가한다. 지역주민에게 공공시설 서비스가 충실한 것은 바람직한 일이지만 세금으로 유지하는 만큼 비용을 부담하는 시민 입장에서는 무조건 좋아할 수는 없다. 공공시설의 양적 확대가 공공시설 서비스 제공의 효율성, 즉 비용 대 효과에 어느 정도 영향을 미쳤는가를 생각해보자.

공공시설 서비스의 한계효용 체감

공공시설의 양과 서비스 제공의 효율성을 생각하기 위해 먼저 '한계효용 체감'이라는 개념을 확인해두자.

예를 들면 귤을 한 개 먹었을 때 얻을 수 있는 만족도에 비해, 두 번째 귤을 먹을 때 얻을 수 있는 만족도는 조금 감소한다. 세 번째는 두 번째보다 좀 더 적어진다. 이것은 먹는 것뿐 아니라 가전제품이나 스포츠 관람, 저축 금액 등 온갖 재화·서비스에도 적용된다.

일반적으로 같은 종류의 상품이나 서비스에 대해 추가적인 한 단위의 소비나 소유에서 얻어지는 효과(한계효용)는 서서히 감소해간다. 그 성질이 '한계효용 체감'이다. 한계효용의 체감은 공공시설 이용에서 얻어지는 효과에서도 적용된다.

예를 들면 도서관 이용을 생각해보자. 어느 도시에 하나의 도서관이 정비되었다고 하자. 유일한 도서관이 생겨 그것을 이용함으로써 느끼는 '만족도'와 비교하면, 두 번째로 생긴 도서관의 만족도는 아무래도 이전보다는 적게 느껴질 것이다. 세 번째의 만족도는 두 번째보다도 더욱 적어진다.

같은 시설의 증감이 아닌 종류가 다른 공공시설의 합계가 증가하는 경우에도 한계효용 체감이 생긴다.

예를 들면 체육관과 시민회관의 관계를 생각해보자. 1000명 규모를 수용할 수 있는 공공시설이 시내에 체육관밖에 없었던 때에는 체육관에 이동식 의자를 놓음으로써 시민회관 기능도 겸했다. 즉, 체육관과 시민회관 간에는 일정한 대체 관계가 있다. 1955~1975년[쇼와(昭和)* 30, 40년대]의 중소 지자체에서는 단일 용도의 시민회관이 없어 체육관을 시민회관 대신 이용하는 것이 매우 일반적이었다. 그 후 고정 좌석이 놓인 시민회관이 중소 지자체에도 정비되었다. 그러나 새롭게 시민회관이 정비된 효과의 증가는 체육관밖에 없었던 시대에 체육관이 가져온 효과에는 미치지 못할 것이다.

또한 공공회관이나 청소년센터, 노인복지센터 등에 도서실이나 도서 코너가 설치되어 있는 것은 특이한 일이 아니다. 독서 기회를 제공하는 기능에서 이들과 도서관은 대체적이다. 게다가 집회실이나 회의실이 병설된 곳도 많고, 집회 기능이라는 점도 상호 대체성을 가지고 있다. 또는 전시를 주요 기능의 하나로 갖는 향토자료관이나 미술관은 그것이 없었던 시대에는 청사 한 귀퉁이나 시민회관 로비 등이 그 기능을 겸했다.

즉, 도서관이나 공공회관, 청소년센터, 노인복지센터, 향토자료관, 미술관 등 설치목적이 다른 공공시설 사이에서도 상호 대체성을 통해 그 합계량이 증가할 때 한계효용 체감이 생긴다. 다양한 공공시설이 정비되는 과정에서 추가적으로 정비된 공공시설에 대한 만족도는 점점 감소해간다는 것이다. 물론 소방서나 진료소와 같이 다른 공공시설과는 대체성이 없는 것도 존재한다. 그러나 일반적으로는 각종 공공시설에 걸쳐 한계효용은 체감하는 것으로 생각해도 좋을 것이다.

---

* 옮긴이 주 서기 1926년부터 1989년까지의 일본 연호

연면적에 비례하는 유지관리·운영비

한편, 공공시설의 건물·설비 유지관리비와 공공시설 안에서 제공되는 서비스 사업운영비는 대체로 그 연면적에 비례한다고 생각할 수 있다.

하나의 공공시설에 대해 살펴보면, 규모의 경제가 작용하여 바닥면적 $1m^2$당 관리비용이나 이용자 1명당 운영비는 소규모 시설보다 대규모 시설 쪽이 더 적어질 것이다. 그러나 도서관이나 공공회관 등 복수의 동종 시설을 행정구역 안에 가능한 균등 배치하는 경우에는 시설 수 증가에 의한 규모의 경제는 작용하기 어렵다. 따라서 대체로 시설 수에 비례해서 증가하는 합계 연면적에 대해 비용도 비례적으로 증가한다. 즉, 공공시설 유지관리와 운영에 드는 '한계비용'은 대체로 일정하다.

물론 그 경우에도 전혀 규모의 경제가 작용하지 않는 것은 아니다. 예를 들면 중앙도서관이 이용자나 도서 대여를 관리하는 데 사용하는 기간정보 시스템의 유지운영비는 지역도서관 수가 증가해도 거의 변하지 않는다. 따라서 규모의 경제가 작용해 도서관 수가 증가하면 단위당 비용이 저하한다. 그러나 시스템 비용이 총비용에서 차지하는 비율은 낮고, 일반적으로 공공시설의 건물·설비 유지관리비와 사업운영비, 그리고 연면적은 비례한다고 생각할 수 있다.

이상과 같은 공공시설에 관한 효용·편익(효용을 금전으로 환산한 것을 말한다. 제3장에서 조금 더 자세히 소개한다)과 시설량·비용 관계를 도식화한 것이 〈그림 1-4〉이다. 위로 볼록한 곡선(이하 '효용곡선'이라고 함)으로 그려진 도형은 시설량·비용 증가에 따르는 공공시설 서비스에서 얻어지는 효용·편익 증가율이 체감하는 것을 나타내고 있다.

한편, 한계효용 체감을 공공시설 통폐합 측면에서 생각하면 시설량이 감소한 만큼 효용이 감소하는 것은 아니라는 의미이다. 복합공공시설 건설에

그림 1-4 공공시설 서비스의 효용곡선과 비용 대 효과

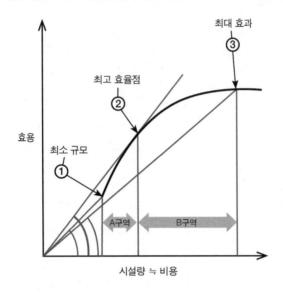

의해 기존 시설 갱신을 수반하는 통폐합을 할 경우, 그 시설서비스가 복합화에 의해 우수해지면 시설의 양적 감소를 보충해 총효용을 유지 혹은 증가시키는 것도 가능하다(공공시설의 다기능 복합화 의의는 제3장에서 다룬다).

또한 지자체 인구가 일정할 경우, 〈그림 1-4〉의 세로축은 지자체 전 주민이 공공시설 서비스에서 얻는 총효용이라고 생각해도 되고, 주민 1명당 효용이라고 생각해도 좋다.

양적 확대에 의한 효과성과 효율성의 관계

공공시설 비용 대 효과(효율성)와 총량 관계를 〈그림 1-4〉을 통해 더욱 자세히 살펴보자.

그래프의 원점과 효용곡선 상의 점 ①, ②, ③을 잇는 각각의 선들은 그

기울기가 각 점에 대응하는 공공시설 총량의 비용 대 효과(효율성)를 나타내고 있다.

점 ①은 최소한으로 필요한 공공시설을 정비한 경우의 시설량과 그 효용을 나타내고 있다.

점 ②는 원점에서 효용곡선에 대해 그은 접선의 접점이다. 원점에서 효용곡선상 임의의 점을 잇는 선의 기울기는 점 ②에서 최대가 된다. 즉, 효율성이 최고가 되는 시설량을 나타낸다. 이하 최고 효율점*이라고 한다.

점 ②에서 시설량을 더 증가시킨 점 ③에서는 그 이상으로 설치량을 증가시켜도 효용은 거의 증가하지 않는다. 거의 최대 효과를 얻는 점이다. 그러나 비용 대 효과(효율성) 수준은 점 ②보다 큰 폭으로 저하하고 있다. 즉, 효과적이긴 해도 효율적이지는 않다.

그런데 점 ①에서 점 ②까지 사이의 범위 A에서는 설치량 증가에 따라 효용 및 원점에서 효용곡선상에 그은 선의 기울기가 모두 커지고 있다. 다시 말해 효과성(효용확대)과 효율성(비용 대 효과)을 동시에 추구하는 것이 가능하다.

이에 반해 점 ②에서 점 ③ 사이의 범위 B에서는 설치량을 늘리면 늘릴수록 효율성(비용 대 효과)이 떨어진다. 즉, 효과성과 효율성과의 상쇄 관계(trade off)가 성립한다.

이와 같이 공공시설의 총량 확대는 공공서비스 제공 효율성에 있어서 점

---

* 조금 전문적인 논의가 되지만, Y축을 전 국민(주민) 편익의 총계로 하고, X축을 공공재의 한계비용이 일정하다고 가정할 때의 공공재 양(=비용)으로 할 경우에는, 점 ②는 공공재의 최적 수준을 나타낸다. 즉, 점 ②는 전 국민의 한계편익 총계가 공공재의 한계비용과 동일하게 되는 점이고, 공공재의 최적 조건을 정식화한 보엔·새뮤얼슨 조건(Bowen-Samuelson condition)을 충족한다. 상세한 내용은 나카가와 마사유키(中川雅之), 『공공경제학과 도시정책』(2008) 등을 참조.

②를 경계로 정반대의 영향을 미치게 된다.

인구가 좌우하는 공공시설 서비스 제공의 효율성

한편, 고도성장기의 공공시설 확대는 인구증가에 대응하기 위한 것이기
도 했다.

그러면 총인구 증가와 공공시설 효용곡선의 관계를 살펴보자. 〈그림
1-5〉의 세로축은 전 국민의 총효용을 나타낸다.

전후의 부흥경제기(1950~1954년)에서 고도성장기(1955~1873년)를 거쳐
버블기(1986~1991년) 전까지 일본의 인구는 크게 증가했다. 1945년부터
1965년까지 20년간 총인구는 약 7200만 명에서 9900만 명으로 약 2700만
명, 38% 증가했다. 또한 1965년부터 1985년까지 20년간도 2200만 명,
22% 증가했다. 이 같은 높은 인구 증가에 따라, 효용곡선과 최고 효율점은

그림 1-5 **인구증가에 따른 효용곡선과 최고 효율점의 이동**

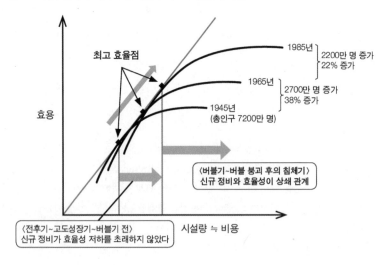

모두 그래프 오른쪽 윗부분으로 이동했다. 총인구가 증가하면 필요한 공공시설량도 증가하고, 전 주민 총효용도 증가하기 때문이다. 당연 최고 효율점도 오른쪽 윗부분으로 이동한다.

이 기간 동안은 공공시설을 적극적으로 정비해서 총량을 늘려도 그 증가분을 흡수하듯이 공공서비스 수요가 증가했다. 따라서 공공시설의 신규 정비가 효율성을 저하시키는 경우는 적었다.

그러나 버블 붕괴 후 경기 침체기에도 이미 출생률 저하가 현저해져 인구증가가 둔화되었음에도 경기부양대책으로 많은 공공시설이 신설되었다. 중앙정부의 직할사업뿐만 아니라, 지자체도 보조금이나 교부세 조치를 통한 중앙정부의 유도정책에 따라 많은 사업을 실시했다.

그러나 인구증가가 둔화된 1990년대는 이미 효과성(효용확대)과 효율성이 상쇄 관계 상태(범위 B)에 접어들었다고 추정된다.* 게다가 고도성장기에 대량으로 정비한 인프라와 공공시설 갱신기가 눈앞에 닥쳤다. 이 상황을 감안한다면 본래 기존 시설과의 통폐합이나 노후화한 시설의 교체를 고려한 다음에 공공시설 정비가 실시되었어야만 했다.

하지만 그러한 고려 없이 기존 시설과는 관계없이 새로운 공공시설 정비가 행해졌다. 그 결과 공공시설 서비스 제공의 효율성이 저하되고 있다. 특히 지역에 꼭 필요한 것이 아닌 전시나 교류 등 설치 목적이 추상적인 시설에 대해서는 이용자가 적고 비용과 효과가 균형을 이루지 못해 '건물 행정'이라고 비난받게 되었다.

---

* 공공시설의 총량과 효과의 관계를 나타내는 〈그림 1-4, 1-5〉는 후술하는 비용편익분석을 통해 정량적으로 검증할 수 있다. 그러나 모든 공공시설에 대해 그러한 분석을 하는 것은 사실상 불가능하다. 따라서 여기에 제시한 사고는 이론적으로 정리한 가설에 그친다.

당초 건설비는 생애주기비용의 약 1/3에 불과하다

한편, 공공시설 생애주기비용에서 건설비는 약 1/3에 불과하다. 건물의 내구연한을 경과할 때까지 걸리는 유지수선·운영관리비 합계는 건설비의 2배 정도에 해당한다(〈그림 1-6〉). 즉, 건물 건축을 위한 의사결정에는 사실 건설비 2배 이상의 책무부담 행위를 실질적으로 내포하고 있다. 만약 시설 설치 시에 중앙정부 등에서 보조금을 받았다면 지자체가 당초 부담한 건설비의 5, 6배에 상당하는 경우도 있을 것이다.

지자체는 장기 채무부담 행위를 할 때 의회 승인을 필요로 한다. 하지만

그림 1-6 **공공시설의 라이프사이클 비용**

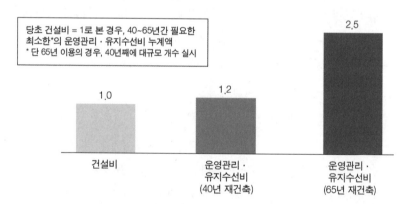

자료: 모리오카(盛岡) 시 마을 만들기 연구소, 「2013년도 연구보고서」(2013.4), 도표 61을 바탕으로 작성.

원자료 출처: 국토교통성 대신관방관청 영선부 감수, 재단법인 건축보전센터 편집·발행, 재단법인 경제조사회발행, 『건축물의 라이프사이클 비용』(2005)에서 작성.

원자료 주: • 개산용 데이터베이스(사무소_3000형_Case1)의 수선비용을 바탕으로, 지역별 보전비지수는 동북의 값을, 일반지역 공사비지수는 모리오카의 값을 사용해서 산출.

• 대규모 수선은, 40년째에, 신축지의 약 60%정도 비용으로 개수한다고 가정. 대규모 수선 때는 'Case1: 해야 할 것+바람직한 것+사후보전'의 수선비용을 사용. 그 이외의 시기의 수선비용은 '해야 할 것'만 사용.

공공시설 설치에 따라 장래에 확실히 발생하는 운영관리·유지수선비에는 의회 승인이 필요하지 않다. 물론 새로운 시설 설치에는 의회 승인이 필요하므로 운영비용(running cost)에 대해서도 실질적으로 승인을 해준 것이라고 생각할 수도 있다. 그러나 장기간에 걸쳐 소요되는 유지비용 총액을 고려한 후의 판단이었는지 분명치 않다. 만약 명확한 인식이 있었다면 현재와 같은 곤란한 상황에 이르는 일은 없었을 것이다.

이와 같이 공공시설 정비에 종사하는 관계자도 큰 위기감을 느끼지 않고 건물 확대가 진행되었다. 그리고 정신을 차려 보니 인구는 감소로 돌아서고 지자체 세수의 점차적인 감소가 염려되게 되었다. 한편 지금까지 설치된 건물의 노후화가 진행되어 유지수선비가 앞으로 계속 증가할 뿐이다.

공공시설은 이제 지방재정의 짐으로 변하고 있다.

3. 도시·지역 재생의 열쇠를 쥐고 있는 공공 부동산의 이용·활용

한편, 공공시설 대부분은 부동산이다. 공공시설 과제를 공공 부동산 관점에서 생각해보자.

일본 부동산 약 1/4은 공공 부동산

공공시설을 적극적으로 정비하고 그 총량을 확대한 결과 공유지 면적도 증대되었다. 공공시설의 대지로서 중앙정부와 지자체가 많은 토지를 취득·소유했기 때문이다.

대량의 공공시설을 정비한 고도성장기 이후도 공공시설 증가는 계속되어 특히 버블 붕괴 후인 1990년대의 경기대책기에도 많은 공공시설이 설

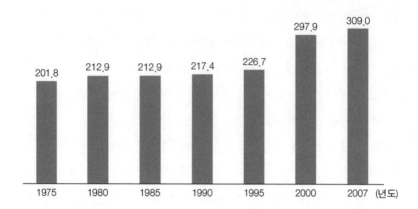

그림 1-7 **공유지 면적의 추이**   단위: 1만ha

자료:『2009년판 토지백서』, 도표 2-2-6 '공유지면적의 추이'에서 작성.
원자료: 재무성, 「국유재산증감 및 현재액 총 계산서」; 총무성, 「공유시설상황조사」에 의해, 국토교
　　　통성에서 집계.
주: • 국공유지는 「재정금융통계원보」 및 「공공시설상황조사」에서, 사유지는 국토교통성이 조사
　　　한 합계 면적에서 국공유지를 뺀 나머지로 계산했다.
　　 • 면적은 각 연도 말(3월 31일)의 수치이다.
　　 • 이밖에 도로 등이 약 580만ha 있어 국토 면적 전체는 3779만ha이다.

치되었다. 그것은 버블 붕괴 후 경기침체로 인한 수요공급의 차(gap)를 메
우기 위해 공공사업이 적극적으로 실시되었고, 그 일환으로 공공시설이 건
설되었기 때문이다. 그 당시 많은 토지를 공공시설용지 등으로 중앙정부와
지자체가 사들였다. 정부가 민간 부문이 구조조정으로 인해 방출한 부동산
을 인수했다고 할 수 있다.

　실제로 1990년부터 2007년까지 17년간 공유지 면적은 약 92만ha 증가
했다. 이것은 대략 가고시마 현 면적에 필적한다(〈그림 1-7〉). 그리고 그 대
부분은 2000년까지 10년 동안 취득되었다.

　이렇게 중앙정부와 지자체가 소유한 부동산은 금액 규모로 약 570조 엔,
일본 전체 부동산 가치인 약 2400조 엔의 약 1/4로 추계되고 있다. 그중

그림 1-8 일본의 부동산 평가액과 소유 주체

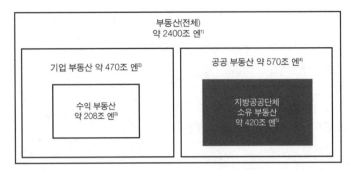

자료: 국토교통성, 「부동산 증권화 수법 등에 의한 공공 부동산(PRE)의 활용의 방식에 관한 검토회」
　　 자료를 바탕으로 작성.
주: 1. 국민경제 계산(2012년도 확보)
　　 2. 토지기본조사에 기초하여 시가(時價)를 산출한 한 금액(2008년 1월 1일 시점)
　　 3. Prudential Real Estate Investors, "A Bird's eye View of Global Estate Markes: 2012 up-
　　　 date"(엔 환산)
　　 4. 고정자산 및 토지의 총액(2012년 말 시점)
　　 5. 지방공공단체가 소유한 부동산의 고정자산 총액은 전체 정부가 소유한 고정자산을 총고정자
　　　 본 형성의 누계액(1980~2012년도) 중 지방이 점유하는 비율로 나눈 것

그림 1-9 토지 소유 주체별 주택 면적과 비율　　　　　　　　　　　　단위: ha, %

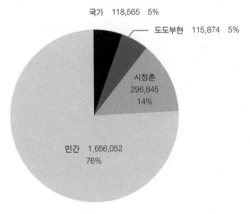

자료: 국토교통성 토지·건설산업국 토지시장과, 「2012년도 토지 소유·이용개황 조사보고서」, 표
　　 2-(9)-②에서 작성.

지자체가 소유한 부동산은 약 420조 엔으로 공공 부동산의 70% 이상을 차지하고 있다(〈그림 1-8〉). 면적 규모에서도 택지의 약 1/4은 공유지이다(〈그림 1-9〉). 즉, 정부가 그 가치나 면적(택지) 측면에서 일본 부동산의 약 1/4을 보유하고 있는 것이다.

일본 경제사회 활력과 풍요를 좌우한다

공공 부동산이 그토록 높은 비율을 차지하고 있는 이상 공공 부동산의 효율적 이용·활용 여부는 일본 경제의 활력과 성장력을 좌우한다.

왜냐하면 토지는 생산의 3요소(토지, 노동, 자본)의 하나이고 경제활동 기반이 되기 때문이다. 정부가 직접 생산 활동을 하는 것은 아니지만 공공 부동산을 이용함으로써 국민 경제활동이나 사회생활을 지원하는 등 다양한 서비스를 지원하고 있다. 공공 부동산을 효과적으로 활용하고 효율적으로 운용함으로써 충실한 서비스를 실현한다면 민간의 퍼포먼스 향상으로 이어진다. 예를 들어 공공 부동산을 활용한 육아지원시설 설치를 추진한다면 노동력 확대와 생산성 향상으로 이어질 것이다.

또한 공공 부동산은 도시 어메니티를 양성하고 매력을 창출하는 중요한 도시자원이다. 아름답고 상징적인 공공건축물은 도시의 랜드 마크가 되고, 녹지가 풍성한 도시공원이나 하천부지의 산책길은 녹지와 물에 친화적인 오픈스페이스로서 시민의 쉼터가 된다.

보존·재생·창조의 동시 추구

나아가서 공공 부동산에는 지역의 역사나 문화를 상징하는 귀중한 것이 많다. 그것을 잘 보존하고 재생하는 것은 지역의 고유성을 확립하고 지역의 힘을 높이는 것으로 이어진다.

공공 부동산의 보존·재생을 도모하는 한편, 공공 부동산을 활용함으로써 주민을 위한 새로운 기능을 창조하는 것도 중요하다. 즉, 공공 부동산 활용에 보존·재생·창조를 동시에 추구하는 것이 요구된다. 지역에 남아 있는 유형과 무형의 귀중한 유산을 보존하고, 잃어버린 것은 재생하면서 시대가 요구하는 새로운 가치나 기능을 창조한다. 그 마을과 그 지역이 지니고 있는 고유한 역사, 문화, 전통을 살리면서 환경과 공생하는 지속 가능한 도시로 진화시키는 것이 필요하다.

예를 들면 저출산에 따른 초중학교 통폐합은 이미 불가피하다. 그러나 학교는 지역커뮤니티 상징으로서의 의미를 강하게 가지고 있다. 지역주민에게 학교는 어린 시절 추억과 깊게 연관되어 있다. 문화재로서 의의를 갖는 교사도 있다. 통폐합에 이러한 폐교 시설의 보존·재생 가능성을 검토해 지역에 필요한 새로운 기능을 창조하는 것이 요구된다. 고령자나 장애자를 위한 복지시설이나 벤처기업을 위한 인큐베이션 오피스로 전용하는 등 이미 많은 지자체가 다양한 사업을 실행하고 있다.

한편, 국제도시 간 경쟁이 격화하고 있다. 특히 홍콩, 상하이, 싱가포르 등 아시아 대도시가 국가 전략에 기초한 인프라 정비에 의해 첨단(先端) 산업의 집적, 고급 인재의 확보, 관광객 유치 등을 하고 있다.

일본의 대도시가 이러한 경쟁에서 이기기 위해서는 육상·해상·항공의 인프라 정비와 매력이 넘치는 국제도시로 재생하는 것이 필요하다.

이를 위해서도 민관협업에 의한 공공 부동산 활용은 중요한 관점이다. 수변공간과 도시공원을 포함해 공공 부동산은 귀중한 도시자원이다. 그것을 최대한 살려가야 할 필요성이 있다. 또한 공공 부동산은 단독으로 존재하는 것이 아니다. 주변에 있는 민간 보유 토지의 이용에 상승효과가 날 수 있도록 하기 위한 고민도 요구된다. 그리고 그것은 지역재생에 대해서도 마찬가지이며, 경제 규모가 작은 지방권에서는 더욱 중요하다.

공유 재산으로서 공공 부동산: 재산 활용과 시설운영

한편 공공 부동산은 공공시설로서 공공서비스를 제공하는 수단으로 이용되는 한편, 환금 가능한 경제적 가치를 갖는 재산이기도 하다. 따라서 공공 부동산은 국민과 주민의 귀중한 공유 재산으로서 합리적으로 활용하고 운영되어야 한다.

즉, 공공시설이 제공하는 서비스가 공공 부동산(Public Real Estate: PRE) 가치에 맞는가를 끊임없이 묻는 것이 요구된다. 만약 전체 부동산의 1/4이 넘는 공공 부동산의 잠재력을 정부가 충분히 살릴 수 없다면 그것을 실현할 수 있는 체제로 새롭게 가야 한다.

양적 확대로 인해 저하된 공공시설 운영관리의 효율성을 개선하는 한편, 도시재생·지역재생을 위해 공공 부동산을 최대한 활용해야 한다.

이 책의 공공시설 개혁이라는 말에는 재산 활용과 시설운영(Facility Management: FM) 합리화라는 두 가지 의미를 담고 있다. 'PRE/FM 전략'은 그 양면을 나타낸다. 이 내용은 다음 장에서 상세히 논한다.

PRE/FM 전략

마을 만들기와 행·재정 개혁의 십자로

인구감소 사회에서 지속 가능한 도시지역 경영을 실현하기 위해 지자체가 임해야 할 PRE/FM 전략 방식과 그 요점을 검토한다. 마을 만들기와 행·재정 개혁 양측의 시점에서 공공시설 경영 합리화와 도시·지역 재생 추구가 요구된다.

1. PRE/FM 전략의 전체상

먼저 PRE/FM 전략의 전체상을 살펴보자. PRE/FM 전략은 민간기업의 기업 부동산(Corporate Real Estate: CRE) 전략을 공공 부동산으로 확장한 활동이다. 재산 활용과 시설 운영 양쪽의 합리화를 목표로 계획적이고 종합적으로 공공시설의 유지관리와 갱신을 실시한다. 동시에 사회구조 변화에 맞는 도시의 재구축을 추진하고 선취하는 것이 요구된다.

CRE 전략 개념을 공공 부동산으로 확장

재정난에 허덕이는 지자체는 유동성(flow) 자산의 비용 절감에는 다양한 지혜를 모아 많은 노력을 기울인다. 그러나 축적성(stock) 자산에 대해서는 그 보유 방식을 재검토해서 효과적 활용을 도모함으로써 더 효과적이고 효율적인 서비스를 제공한다는 발상과 실적이 불충분하다. 지금까지 행정에 대차대조표 관념이 없었던 것이 그 원인일 것이다. 신지방공회계제도(新地方公會計制度)* 도입에 의해 드디어 행정에도 재무제표가 정리되고 있다. 그러나 아직 이들 회계분석에서 문제를 발견하고 구체적인 개선으로 연결되는 경우는 적다.

민간기업에서는 버블 붕괴 후 긴 불경기와 심화되는 경쟁 환경 아래 설비·고용·부채의 세 가지 과잉을 해소하기 위해 혹독한 구조조정에 임했다.

---

* 옮긴이 주 '현금주의·단식부기'에 의한 지금까지의 지방지자체 회계제도에 '발생주의·복식부기'라는 기업 회계 요소를 도입함으로써 자산·부채 등의 저량(stock) 정보와 현금주의 회계제도에서는 볼 수 없었던 비용을 파악하고, 지자체의 재정상황 등을 알기 쉽게 공개하며, 자산·채무의 적정 관리와 유용 활용 등 중·장기적인 관점에서 지자체 경영 강화에 이바지하는 것.

그리고 그 일환으로 기업 부동산(CRE)의 합리적인 소유와 이용을 추진하는 CRE 전략에 나섰다.

CRE 전략 담당 부문을 경영자 직속으로 둠으로써 사업 부문별 종적 관계를 부분 최적에서 전체 최적을 도모하기 위한 새로운 체제로 정비했다. 이에 더해 사택이나 요양소, 운동장 또는 본사 빌딩이나 창고 등 소유할 필요성이 적은 비핵심(non-core) 자산을 매각하고, 본업을 효과적이고 효율적으로 경영하기 위해 불가결한 핵심(core) 자산만으로 CRE를 정리했다. 비핵심 자산을 매각해서 얻은 자산은 경쟁력 강화를 위한 전략 투자나 채무 압축 등에 충당했다.

또한 보유 시설의 운영관리에도 최소 비용으로 최대 효과를 얻을 수 있도록 다양한 고민과 합리화를 실천했다.

이렇게 CRE 전략을 본떠 그 개념을 공공 부동산(Public Real Estate: PRE)으로 확장한 것이 PRE 전략이다. 공공시설 경영 합리화와 도시·지역재생을 목표로 국가와 지자체도 PRE 전략을 본격적으로 활용할 필요가 있다.

그래서 국토교통성은 2007년부터 '공공 부동산의 합리적 소유·이용에 관한 연구회(PRE 연구회)'를 설치해 PRE 전략을 검토했다. 그리고 PRE 전략을 입안·실천할 때 기본적인 참고서가 되는 『PRE 전략을 실천하기 위한 안내서』를 정리해, 2009년 5월에 공표했다(2010년 6월, 2012년 3월, 2회에 걸쳐 개정).

PRE와 FM

이러한 계발과 추진 활동의 영향으로 PRE 전략에 적극적으로 임하는 지자체가 생겨나고 그 도입을 검토하는 곳 또한 늘고 있다.

한편 PRE 전략에 선진적인 지자체 중에는 그 활동을 PRE 전략이 아닌

시설운영(Facility Management) 또는 약칭인 'FM'이라고 부르는 곳이 많다.

이러한 활동을 추진하거나 검토하는 지자체 직원들이 뜻을 모아 상호 정보교환을 위한 '지자체 등 FM 연락회의(임의조직)'을 만들었고, 2010년부터 활동을 시작했다.

공익사단법인인 일본 퍼실리티매니지먼트협회의 정의에 따르면 퍼실리티 매니지먼트란 "기업·단체 등이 보유 또는 사용하는 모든 시설 자산과 그 이용 환경을 경영 전략적 관점에서 종합적이고 총괄적으로 기획·관리·활용하는 경영활동"이다. 여기에 부동산이라는 말은 없지만 FM을 표방한 지자체의 실제 활동은 PRE와 거의 같다. PRE와 FM 둘 다 종적관계 조직의 폐해를 제거하면서 보유 부동산 전체의 최적화를 고려한 합리적 운영관리를 추구하는 활동으로 양자는 거의 같은 개념이라고 해도 좋다. 다만 그 중점이 PRE는 부동산 자산성에, FM는 시설 공간의 편리성에 있다는 점에서 약간 다를 뿐이다.

그래서 이 책에서는, PRE와 FM의 양쪽을 포함하는 'PRE/FM 전략'이라는 용어를 사용하기로 했다. 이 단어는 재산(Estate)과 시설 편리(Facility) 양면에서 공공 부동산·공공시설을 경영관리(Management)한다는 의미가 포함되어 있다.

재산 활용과 시설운영 양쪽 모두를 합리화하다

따라서 PRE/FM 전략에 기초한 공공시설 개혁은 재산 활용과 시설운영 양면에서 합리성을 추구해야 한다.

재산 활용과 시설운영 양면에서 합리화를 목표로 하는 공공시설 개혁이란 구체적으로 어떤 것일까. 다음과 같이 중심시가지 JR(Japan Railway) 역 앞에 있는 시영버스 조차장(操車場) 겸 차고를 예로 생각해보자.

역전(驛前)에 조차장 겸 차고가 설치된 것은 철도가 개통하고 얼마 지나지 않은 메이지(明治) 시대(1868~1912년)였다. 역전이라고 해도 그 당시는 중심시가지에서 벗어나 있는 잡종지였기 때문에 상점이나 주택도 거의 없었다. 그 후 역 앞이라는 편리성에 의해 상점과 주택이 모이기 시작해서 고도성장기에는 기존의 중심상점가를 능가하는 규모까지 역전거리(駅前通り)가 성장하여 오늘날에 이르고 있다.

이처럼 역 앞의 번화한 장소에 버스 종점 기능과 정류소가 있는 것은 운행 관계자와 버스 이용자에게 상당히 편리한 일이다. 따라서 시설운영 면에서 여기에 조차장이 입지하는 의의는 높다.

그러나 부지 내 큰 면적을 점유하는 평면 차고 부분은 어떤가. 중심시가지의 지가는 높고 그만큼 마을에 귀중한 자산이다. 그러므로 그곳에 어울리는 용도가 요구된다. 그러나 하루의 대부분을 거의 비워두는 차고로 이용하는 것은 사업적으로도 사회적으로도 합리적이지 않다. 차고로 이용할 수 있는 시유지는 다른 곳에도 있다. 즉, 재산 활용 면에서 재검토가 필요하다.

그러나 행정 내부에서는 현재 차고로 이용되고 있고 메이지 시대부터 시가 소유하고 있었기 때문에 고정자산 관리대장에는 취득가격이 0에 가까운 것도 있어 소관부서는 물론 다른 부서에서도 그 이용방법을 재검토하자는 의견이 나오지 않았다.

물론 차고가 역에 있으면 운행 관계자의 통근에 편리하다. 또는 조차장과 차고가 함께 있으면 운행간격 조정에 안성맞춤이다. 그러나 그러한 이점이 토지이용 불경제를 보충하고도 남는다는 사실이 확인되지 않으면 그곳을 차고로 계속 이용하는 것은 타당하지 않다. 만약 행정적으로 적절한 이용방법이 없다면 민간에 불하하거나 빌려주어야 한다.

이와 같이 PRE/FM이란 문자 그대로 Public Real Estate and Facility

Management, 즉 공공(Public)을 위해 부동산(Real Estate)과 시설(Facility)을 재산 활용과 시설운영 양면에서 효과적이고 효율적으로 관리(Management)하는 활동이다.

집약적 도시구조로 전환

한편 일본은 역사상 전례 없는 초고령사회를 맞이했다. 총인구는 2007년 1억 2771만 명(총무성 통계국, 「국세조사보고」)을 정점으로 감소하기 시작해, 2050년에는 약 9708만 명이 된다. 고령자(65세 이상) 비율은 2010년 약 23%에서 약 39%로 증가하고, 생산연령인구(15~65세)는 약 64%에서 52%로 감소한대국립사회보장·인구문제연구소, 「일본의 장래추계인구(2012년 1월 추계)」]. 지속적인 인구 증가와 경제 고도성장을 전제로 해왔던 20세기 후반 도시 사회의 전제가 크게 전환했다.

만약 고도성장기 이후 확산을 계속한 시가지 구조를 그대로 두고 인구감소가 진행된다면, 인구밀도가 낮아져 행정 서비스 제공 효율이 떨어지거나 도시 생활을 유지할 수 있는 상업이 성립되지 않는다. PRE/FM 전략에 의해 공공시설 경영을 합리화·효율화해도 인구밀도가 희박해지면 공공서비스 제공 효율이 저하되어, 결과적으로 개선 노력이 상쇄되고 만다.

그래서 이러한 인구밀도 희박(稀薄)이 크게 염려되는 지방 중소도시에서는 이를 막기 위해 집약형 도시구조로의 전환, 즉 압축도시화가 필요하다. 집약화는 자동차 교통의 과도한 의존에서 벗어나는 길일 뿐만 아니라 지구 온난화를 막기 위한 저탄소 도시화로도 이어진다.

즉, 행정·민간의 서비스 제공과 지구 환경 양 측면에서 도시의 지속 가능성 유지를 위해서는 시가지 집약화가 요구된다.

이를 위해 일본 정부는 2012년, '도시 저탄소화 촉진법'을 제정하고, '저탄소 마을 만들기 계획'을 마련했고, 이를 바탕으로 '집약 도시 개발사업'을 시작했다. 또한 2014년에 '도시재생 특별조치법'을 개정해 '입지 적정화 계획' 제도를 마련했다.

개정 '도시재생 특별조치법'에 기초한 입지 적정화 계획

입지 적정화 계획은 각 시정촌이 전체 도시의 관점에서 거주 기능이나 복지·의료·상업 등 도시기능 방식을 검토해 '거주 유도구역'이나 '도시기능 유도구역'을 정하고, 지향해야 할 방향으로 주택이나 도시기능을 증진하는 시설의 입지를 유도해가는 제도이다.

거주 유도구역에는 거주를 유도해 인구밀도 유지·증진을 도모한다. 이 구역 안에서 일정 규모 이상의 주택정비사업('특정 주택정비사업')을 하려는 자는 그 사업을 위해 필요한 도시계획 결정이나 변경에 대해 제안할 수 있다. 한편 이 구역 외에서 일정 규모 이상의 주택개발을 하려는 자는 사전 신청을 해야 하고, 거주 유도구역 내 주택 등 입지 유도하는 데 지장이 있다고 판단되는 경우 시정촌의 장이 사업자에게 필요한 권고를 할 수 있다. 시가지구역을 시가화조정구역으로의 변경할 때, 이른바 '역 선긋기(逆線引き)'가 시가지 집약화 수법으로 논의될 수 있다. 개정법에서는 경계 변경이라는 강제력을 동반하는 강력한(drastic) 방법이 아닌, 시정촌이 유도하는 점진적인 집약화 촉진방법을 도입했다고 생각하면 좋을 것이다.

그러나 시정촌이 주택지화를 강력히 억제해야 한다고 생각하는 지역에 대해서는 시가화구역 내라고 할지라도 '거주조정지역'을 정할 수 있도록 했다. 거주조정지역 내에서 일정 규모의 택지·주택개발(특히 개발 행위나 특정 건축 행위 등)에 대해 시정촌이 조례를 통해 시가화조정구역과 같은 개발 규제를 가할 수 있다. 시가화구역과 시가화조정구역에 관한 구역 구분[말하자면 '선긋기'는 도시계획법상 도도부현 등의 권한이다. 그러나 택지·주택개발 규제는 입지 적정화 계획 수립을 통해 지역주민에게 가장 가까운 시정촌도 할 수 있게 함으로써 지역 실정을 토대로 한 유연하고 기동적인(機動的) 도시계획 운용을 촉진한 것으로 생각할 수 있다.

또한 도시기능 유도구역은 지역주민을 위해 앞으로 필요한 시설이나 부족이 우려되는 시설을 유도하는 지역이다. 그 실현을 위해, 해당 지역 내에 유도시설 등을 가지는 도시개발사업에서 일정 규모 이상의 개발을 하려는 민간사업자는 사업계획('민간 유도 시설 등 정비사업 계획')에 대해 국토교통대신(국토교통부장관에 해당 - 옮긴이 주)의 인정을 받음으로써 중앙정부 등으로부터 일정한 지원이나 우대조치를 받을 수 있게 했다.

집약형 도시구조 실현을 위해서 시정촌이 새롭게 도입된 제도를 적절히 이용하는 것과 함께, PRE/FM 전략 실천을 통해 공공 부동산을 활용하는 관점도 중요하다. '개정 도시재생 특별조치법'에도 "시정촌은 입지 적정화 계획 작성에서는 …… 시정촌 소유의 토지 또는 건축물이 효과적으로 활용되도록 노력한다"(제81조 제13항)라고 명기하고 있다. 거주 유도구역 내에 특정 주택정비사업이나 도시기능 유도구역 내의 민간 유도 시설 등 정비사업에도 PRE/FM 전략을 통한 공공 부동산의 유연한 활용책을 검토하는 것이 중요하다.

또한 거주 유도구역이나 도시기능 유도구역은 각 시정촌이 복수로 지역을 지정할 수 있다. 각각 한 곳으로 좁힐 필요는 없다. 한 곳으로 좁히는 것은 실제 도시구조를 봐도, 각 지역 내력을 생각해봐도, 오히려 현실적이지 않은 경우가 많다. 국토교통성도 복수 거점지역을 교통 네트워크로 연결하는 '다극 네트워크형 압축도시'를 염두하고 정책 전개를 도모하고 있다. 압축도시에 대해서는 제4장에서 더 자세히 논의한다.

사회구조 변화에 적응, 그리고 종합계획 등과의 정합성

또한 저출산·고령화에 의해 주민 인구구성이 변화하면 이에 맞춰 공공시설에 대한 필요도 변한다.

예를 들면 아동·학생 수 증가에 맞춰 고도성장기에 급히 정비된 초중학교 교실이 크게 남아돌게 되는 한편, 고령자를 위한 간호·복지시설이나 고령자를 위한 주택 수요가 이후 지속적으로 증대되고 있어, 이대로라면 고령자 관련 시설이 크게 부족해지는 상황이 일어날 것으로 염려된다. 또한 보육시설 부족도 상시화되고 있다. 여성 취업환경을 정비해 저출산을 막기 위해서도 육아 지원시설의 확충이 필요하다.

특히 고령화 대응과 육아 지원은 대도시의 심각한 문제이다.

지방도시는 이미 고령화가 어느 정도 진행되어왔고 앞으로도 그 경향이 계속될 것이나, 고령자의 절대 수는 그다지 증가하지 않을 것이다. 그러나 대도시는 지금까지 지방·중소도시에 비해서 낮았던 고령자 비율이 지금부터 20년간 급속히 증대될 것이다. 무엇보다 고령자 절대 수의 큰 폭 증가는

표 2-1 대도시권 고령자 수의 증가

		2010년	2040년	증가 수	증가율
도쿄권	65~84세	653만 명	850만 명	197만 명	1.3배
	85세 이상	79만 명	270만 명	190만 명	3.4배
나고야권	65~84세	217만 명	252만 명	35만 명	1.2배
	85세 이상	29만 명	84만 명	55만 명	2.9배
간사이권	65~84세	374만 명	412만 명	37만 명	1.1배
	85세 이상	48만 명	149만 명	101만 명	3.1배

자료: 국토교통성, 「마을 만들기를 위한 공공 부동산(PRE)의 효과적인 활용 가이드라인」의 표를 바탕으로 작성.

그림 2-1 2025년의 개호보험시설 이용자 수(추계)와 시설 정원

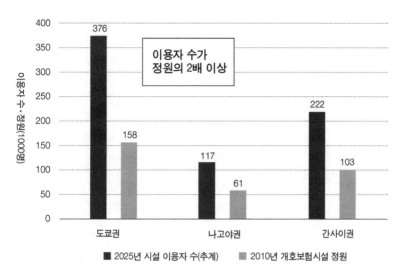

자료: 국토교통성, 「마을 만들기를 위한 공공 부동산(PRE)의 효과적인 활용 가이드라인」의 그림을
바탕으로 작성.

심각하다. 이에 대응한 개호시설 또는 고령자를 위한 주택 등은 공급이 따
라가지 못할 가능성이 있다(〈표 2-1〉, 〈그림 2-1〉).

또한 육아지원시설도 높은 지가와 보육사 확보의 어려움 등의 이유로 수
요에 비해 공급이 부족하다(〈표 2-2〉).

대도시는 지방·중소도시에 비해 젊은 층 비율이 높다. 당연히 인구문제
의 열쇠를 가진 젊은 여성의 수도 많다. 그러나 출생률은 대도시가 가장 낮
다. 단신 비율이 높고 기혼여성 한 명당 아이 수도 압도적으로 낮기 때문이
다. 대도시는 친족과 떨어져 사는 비율이 높기 때문에 육아 협력을 얻기 어
렵다. 보육소 등 사회적 지원도 빈약하다. 주거와 직장도 떨어져 있는 곳이
많다. 이와 같이 젊은이들이 모여 있는 대도시는 육아하기 어려운 환경으
로, 일본의 출생률 저하를 조장하고 있다. 지자체의 대략 1/2 정도가 '소멸

표 2-2   도시지역과 그 외 지역의 대기 아동 수

	이용 아동 수(%)	대기 아동 수(%)
7도부현·지정도시·중핵시	1,200,018명(54.1%)	18,267명(80.3%)
기타 도현	1,019,563명(45.9%)	4,474명(19.7%)
전국 합계	2,219,581명(100%)	22,741명(100%)

자료: 후생노동성, 「보육소 관련 상황 정리」(2013년.4.1), 표 5를 바탕으로 작성.

가능성 도시'라는 계산을 발표한 일본창성회의도 이 문제를 지적하고 있다.

친족의 도움을 받기 어려운 대도시일수록 보육소 등 육아 지원시설 확충이 필요하고, 그것이 일본 사회 근간이 되는 장래 인구를 좌우하는 중대한 문제임에도 현실은 그 반대이다.

〈그림 2-2〉는 PRE/FM 전략의 배경이 되는 사회구조 변화와 그것이 야기하는 과제와의 관계를 정리한 것이다. 이 같은 사회구조변화 적응에 PRE/FM 전략은 꼭 맞아야 한다. 즉, PRE/FM 전략은 행·재정 개혁을 넘

그림 2-2   PRE/FM 전략의 배경이 되는 사회변화와 과제

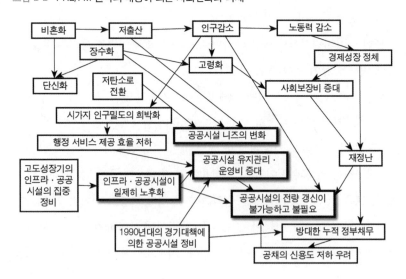

어 인구감소 사회하에서 지자체의 지속 가능성을 확보하면서 경제사회에 필요한 변화에 정확하게 대응함으로써 주민 후생 수준을 유지·향상시키기 위한 활동이다.

따라서 PRE/FM 전략의 실천, 즉 공공시설 통폐합이나 재배치 등은 집약형 도시구조의 실현 등, 종합계획 또는 도시계획 기본계획(master plan)에서 제시한 도시·지역이 중장기적으로 목표하는 방향성보다 앞선 것이어야 한다. 또한 이 전략은 민간시설이나 주택의 집약·재배치와 함께 진행시키는 것이 이상적이다. 계획의 방향성에 따른 공공시설 통폐합·재배치는 그 자체가 도시와 지역을 그 방향에 맞게 변화시키기 위한 계기나 원동력이 된다.

사후 보수에서 예방 보전으로: '전력의 축차(逐次) 투입' 회피

한편, 노후화한 공공시설이 시간이 갈수록 건물이나 설비가 파손되고 고장을 일으킬 때, 명확한 PRE/FM 전략이 없는 지자체는 그때마다 사후 보수에 쫓기게 된다. 재정 상황을 생각하면 공공시설 통폐합은 불가피하다고 생각되어도 공공시설 유지갱신에 관한 중장기계획이나 전체 방침이 없기 때문에 모든 시설에 적은 비용을 뿌리고 있다. 보수했다고 해도 노후화된 시설이 제공하는 서비스는 계속 저하된다. 말하자면 "전력의 축차 투입"이 된다. 그런데 영선(營繕: building and repairs) 담당자는 그것이 얼마나 비효율적인 예산 사용법인가를 잘 알고 있으면서도 계획이 없으면 그러한 대응밖에 할 수 없다.

이러한 상황을 배경으로 중앙정부의 '인프라 노후화대책 추진에 관한 관계부처 연락회의'에서는 2013년 11월에 '인프라 장기유지 기본계획'을 발표했다. 이는 고도성장기 이후에 정비된 인프라가 일제히 노후화하는 것에 대한 대책을 국가와 지자체가 계획적으로 추진해가기 위해 작성된 것이다. 여기에서 인프라는 도로나 다리, 터널뿐 아니라 학교나 청사 등 공공건축물도 포함된다.

기본계획에서는 인프라에 관련된 계획적인 점검·진단 실시, 그리고 그결과에 기초한 수선·갱신과 함께 '예방보전형 유지관리'의 필요성을 지적하고 있다. 알기 쉽게 말하면, 부서진 다음 고치는 것이 아니라 부서지기전에 치료한다는 것이다. 파손이나 고장이 나기 전에 예방적으로 보전하는편이 사후 보수보다 시설 수명을 길게 하고 총경비를 감축하고 예산을 평준화할 수 있다.

또한 기본계획은 "사회구조 변화와 새로운 필요의 대응"으로서 "향후 국제 도시 간 경쟁이나 인구감소, 저출산 고령화, 지구온난화 등의 진전이 예상되는 가운데 인프라에 요구되는 역할이나 기능도 변해갈 것을 고려하고있다. 그래서 노후화대책 검토 시에 <u>이러한 관점에서 각 시설이 맡은 역할과 기능을 재확인한 후 시설의 필요성 자체를 재검토한다</u>. 그 결과 필요성이 인정된 시설은 갱신 등 기회를 포착해 사회경제 정세 변화에 따른 질적향상과 <u>기능 전환, 용도 변경이나 복합화·집약화를 도모하는 한편, 필요성이 인정되지 않는 시설은 폐지·철거를 추진하는 등, 전략적 대응을 추진한다</u>"(밑줄은 필자에 의한 것임)고 서술하고 있다. 이 내용이 바로 PRE/FM 전략 개념과 다름없다.

그리고 국가와 지자체 인프라를 관리·소관하는 각 기관에 대해서 "인프라의 유지관리·갱신 등을 착실히 추진하기 위한 중기적인 대응의 방향성을 명확히 하는 계획으로서" "인프라 장기 유지(長壽命化) 계획" 수립을 요구하고 있다.

즉, 인프라 장기 유지 기본계획은 국가와 지자체에 PRE/FM 전략의 대응을 요구하고 있다고 해도 좋을 것이다.

이 정부 방침을 근거로 2014년 4월에 총무부는 지자체에 대해 '공공시설 등 종합관리계획' 수립을 요청했다. 그 가이드라인(「공공시설 등 종합관리계획 수립 지침」)에 대해서도 인프라 장기 유지 기본계획과 같이 실질적으로 PRE/FM 전략 대응을 요구하고 있다.

일실(逸失)이익(편익)을 고려하다

한편, 민간기업에서는 오피스빌딩이나 상업시설 유지관리에 있어 손상이나 고장이 발생하기 전에 보전적 수선이나 부품교환, 점검(overhaul) 등을 통상적인 업무의 일환으로서 정기적으로 실행하고 있다. 왜냐하면 만약 건물 외벽이 낡아서 벗겨져 떨어지면 일하는 사람이나 내점한 손님에게 큰 부상을 입힐 위험이 있으며, 만약 더운 여름이나 추운 겨울에 공조 설비가 고장 나면 업무에 지장이 발생하거나 손님이 나가버리기 때문이다. 그리고 파손이나 고장이 발생하기 전에 수리해두는 쪽이 종합적으로 비용이 적게 드는 것을 경험으로 이해하고 있기 때문이다.

또한 수선이나 수리를 위한 공사를 야간이나 정기휴일에 집중적으로 함으로써 서비스를 할 수 없는 상황을 최대한 피하려고 한다. 가동률 저하는 매상과 이익 감소에 직결되기 때문에 이익을 잃어버리는 것(일실이익)을 가능한 한 적게 하기 위한 고민을 하고 있다.

향후, 예방보전 사고방식이 지자체에 침투해가면 유지보수공사가 적잖은 빈도로 발생할 것이다. 그때 관도 민과 같이 시설 일시 폐쇄나 서비스 제공 일부 중지를 적극 피하는 궁리를 함으로써 국민·주민의 일실이익을 최소화하는 자세가 요구된다.

2. PRE/FM 전략의 핵심

이와 같이 PRE/FM 전략은 다양한 요소와 목적을 가지고 지금이야말로 모든 지자체가 임해야 할 과제이다. 그리고 그 핵심은 행정 의식개혁, 주민 의식개혁, 마을 만들기와 연계라는 세 가지로 요약된다고 필자는 생각하고 있다.

행정의 의식개혁

'지방자치법'에는 "지방공공단체는 …… 최소 경비로 최대 효과를 올릴 수 있게 해야 한다"(제2조 제14항)고 정하고 있다.

PRE/FM 전략은 공공시설에 걸려 있는 모든 비용 — 유지관리비나 운영비뿐 아니라 공공 부동산 재산가치에 입각한 눈에 보이지 않는 기회비용을 포함한 총비용 — 에 맞는 효과를 시설 서비스에서 얻고 있는지 행정에게 질문한다. 더 적은 경비로 더 큰 효과를 올릴 방법을 추구하는 것이 지방자치법 제2조에 정한 행정 본래의 책임이고, 그것을 지키고자 하는 의도가 PRE/FM 전략에 담겨 있다.

'관청 사무*'를 깨는 의식개혁이 PRE/FM 전략의 묘미이면서 어려움이기도 하다.

주민 의식개혁

PRE/FM 전략은 행정뿐 아니라 주민에게도 의식개혁을 요구한다.

---

* 옮긴이 주 형식적이고 비능률적임을 비꼰 말.

개혁해야 하는 것은 두 가지다. 하나는 시설은 곧 서비스라는 생각을 개혁하는 것이고, 또 하나는 공공시설 서비스의 수혜자라는 입장만이 아니라 주민이 그 비용 부담자라는 자각을 갖는 것이다.

'시설은 곧 서비스'라는 생각을 개혁한다

지금까지 공공시설은 지자체의 행정 서비스를 나타내는 상징이었다. 인근 도시에 시민회관이 세워지면 왜 우리 시에는 시민회관이 없느냐는 목소리가 나온다. 옆 마을에 온욕(溫浴)시설이 생기면 우리 마을에도 같은 것을 만들자는 의견이 높아진다. 그렇게 건물·풀세트주의가 전국 지자체에 확산되었다.

이 배경에는 시설을 충실하게 확충한 것이 곧 행정서비스 충실이라고 생각하는 주민의식이 있다. 실제로 훌륭한 시민회관에 어울리는 행사는 한 해에 몇 번밖에 없거나 옆 마을에 생긴 온욕시설을 다른 지자체 주민도 사용할 수 있다. 하물며 이후에는 노후화한 시설(하드)의 유지갱신을 위해 예산이 고갈되어 시설에 맞는 행사나 양호한 시설운영(소프트)이 불가능할 가능성이 높다. 이래서는 주객전도다.

주민이 요구해야 할 것은 만족할 수 있는 서비스이지 시설이 아니다. 시설은 다른 지자체 것이든 민간 것이든 간에 합리적인 부담으로 서비스를 누릴 수 있으면 되는 것이다. PRE/FM 전략에서는 이러한 의식 개혁을 주민에게 요구할 필요가 있다.

주민이 부담자임을 자각한다

지자체는 세금을 모아 그 돈을 사용해 주민에게 각종 행정 서비스를 제공한다. 주민은 행정서비스 수익자이면서 그 비용의 부담자이기도 하다. 그러나 제1장 연구노트에서 지적한 것처럼 현재 지방재정제도에서 주민은 비용 부담자로서의 의식을 갖기 어려운 상황이다. 지자체 재정이 아무리 어려워져도 유바리(夕張) 시와 같이 실질적으로 재정이 파탄나거나 세금을 올리지 않는 한 주민은 거의 불편을 느끼지 않는다. 한편 공공시설 통폐합으로 인해 지금까지 근처에 있던 공공시설이 없어지거나 조금 먼 곳까지 가야만 같은 서비스를 받을 수 있는 상황에 직면하면 이용자로서의 의식만이 전면에 나온다. 이러한 상황에서는 공공시설 통폐합을 실현하지 못하고 머지않아 재정은 파탄난다. PRE/FM 전략을 추진하기 위해서 부담자로서의 자각을 주민에게 촉구할 필요가 있다.

물론 이런 의식개혁은 쉬운 일이 아니다. 그러나 PRE/FM 전략을 추진하기 위해서는 꼭 필요한 개혁이다. 지자체는 주민과의 대화나 회의에서의 토론을 통해 줄기차게 제기해야 한다.

마을 만들기와의 연계

PRE/FM 전략은 직접적으로는 공공시설 경영개혁 또는 공공 부동산의 합리적 소유와 이용을 추구하는 활동이다. 그리고 인구증가에서 인구감소 사회로 전환된 새로운 환경에 적응할 수 있는 도시를 재생해가는 활동의 일부로서 추진해야 한다.

하지만 PRE/FM 전략을 마을 만들기와 긴밀히 연계·추진하는 지자체는 아직 적다. 그러나 마을 만들기 관점은 다음과 같이 PRE/FM 전략에 있어서 극히 본질적인 요점이다.

공공시설 통폐합은 폐지 시설에 가까이 사는 주민에게는 공공서비스의 감소로 받아들여지는 경우가 많다. 비록 부담자 시민이라는 자각을 갖는 사람일지라도 재정상 이익보다도 이용자 시민으로서 불편 쪽이 확실하게 또는 크게 보이기 때문이다.

그래서 통폐합계획 등과 동시에 지역 미래상을 그리고, 마을 만들기의 구체적인 시나리오 안에 PRE/FM 전략을 편입시킴으로써 주민 공감을 얻는 것이 필요하다. 행·재정 개혁만으로 주민의 마음이 따라오지 않는다.

예를 들면 저출산으로 인해 초등학교를 통폐합할 때 폐지 학구(學區)에는 고령자를 위한 복지·간호·의료 필요에 대한 대응책이나 지역 커뮤니티 유지·재생을 위한 방책을 제시한다. 통폐합계획이 구체적이라면 마을 만들기 계획도 구체적이어야 한다. 그렇지 않으면 주민에게는 마이너스 인상만 남는다.

이러한 PRE/FM 전략과 마을 만들기 연계는 지자체장의 지지나 의회의 이해를 얻기 위해서도 중요하다. 특히 지자체장에게 PRE/FM 전략은 양날의 검이다. 행·재정 개혁이 중요하지만 그것 때문에 주민서비스 수준이 저하되는 것도 받아들이기 어렵다. 양자가 상쇄 관계에 있는 한 지자체장은 이러지도 저러지도 못한다. 지자체장을 지지하는 공무원은 PRE/FM 전략과 마을 만들기 융합을 통해 상쇄를 지양(止揚)하는 방책을 검토해야 한다.

PRE/FM 전략에 이러한 마을 만들기 관점을 더하기 위해 필자가 기획하고 국토교통성과 도쿄대학 공공정책대학원이 공동 주최하여 2013년부터 'PRE/FM연수회'를 시작했다. 며칠을 함께 해야 하는 합숙 연수회임에도 불구하고 첫해에만 전국에서 100개가 넘는 지자체가 참가했다.

또한 같은 해 공공 부동산 활용 마을 만들기의 효과적 활동 등을 검토하는 '도시 재생을 위한 공공 부동산 활용 검토위원회'가 국토교통성에 설치되었다. 필자도 참가한 이 위원회에서는 PRE/FM 전략을 마을 만들기와 연계·추진할 때 절차나 중요 논점 등에 대한 검토가 이루어졌다. 그리고 그 결과를 「마을 만들기를 위한 공공 부동산(PRE)의 효과적인 활용 가이드라인」(이하, 「PRE 효과적 활용 가이드라인」)으로 정리해 2014년 4월 공표했다.

3. 마을 만들기와 연계한 실행 절차

그러면 「PRE의 효과적 활용 가이드라인」에서 제시된 마을 만들기와 연계한 PRE/FM 전략의 진행 방식과 그 실행 순서를 소개한다.

「PRE 효과적 활용 가이드라인」이 제시하는 실행 순서

「PRE 효과적 활용 가이드라인」에서는 PRE/FM 전략을 추진하는 순서로 5단계를 제시한다.

제1단계: 마을 만들기 방향성 정리(마을 만들기 기본계획 수립)

제2단계: PRE 정보 정리·일원화(공공시설백서 작성)

제3단계: PRE 재배치에 대한 기본적 구상(공공시설 재배치 기본방침 정리·표명)

제4단계: 공공 부동산의 구체적인 방식 검토(공공시설 재배치 계획 수립)

제5단계: 개별 사업내용 검토(구체적인 개별 사업 실시계획 수립)

이들 단계는 각 지자체가 ① 우선 인구동태나 재정 전망을 바탕으로 마을 만들기 장래 비전을 그리고, ② 모든 공공 부동산(공공시설)의 현황과 과제를 확인한 후, ③ 공공 부동산(공공시설)에 대한 앞으로의 방향에 관한 확고한 전략을 마련한다. ④ 이와 같은 전략을 바탕으로 모든 공공 부동산(공공시설)을 대상으로 한 종합계획을 수립한다. ⑤ 개별적으로 구체적인 실행계획에 반영해가는 과정을 제시한 것이다.

이하, 「PRE 효과적 활용 가이드라인」 각 단계의 요점을 서술하였다.

제1단계: 마을 만들기 기본계획 수립 ― 본연의 모습

PRE/FM 전략은 현재를 추인(追認)해 한정된 예산 내에서 공공시설 서비스 제공을 생각하는 축소 균형형 활동에 빠져서는 안 된다. 그러지 않기 위해서는 현재의 연장선에서 생각하는 것이 아니라 현상을 근거로 마을을 어떤 방향으로 개선·유도해가면 주민의 후생 수준을 유지·향상시킬 수 있을지를 생각하는 것이 중요하다.

앞에서 언급한 것처럼 인구감소사회에서 도시의 지속 가능성을 유지하기 위해서는 시가지 집약화가 중요하다. 특히 인구밀도가 낮은 지방중소도시에서는 주민에게 필수적인 민간상업·서비스 활동의 채산성을 확보하기 위해서도 깊이 고려해야 할 과제이다.

「PRE 효과적 활용 가이드라인」에서는 "도시의 전체 구조를 바라보면서 장래의 인구감소나 고령화 급증 등에 바탕을 둔 도시의 장래상을 제시하는 마을 만들기 기본계획을 작성하고" "생활서비스 기능을 유도하는 거점(중심적인 거점, 지역의 거점, 생활의 거점 등)" 등을 설정해서 "각 거점의 특성에 따라 필요하다고 생각되는 도시기능"을 검토하도록 촉구하고 있다.

이와 같은 기술에 전제가 되는 것은 거점이 하나인 단심(mono-centric)형 압축도시가 아닌 복수의 거점을 갖는 다심(poly-centric)형 압축도시이다. 가이드라인에서는 "도시 중심부에만 집약을 도모하는 것이 아니라 공공교통의 현황 등을 바탕으로, 예를 들면 합병 전 시정촌의 지역 거점이나 생활 거점 등에도 생활서비스 기능의 집약을 도모하는 등 '다극 네트워크 형 압축도시'를 추진하는 것이 중요"하다고 지적하고 있다. 소규모로 산재하는 중산간지(中山間地)나 농산어촌 마을을 포함한 지방도시의 실태를 감안하면, 다심형 압축도시를 지향하는 것이 시가지집약화를 도모하는 데 가장 현실적인 접근이다. PRE/FM 전략도 그 방향에 따른 형태로 추진해가는 것이 합리적이다. 압축도시에 대해서는 제4장(다심형 압축도시)에서 자세히 논한다.

제2단계: 공공시설백서 작성 — 현황 파악과 장래 추계

PRE/FM 전략의 구체적인 실천은 공공시설백서 작성에서 시작한다.

공공시설백서는 소관기관마다 기존의 종적 조직이 폐쇄적으로 가지고 있던 유지관리비나 운영비, 시설의 이용 상황 등의 제반 정보를 조직의 횡단적인 기준을 바탕으로 일원적으로 파악한다. 그리고 도시·지역의 사회 경제 상태에 비추어 정리·분석하고, 공공시설·공공 부동산의 현황과 과제를 종합적으로 정리한다.

PRE/FM 전략은 제1단계에서 확인된 것처럼 마을 만들기 방향성을 바탕으로 종적 조직에 의한 부분 최적이 아닌 공공시설 운영과 공공 부동산 활용의 전체 최적을 도모하는 활동이다. 그래서 먼저 공공시설백서를 작성함으로써 도시·지역의 현황과 공공시설·공공 부동산의 전체상을 파악하고 거기에서 구체적인 과제를 분석하여 바람직한 방향성을 명확히 하는 것이다. 특히 공공시설백서에서는 공공시설·공공 부동산의 유지관리비나 자산 가치 파악이 필수사항이다. 신지방공회계제도(新地方公会計制度)도 같은 방향성에 기초한 재정상황 파악과 정리를 요구하고 있다.

그러나 PRE/FM 전략을 실시하기 위해 조직체제를 정리하고 공공시설 백서를 정리하는 지자체는 아직 일부에 그치고 있다.

일본 PFI·PPP협회 등의 조사에 의하면 공공시설백서를 공표하고 있는 시구정촌의 수는 2013년 9월 현재 약 120개에 지나지 않는다.

또한 〈그림 2-3〉과 같이 공공시설백서를 작성한 지자체는 재정력지수 1.0 전후에 위치해 있다. 특히 재정력지수 0.5 이하의 지자체에서는 거의

그림 2-3 재정력지수 계급별 지자체수와 공공시설백서 작성 지자체(2013년 9월 시점)

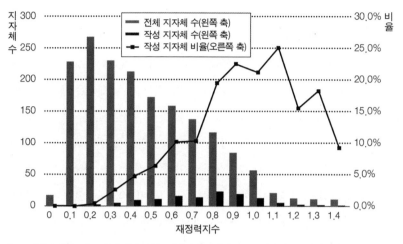

자료: 재정력지수는 총무성 웹사이트(「2011년도의 전시정촌 주요재정지표」)에 기초함. 공공시설백
서 작성 지자체는 일본 PFU·PPP협회 등의 조사에 의함.

없다. 그러나 원래는 자주재원이 부족한 지자체야말로 적극적인 추진이 꼭
필요하다. 또한 PRE/FM 전략이 최소 경비로 최대 효과를 올린다는 행정
본래의 책무를 완수하기 위한 활동인 이상 지수가 1.0을 넘는 지자체에서
도 반드시 임해야 할 과제이다. 원래부터 공공시설 갱신비는 재정력지수의
산정 기초가 되는 기준재정수요액과 직접 연결되는 것은 아니기 때문에,
지방교부세를 교부받지 않는 지방자치단체라 해도 교부를 받는 지방자치
단체보다 향후에 갱신비 염출이 쉽다고는 할 수 없다.

따라서 공공시설백서는 모든 지자체가 추진해야 할 과제이고, 거기에는
공공시설에 관한 갱신비용 추계가 필수 검토사항이다. 「PRE 효과적 활용
가이드라인」에서도 총무성 등이 제공하는 갱신비용 시산 소프트웨어 등을
이용한 비용 예측을 요구하고 있다. 장래 갱신비용 파악은 재정난 아래에
서 현재 공공시설을 유지하는 것이 가능한지 아닌지를 판단하는 가장 기본

적인 정보이고, 이 예측 없이 과제 분석이나 장래 방향성을 검토하는 것은 불가능하다.

한편, 공공시설백서를 작성했어도 구체적인 공공시설 통폐합이나 재배치는 아직 추진하지 못하고 제자리걸음 하고 있는 지자체도 많다.

왜냐하면 PRE/FM 전략에 의한 시설 통폐합이나 재배치는 총론에 머무는 한 큰 반대는 나오지 않는다. 그러나 정작 구체적으로 공공회관이나 시민회관 등을 지정해서 그 통폐합을 도모하는 각론을 검토하면 지역주민, 의회, 조합, 소관부서 등 각 방면에서 다양한 의견이나 반대론이 분출한다. 그것을 정리하고 합의 형성에 이르는 데는 큰 어려움을 동반한다. 구체적인 시설의 통폐합이나 재배치는 아무래도 꺼리기 때문이다.

이와 같은 총론에는 찬성, 각론에는 반대의 딜레마라는 난관을 돌파하기 위해서도 앞서 말한 것처럼 PRE/FM 전략과 마을 만들기를 융합시키는 것이 중요하다. 이를 위해 공공시설백서에서는 "보유한 전체 PRE 정보를 지도 등에 정리하고, 그 개요를 파악"하는 것이 중요하다. 시정촌 규모에 따라 "생활권, 학구, 합병 경위, 마을 특성 등을 바탕으로 마을 만들기를 합리적으로 검토할 수 있는 단위"의 지역구분을 하고, 지역마다 각종 공공시설이 어느 정도 배치되어 있는가를 파악할 수 있는 '지역실태 지도'를 작성한다. 이는 제4단계 공공시설 재배치 계획으로 연결된다.

공공시설백서의 구체적 내용이나 과제에 대해서는 제3장(공공시설백서)에서 자세히 논한다.

제3단계: 공공시설 재배치 기본 방침의 수립 – 전략 표명

공공시설백서에서 파악한 현황과 과제에 마을 만들기 기본계획에서 제시한 이상형을 서로 겹쳐서 공공시설·공공 부동산의 대국적인 방침이 연역(演繹)된다. 여기서 '마을 만들기의 관점'과 '행·재정의 관점'의 교차가 중요하다.

발 빠르게 공공시설백서를 공표하고, 그것을 바탕으로 공공시설 재배치 계획을 수립한 가나가와(神奈川) 현 하다노(秦野) 시의 예를 살펴보자.

도쿄 근교에 위치하는 하다노 시는 인구 약 17만 명의 중규모 도시이다. 도쿄의 다른 베드타운과 마찬가지로 1955~1988년(쇼와 30년대부터 60년대) 동안 인구가 급증했고 그에 따라 많은 공공시설이 정비되었다. 하다노 시가 공공시설백서를 작성한 2009년 현재 457개 시설(그중 공공건물이 223개 시설), 294동의 건물(연면적 약 33만m²)을 보유하고 있었다.

그러나 고도성장기를 중심으로 정비된 공공시설이 향후 차례차례로 갱신기를 맞이했다. 또한 도로나 교량, 하수도 등의 인프라 시설도 마찬가지다. 한편 생산연령인구는 감소로 돌아섰고, 그에 따라 세수도 감소 경향이다. 이에 대해 사회보장비는 시민의 고령화와 함께 증대하기 때문에 재정은 어려울 뿐이다.

한정된 재원으로 많은 공공시설과 인프라 유지갱신을 어떻게 추진할까. 특히 도로나 다리를 줄이는 것은 곤란하기 때문에 인프라 유지갱신을 우선하면 남은 재원에서 기존 공공시설 전부를 유지 갱신하는 것은 실질적으로 불가능하다.

그래서 하다노 시는 공공시설 재배치에 관해 초등학교는 폐지하지 않고 지역 커뮤니티 핵으로서 공공시설 집약화를 도모한 후에 다음 4개 기본방침을 내세웠다.

(1) 신규 공공시설(건물)은 건설하지 않는다.
(2) 기존 공공시설 갱신에는 우선순위를 매긴 후 갱신 대상이 되는 공공시설 바닥 면적을 40년에 걸쳐 약 31%로 줄인다.

(3) 우선순위가 낮은 건물은 통폐합하고 철거지를 임대·매각해서 우선
순위가 높은 시설의 정비비로 충당한다.
(4) 공공시설 관리운영을 일원화한다.

즉, 하다노 시는 마을 만들기를 기초로 한 커뮤니티 방식과 그 거점이 되
는 시설을 제시한 후, 공공시설의 양적 관리에 관한 기본방침을 표명했다.
PRE/FM 전략을 추진하는 데 흔들림 없는 전략을 먼저 선언해두는 것이 향
후 구체적인 계획 수립이나 그것을 실행할 때 의지할 곳이 된다. 또한 그것
은 "큰 방향성을 시민에게 제시하고 시민과의 문제의식 공유와 이후의 방
향성에 대한 이해를 도모한다"는 것이다.
「가이드라인」에서는 기본방침 수립을 다음과 같은 관점에서 검토하는
것이 바람직하다고 제시한다.

• 마을 거점에 필요한 민간 기능(복지·상업 등) 정비에 PRE를 이용하는 것
을 포함해서 장래 마을 만들기를 위한 PRE 활용의 방향성을 제시한다.
• 재정 제약을 고려한 PRE 보유량의 최적화된 사고방식을 제시하고,
PRE 보유량의 적정화 목표를 설정한다.
• 수익자 부담의 도입이나 민간에 의한 공공서비스 제공 가능성도 검토
하여 유지관리비용 최적화에 관한 사고방식을 제시한다.
• 공공시설을 주변 시정촌과 공동 이용하는 등 광역적인 연계 사고방식
을 제시한다.
• 마을 만들기 부문, 기획 부문, 시설소관 부문 등 관청 내 각 부처의 연
대체제 사고방식을 제시한다.
• 시민에게 정보제공이나 대화 등 의회나 주민과 합의 형성을 위한 대응
의 사고방식을 제시한다.

CRE 전략과 비교한 PRE/FM 전략의 어려움

한편 민간 CRE(기업 부동산의 활용) 전략에서는 기업의 매출과 손익에 의해 그 실시 방침이 적절한지 아닌지를 최종적으로 평가할 수 있다. 왜냐하면 만약 CRE 전략이 적절하게 이루어졌을 경우, CRE에 의한 비용 절감이 만일 어느 정도 고객 만족의 감소나 생산성 저하를 야기해도 비용 절감의 이점이 더 크다면 그것은 이익 증가로 나타난다. 반대로 과도한 비용 절감이 심각한 고객 만족 감소나 생산성 저하를 야기한다면 이익 감소를 초래하기 때문에 잘못된 방법은 중기적(中期的)으로 시정한다.

그러나 PRE/FM 전략에서는 통폐합 등의 결과 시민의 만족이 저하된 경우에 그 저하와 비용 절감 효과에 관한 정량적인 평가는 다음 장에 소개하는 비용편익분석을 본격적으로 실시하지 않는 한 불가능하다. 즉, 만족도 저하를 상회하는 비용 절감을 이루었다고 해도 그것을 정량적으로 증명하는 것은 어렵다. 그리고 비용 절감 효과의 유무와는 관계없이 극히 일부라고 해도 목소리가 큰 "만족이 저하했다"라는 비난은 PRE/FM 전략의 지속을 좌절시킨다.

이러한 사태를 회피하기 위해서도 확고한 전략을 선명하게 해두는 것이 PRE/FM 전략을 중장기적으로 지속하기 위해 중요하다.

제4단계: 공공시설 재배치계획의 수립 — 지역종합계획

공공시설 재배치에 관한 기본방침이 정해지면 마을 만들기의 방향성이나 시설 정보를 바탕으로 각 공공시설·공공 부동산의 구체적인 방식을 종합적으로 검토한다.

먼저 "마을 만들기 기본계획에 기초한 중심 거점, 지역 거점, 생활 거점 등" 각각에 대해 "요구되는 기능 그리고 필요한 시설을 정리한다". 이를 위해 거점에 대응하는 각 지역 "생활 서비스 시설의 배치 상황을 정리하고, 각 거점의 특성에 따라 필요한 시설의 과부족을 확인한다".

이때 공공시설뿐 아니라 민간시설의 분포 상황도 파악하고 민관에서 제공되는 서비스를 종합적으로 고려한 후에, 민관복합화나 민영화도 포함해서 가장 효과적이고 효율적인 방법을 검토한다. 왜냐하면 엄격한 재정 제약 아래 서비스 수준을 낮추지 않고 공공시설 통폐합·재배치를 추진하기 위해서는 민간시설 활용도 중요한 선택지의 하나이기 때문이다. 필요한 도시기능을 충족하는 것이 목적이고 재정적으로 어려운 상황에서는 민간이 할 수 있는 것은 민간이 하게 하는 자세가 요구된다.

이렇게 지역마다 배치되어 있는 각 공공시설에 대해 단순 유지, 개수·재건축, 복합화, 민관합축(官民合築), 민간 기능의 전용, 단순 폐지 등 방침을 정해 지역종합계획을 정리한다.

제5단계: 개별 사업계획 수립 − 실행 전략

지역종합계획을 정했으면 그 방침을 기초로 구체적인 개별 사업계획을 작성한다. 이 때 중요한 것은 공공시설을 활용하는 데 있어, 그 마을 그 지역이 가진 고유한 역사, 문화, 전통을 활용하는 구체적 방법·소프트웨어를 사전에 넣는 것이다. 지역자산 활용은 지금까지 역사향토관, 박물관, 지역교류센터 등 건물을 만드는 것으로 충분하다고 생각했다. 그러나 이러한 건물이 진정으로 지역발전이나 지역 활성화에 공헌한 예는 유감스럽게도 많지 않다. 지역 활성화에 성공한 사례를 보면 거기에는 반드시 활동의 중심이 되는 중요 인물이 있다.

'물건(物)'에서 '일(事)'은 태어나지 않는다. '일'을 시작하는 것은 '사람'이다. 시설의 진가가 발휘될지 아닐지는 그곳을 무대로 사람들이 어떤 활동을 전개하는가에 달려 있다. 따라서 지역에서 활약하는 시민이나 민간사업자의 노하우를 담은 계획이 중요하다.

만약 민간의 지혜와 자본을 정말 활용하고 싶다면 대략적인 사업구상이 세워진 단계에서 시민이나 민간사업자의 의견을 듣는 기회를 갖는 것이 필요하다. 실시방침이나 모집요강을 굳힌 다음에 민간의 자유로운 발의를 충분히 헤아리는 것은 어렵다. 사업자뿐만 아니라 일반 시민에게도 의견을 들어 이용자의 의향을 반영시키고 공공시설 문제를 "마을 과제와 방향성"과 함께 주민과 공유한다. 그리고 통폐합·재배치 계획에 참가(commitment)시킨다.

PPP/PFI*의 수법은 다양하다. 이에 대해서는 이미 많은 전문서나 해설서가 있으므로 이 책에서는 깊게 들어가지 않는다. 그러나 복합화·종합화 등을 위해 실시하는 시설정비 등에 대한 자금조달이나 위험 부담, 인센티브 관점에서의 더 효과적인 사업방식을 제7장에서 제안한다.

말없는 다수(silent majority)의 소리 없는 의견을 듣다: 시민 토론회 활용

이상의 순서를 바탕으로 PRE/FM 전략을 추진하는 데 빠뜨릴 수 없는 것이 시민·지역주민의 합의 형성이다.

공공시설 이해관계자(stakeholder) 가운데 지자체장, 의회, 지자체 공무원은 각각 직무수행 과정에서 공공시설 재배치 등의 방침이나 구체적 계획에 직접·간접으로 의견을 표명하고 영향력을 행사할 수 있다. 그에 비해 일반 시민이나 지역주민에게는 그럴 권리가 없다. 물론 공공시설 재배치계획 시민 설명회에 참가해 적극적으로 의견을 표명할 기회는 있다. 또는 지자체

---

* 옮긴이 주 PPP: Public Private Partnership(민관협력) PFI: Private Finance Initiative

장이나 의원에게 직접 진정하는 것도 가능하다. 그러나 다수의 시민·주민이 그러한 행동을 취하는 것은 드문 일이다. 하지만 그러한 생각이나 의견을 정확히 흡수하지 않고 일부 목소리가 큰 사람의 의견만으로 좌우되어 계획을 결정하면 전 국민·주민의 사회적 후생 수준이 저하될 위험이 있다.

이러한 말없는 다수(silent majority)의 소리 없는 의견을 듣는 수단으로 시민 토론회를 활용하는 방법이 있다. 시민 토론회는 시민·주민의 연령 구성 등을 반영한 형태로 무작위 추출한 후보자에게 토론회의 참가를 촉구하고, 그것에 응한 사람들로 구성된다. 일반 설명회와 다른 점은 후보자로 추출된 시민·주민에게 직접 참가를 의뢰한다는 점이다. 또한 시민·주민이 토론회에 참가한 경우 단순히 개인으로서의 의견 표명을 요청하는 것이 아니라, 일당을 지급하고 전 시민·주민의 대표로서의 입장을 부여한다는 점이다. 모리오카(盛岡) 시의 사례를 분석한 가미모리 사다유키(上森貞行)의 「공공시설 매니지먼트에 대한 시민 토론회의 활용」은 이러한 시민 토론회의 추진방법이나 의의, 유의점 등을 분석하고 있어 매우 참고가 된다.

물론 대의제 간접민주주의를 채용하는 일본 지방자치에서는 지자체장과 의원이 시민 대표자(이원대표제)이다. 그러나 대의제는 완벽한(almighty) 수단이 아니고 한계도 있다. 특히 공공시설 통폐합·재배치 문제에는 단기 지향 입장을 우선하고, 지자체 운영의 장기적 최적화를 위한 이해 조정을 충분히 실현하지 못할 가능성이 있다.

그 문제를 보완하기 위해 시민 토론회를 활용하는 것이다. 물론 토론회에서 정리된 의견을 최종적으로 어떻게 다룰지는 지자체장과 의회에 위임하고 있다. 따라서 대의제를 부정하는 것은 아니다.

PRE/FM 전략 실행순서 제4단계(재배치계획의 수립)나 제5단계(개별사업 계획의 수립)에서 시민 토론회 등을 활용해 말없는 다수(silent majority)의 의견을 충분히 반영하는 것이 시민·지역주민의 합의 형성과 사업의 원만한 실시로 이어진다.

4. 시간과 함께 변화하는 비용과 편익

PRE/FM 전략은 시간 경과와 함께 마을 만들기 관점과 행·재정 개혁 관점을 교차시키면서 도시·지역, 공공시설의 현실을 파악하고 미래로 잇는 활동이다.

그래서 시간 경과와 함께 공공시설에서의 비용과 편익이 어떻게 변화하는지, 그리고 PRE/FM 전략은 그것에 대해 어떻게 작용하는지를 〈그림 2-4〉을 사용해 확인해보자.

또한 비용과 편익에 관련된 분석에서는 다음 장에서 자세히 설명하기 때문에 여기서는 극히 대략적인 이해로서 공공시설 정비와 운영비용에 드는 총지출의 합계를 비용으로, 공공시설 효과에서 발생하는 다양한 편리성의

그림 2-4 **공공시설에 대한 실편익비용 분석과 PRE/FM**

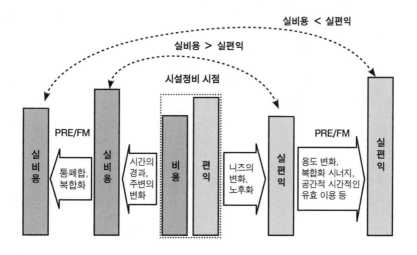

합계를 편익으로 생각해주길 바란다.

편익이 비용을 하회하는 사태

먼저 공공시설을 설계·정비했을 때 〈그림 2-4〉의 중앙에 있는 것처럼 편익이 비용을 상회하고 있다. 비용을 상회하는 편익이 있다고 상정되기 때문에 귀중한 재정자금이 투입되는 것이다.

시설 서비스가 낳은 편익이 공공시설의 가치는 아니다. 편익에서 비용을 뺀 순편익이 공공시설 비용을 부담하는 납세자에게 공공시설의 참된 가치이다. 최소 경비로 최대 효과를 추구하는 것은 납세자의 가치를 높이는 노력이기도 하다.

그러나 시간 경과와 함께 주변 환경이나 주민 필요의 변화 또는 시설의 노후화나 지가 상승 등 요인으로 당초에 상정했던 것보다도 편익이 저하되거나 비용이 커져 편익이 비용을 하회하는 사태가 벌어진다. 어린이가 거의 없는 지역에 있는 놀이터, 노후화한 공공회관, 저녁 5시면 닫는 도서관, 저출산의 진행, 요구 수준의 고도화, 생활의 올빼미형화 등과 같은 변화에 대응하지 않는 경직적 운영을 계속한다면 이러한 사태에 빠진다.

편익이 비용을 하회하는 사태는 민간기업이면 매출이 비용에 미치지 못하는 적자사업이라는 것을 의미한다. 적자사업을 계속적으로 방치하면 머지않아 경영 위기에 빠져 기업은 시장에서 퇴출 압박을 당한다. 따라서 기업은 제품의 서비스 내용과 품질을 개선해 매출을 높이고, 생산체제나 영업방법을 효율화하여 비용을 낮추어 흑자화를 도모한다. 만약 흑자 전환의 전망이 서지 않으면 해당 사업에서 철수한다.

PRE/FM 전략에 의한 개선

지자체가 임해야 할 대응도 이와 같다. 공공단체는 영리를 목적으로 하지 않으므로 공공시설 편익이 비용에 못 미쳐도 괜찮다고 볼 수는 없다.

그리고 만약 편익이 비용에 못 미친다고 판단되는 시설이 있다면 합리화나 복합화, 통폐합 등을 통해 비용을 줄인다. 또는 용도 변경(conversion)이나 복합화를 통해 시너지 추구, 공간적·시간적 유효이용 등 편의성 향상 방법을 고려한다.

그러나 그러한 개선책을 실시해도 여전히 편익이 비용을 상회하는 전망이 서지 않는다면 해당 공공시설을 폐지하고 매각 가능한 것은 민간에게 양도한다.

이러한 일련의 검토와 개선책의 실행이 PRE/FM 전략의 실천이다. 그리고 실천의 첫걸음은 편익이 비용을 상회한다는 공공시설이 본래 충족시켜야 할 조건을 지금도 충족시키고 있는가를 확인하는 것으로부터 시작된다.

앞서 제2단계의 공공시설백서 수립은 이러한 확인 작업을 포함하고 있다. 마을 만들기와 행·재정 개혁의 십자로에 있는 PRE/FM 전략에 대해 공공시설백서는 공공시설 전체상을 파악하고 과제와 해결책을 일람하기 위한 조감도이다. 새로운 장에서 검토해보자.

공공시설백서

PRE/FM 전략의 조감도

공공시설백서는 PRE/FM 전략에 필요한 기초 데이터를 수집·정리·분석하는 것이다. 지자체가 보유한 전체 공공시설 현황을 파악하여 유지·갱신에 드는 비용을 추산한다. 이를 지자체 재정 사정과 지역사회 동향을 대조해서 시설경영 과제를 짚어내고 개혁의 방향성을 검토한다. 따라서 검토에는 행·재정 개혁과 마을 만들기 관점이 교차한다.

또한 공공시설백서는 주민, 지자체장, 의회, 직원 등 공공시설의 이해관계자가 공공시설 현황과 과제를 공유하는 수단이기도 하다. 이해관계자가 공통 인식을 갖는 것은 공공시설 개혁 착수와 추진에서도 중요한 일이다.

공공시설백서 작성·공개·갱신은 이러한 목적이나 의도에 따라 실시되어야 한다.

그래서 공공시설백서를 작성할 때 유의할 점과 과제를 정리하기 위해 ① 마을 만들기와 공공시설 관계(마을 만들기 관점), ② 공공시설 비용 대 효과의 분석방법과 과제(행·재정 개혁 관점), ③ 공공시설백서 작성·공개·갱신에 관한 방침(정보 관리 관점) 순으로 검토해본다.

이 장에서는 매우 상세한 논의를 진행한다. 왜냐하면 데이터는 어떻게 취급하느냐에 따라 정반대의 결론에 이르는 경우도 있어서 세부까지 신경을 기울인 검토가 필요하기 때문이다. 신은 세세한 부분에 깃들고 악마도 세세한 부분에 숨는다는 교훈은 공공시설백서 작성에도 적용된다.

또한 「PRE의 효과적 활용 가이드라인」에는 이 장 내용에 관련된 공공시설백서 기재 사례가 풍부하게 게재되어 있으므로 참조하면서 읽어 나가면 효과적이다.

1. 마을 만들기와 공공시설의 관계

공공시설 방식은 마을 만들기 방향성과 깊게 관련이 있다. 먼저 양자 관계를 검토해보자.

현황의 추인인가 변혁인가

공공시설은 지역주민에게 교육, 문화·스포츠, 고령자 복지, 육아 지원, 지역활동 지원 등 다종다양한 도시기능 제공을 목적으로 정비·운영된다. 따라서 PRE/FM 전략에서는 공공시설 서비스로서 제공되는 도시기능과 그 이용자인 지역주민 동향을 중첩해서 검토할 필요가 있다. 그리고 그것은 앞 장에서 지적한 것 같이 일상생활권이나 학구 등 마을 만들기를 합리적으로 검토할 수 있는 단위 지역마다 실행하는 것이 중요하다.

각 지역의 인구수·인구 밀도·연령 계층 구성 등의 현황과 미래 예측으로부터 각 지역에서 현재와 미래에 요구되는 각종 도시기능의 종류와 양을 추산한다. 이 때 공공 서비스로 제공되는 것뿐만 아니라, 상업·금융·의료·주거 등 주로 민간이 제공하는 도시기능도 함께 파악하는 것이 필요하다. 왜냐하면 인구감소가 진행되는 가운데 민간 서비스의 채산성이 낮아져서 수요에 대한 공급이 실제로 부족하거나 향후에 부족해질 가능성이 있기 때문에, 그 충족을 위해 공공 부동산을 이용하는 측면이 상정되기 때문이다.

이러한 분석과 추정을 할 때, 예를 들면 독거노인에 대해 현재 동향을 그대로 장래에 연결해서 예측한 경우와 중심시가지 집합주택으로 유도하는 정책을 전개하는 것을 전제로 예측한 경우는 각 지역에서 필요로 하는 도시기능의 질과 양이 달라진다.

즉, 현황을 그대로 받아들여 그 연장선상에서 예측한 인구동태와 이를 바탕으로 예상되는 도시기능의 과부족을 파악해 재정적으로 허용되는 범위에서 과부족을 채우는 정책을 할 것인가, 아니면 더 바람직한 방향으로 도시를 변혁하는 정책을 할 것인가, 양자 중 어느 것을 선택하느냐에 따라 공공시설 개혁의 방향성도 달라진다.

◆ 사례연구: 고령화가 진행되는 교외 주택단지

이러한 마을 만들기 정책과 공공시설 방식 간의 관련성을 더 구체적으로 명확하게 하기 위한 가상의 사례연구를 수행해보자.

여기에는 1960년대에서 1980년대에 걸쳐 조성·분양된 단독주택 중심의 주택단지를 상정한다. 단지는 눈이 많은 한랭지역에 위치한, 중핵시의 중심지에서 버스로 30분 정도 교외에 있다고 하자.

이 단지에는 분양이 종료된 1980년대에 어린이 수가 가장 많아서 분양이 시작된 1960년대에 설립된 제1·제2초등학교와 제1중학교로는 부족하게 되어 새롭게 제3초등학교와 제2중학교가 설립되었다. 그러나 1989년 이후 조금씩 주민의 고령화가 진행되는 한편, 육아 층이 새로 이전해 오지 않았다. 이대로라면 10년 후에는 단지 거주자 대부분이 75세 이상의 후기 고령자가 될 것으로 예상된다.

단독주택 거주자의 다수는 가능한 한 사는 데 적응된 자택에 계속해서 살고 싶어 한다. 그러나 현재 단지 주변 지역에는 24시간 정기순회 수시 대응형 방문간호 서비스를 제공하는 사업소나 재택 요양지원 진료소가 없다. 민간사업자 인터뷰에서도 노동력 확보가 곤란하다는 것과 단지 주변에는 주택지가 없어 해당 단지만으로는 채산이 맞지 않아 앞으로도 이 지역에 사업소 진출은 어려울 전망이다. 즉, 재택형 의료 간호 서비스 제공이 현재로서는 어렵다.

또한 대설 때 눈을 치우는 것이나 집 앞 생활도로 제설(除雪)·배설(排雪)을 향후 누가 하는가라는 문제도 심각하다. 이러한 과제에 대해 행정은 2개의 선택지를 생각할 수 있다.

A안: 지자체가 재택형 의료간호서비스 등을 제공

시장경제를 통해서는 재택형 의료간호 서비스를 제공하는 민간사업자가 이 지역에 진출하지 않기 때문에 지역 포괄 케어체제를 만들기 위해서 지자체가 스스로 재택형 의료간호서비스를 제공한다.

또는 일정 보조나 지원을 지자체가 실행하는 것을 전제로 민간 사업자를 유치한다. 또한 생활도로 제설·배설을 수행하기 위한 자동 노면해설장치를 생활도로에도 정비한다.

B안: 허약 고령자를 중심시가지로 이주 촉진

민간에 의한 재택의료 간호 서비스가 충실한 중심시가지 내에 고령자를 위한 집합주택을 정비하여 고령자 이전을 유도한다. 고령자가 이전하여 빈 단독주택은 행정 또는 이주 이사 지원기구 등이 빌려 육아 층에게 알선해서 이주를 촉구하고 균형 잡힌 인구구성을 갖는 지역으로의 복귀를 도모한다. 지역 내에 남아 있는 자립 독거노인의 돌봄은 공공 서비스로서 실행하지만 지원·간호가 필요한 상태가 된 독거노인에 대해서는 고령자를 위한 주택 또는 노인 홈으로 이전을 촉구한다.

정책 선택은 공립학교 방식에도 영향을 끼친다.

고도성장기에 많은 아이들이 넘쳐났던 3개 초등학교의 아동 수는 가장 많을 때의 약 3분의 1로 감소했다. 앞으로 더 많은 아동 수 감소가 예상되어 복식학급을 피하기 위해 통폐합이 불가피한 상황이다. 또한 1960년대에 정비된 제1초등학교·제2초등학교·제1중학교는 모두 내진성이 낮아 재건축이나 대규모 개수를 할지, 폐교해서 내진성 있는 제3초등학교, 제2중학교로 통합할지 판단해야 한다.

그리고 고령화 대응에 관한 앞의 두 안 중 어느 것을 선택할지에 따라 향후 인구동태 예측이 변화한다. A안을 선택할 경우 고령자와 아동 수는 저출산 고령화가 진행하는 현재 연장선상에서 예측이 된다. B안을 선택할 경우에는 저출산 고령화가 A안의 경우보다도 빨리 멈춰서 잘하면 반전(다자녀·청년화)한다.

그리고 마을 만들기 정책 선택에 따라 초중학교 통폐합이나 대지 이용 방식이 달라진다.

A안을 선택한 경우 예를 들면, 제1·제2초등학교를 제3초등학교에 통폐합하고, 제1중학교도 제2중학교에 통폐합한다. 폐교한 3개 학교 교사(제1·제2초등학교, 제1중학교)의 대지는 재택형 의료간호 서비스 시설 등의 용지로 한다. 또는 교사를 동 시설에 맞게 용도전환 개보수한다.

이에 대해 B안을 채용한 경우는, 예를 들면 노후화 한 제1초등학교와 제1중학교를 대규모 수선한다. 대규모 수선 후 제1중학교는 초중 일관학교로 하고, 제2초등학교를 제1중학교(초중 일관학교)에 통폐합한다. 즉, 제2초등학교만 폐교하고, 그 대지는 육아지원시설 용지로 한다. 또는 교사를 동 시설로 용도전환 개보수한다.

이와 같이 PRE/FM 전략은 마을 만들기 방향성과 밀접하게 관련 있고 채용한 정책에 따라 공공 부동산의 효과적 활용 방법도 달라진다.

따라서 공공시설백서에서는 현재의 연장선상에서 추산되는 장래 전망뿐 아니라 각 지역이 지향해야 할 바람직한 모습을 그리고 그것을 실현하기 위한 정책 대체 방안과 각 정책을 사용한 경우의 변화를 추측하는 것이 필요하다.

바람직한 모습이란 지자체의 재정 제약도 검토한 지속 가능한 도시구조이다. 구체적으로는 공공서비스 제공의 효율성이나 민간 서비스 채산성이 확보된 인구밀도 유지, 균형 있는 인구구성으로의 복귀, 기존 마을에서의 생활 기능 유지 등이다. 그리고 실현하기 위한 정책 대체 방안을 제시하고, 그 정책을 채용할 경우의 인구동태 예측과 그 예측을 기초로 각종 도시기능의 장래 수요량을 추산한다.

공공시설백서에 의해 이러한 정보를 제공함으로써 마을이 나아갈 길과 공공시설 방식을 주민 자신이 생각할 수 있게 된다.

재정적 실행 가능성과 갱신비 추정

물론 정책 선택은 예산 제약 하에서 해야 한다.

A안과 같이 지자체가 스스로 재택형 의료간호서비스 제공 기능을 담당할 경우 또는 보조를 전제로 민간 사업자를 유치할 경우 그 사업에서 발생하는 적자를 재정자금으로 메꿔야 한다. 현재 지자체 설립 병원 대부분이 적자 경영이다. 더욱 가중되는 적자 사업에 재정은 중장기적으로 버틸 수 있는가, 자동 노면해설장치를 계속적으로 유지·관리할 수 있는가, 이러한 검토를 반드시 해야 한다.

또한 제1장에서 살펴본 바와 같이 향후 인프라 시설 갱신에 방대한 비용이 드는 상황에서 공공시설 갱신이 현실적으로 얼마나 가능한가 하는 정보는 중요하다. 따라서 공공시설백서에서 공공시설의 노후화 상황 파악과 갱신비 추정은 필수 사항이다.

중복 제공되는 서비스 파악과 가시화

한편 민관에서 제공하는 각종 도시기능의 과부족을 추산하기 위해서는 먼저 현재 공공시설이나 민간시설 서비스 제공 상황을 지역마다 파악할 필요가 있다.

공공시설은 공공회관이나 도서관, 청소년센터 등 시설 종류별로나 명칭만으로는 도시기능별 총공급량이나 지역의 서비스 제공 상황을 파악할 수 없다.

왜냐하면 종류별로 다른 공공시설에서 동종 서비스가 중복 제공되는 경우가 많기 때문이다. 예를 들면 집회 기능과 평생교육 지원 기능은 공공회관의 주요 서비스이고 대관사업과 각종 주최사업을 통해 제공되고 있다. 그러나 집회 기능은 청소년센터나 노인복지센터의 대여 회의실에서도 제공되고 있다. 대여 회의실을 갖춘 도서관이나 시민회관도 있다. 한편 문화·교양강좌는 청소년센터나 노인복지센터, 도서관 등 자주사업으로도 이루어지고 있다.

또한 도서관의 중심 서비스인 독서 기회 제공 기능은 공공회관이나 아동관, 각종 복지센터 등에 설치된 도서실이나 도서 코너에서도 제공되고 있다(〈표 3-1〉).

표 3-1 **각종 공공시설이 제공하는 서비스**

	공공회관	도서관	시민회관	복지센터
대여 회의실(집회 기능)	○	△	○	○
각종 주최사업(평생학습 지원 기능)	○	○	○	○
도서대여·열람(독서 기회 제공 기능)	△	○	-	△
살롱(시민 살롱 기능)	○	○	△	△

○ 거의 제공된다.   △ 일부시설에서 제공되는 경우가 있다.   - 제공되는 것이 거의 없다.

이와 같이 각종 공공시설에서 중복 서비스를 제공하고 있기 때문에 도서관, 공공회관, 시민회관, 복지센터 등의 주요 용도를 기초로 종류별 배치 상황이나 이용 상황을 파악하는 것만으로는 불충분하다. 각 지역에 있는 공공시설이 실제로 제공하고 있는 서비스 기능의 실질적 내용에 착목해 종별이 다른 시설이라도 같은 기능을 제공하는 것을 횡단적으로 집계·파악할 필요가 있다. 특히 다음 네 가지 기능은 서로 다른 공공시설에 중복해서 제공되는 경우가 많다.

○ 집회 기능
○ 강좌·교실형 평생교육 지원 기능(문화·교양·스포츠 등에 관한 주최사업)
○ 독서 기회 제공 기능
○ 시민 살롱 기능

민간시설 서비스에서도 횡단적 파악이 필요하지만 전체를 파악하는 것은 곤란하다. 그래서 수영장이나 스포츠센터, 대여 회의실 대여 홀 등 공공시설과 대체성이 높은 시설이나 향후 수요와 공급에 불균형이 크게 나타날 우려가 있는 의료·간호 서비스 시설이나 고령자를 위한 주택, 소매점 등에 대한 현황을 지역마다 파악해두는 것이 바람직하다.

〈표 3-2〉는 더 큰 구분으로 도시기능과 공공시설의 대응관계를 정리한 것이다.

이렇게 파악한 공공시설, 그리고 민간시설 배치 상황과 각종 도시기능 제공 상황을 지리정보시스템(Geographic Information System: GIS)에 반영시킨다. 이를 통해 각 지역에 대한 시설 배치나 도시기능 제공 상황을 인구동태 등에 중첩할 수 있게 된다. 지역마다 인구 동태를 근거로 각종 도시기능의 과부족 상황을 시각적으로 파악함으로써 공공시설 재배치나 공공 부

표 3-2 **주요 도시기능과 시설의 관계 정리(예)**

도시기능	시설의 종류
행정창구 기능	청사, 지소, 서비스 센터 등
집회 기능	공공회관, 커뮤니티센터, 아동관, 노인복지센터, 근로청소년센터, 보건복지센터 등
학교교육 기능	초등학교, 중학교, 고등학교, 대학 등
교육문화 기능	도서관, 미술관, 박물관, 공공회관, 노인복지센터, 근로청소년센터 등
스포츠 기능	체육관, 수영장, 운동공원, 학교(체육관·수영장·무도관) 등
육아 지원 기능	보육소, 유치원, 놀이터, 아동관, 돌봄교육시설 등
고령자 지원 기능	노인복지센터, 경로당, 데이케어서비스 센터 등
의료보건 기능	병원, 진료소, 보건소, 보건복지센터 등
거주 기능	공영주택, 직원숙소 등
도시환경 양화 기능	광장, 공원 등
상업 기능	백화점, 슈퍼, 편의점, 상점 등
금융 기능	우체국, 은행 등

자료: 국토교통부, 「마을 만들기를 위한 공공 부동산(PRE)의 효과적인 활용 가이드라인」의 표를 바탕으로 작성.

동산 활용 방법을 검토하기가 쉬워진다.

공공시설백서에서의 마을 만들기 관점

공공시설백서에서 마을 만들기 관점으로 정리할 만한 내용을 요약하면 〈표 3-3〉과 같다. 마을과 시설 상황 각각에 대해 현황을 파악하고(①), 그 연장선상에서 추산된 장래 전망(장래 수요량의 예측)을 세워(②), 과제를 검토·도출하고(③), 과제를 해결하기 위한 정책 대체 방안을 제시한다(④).

물론 한 번의 공공시설백서 작성으로 이런 것을 전부 검토하지 않아도

표 3-3 마을 만들기와 공공시설의 관계

	마을의 상황	시설의 상황
① 현상 파악	각 지역(생활권 또는 학교구 등)의 인구수·인구 밀도·연령 계층 구조, 교통수단의 분담률, 공공교통기관의 경영 상황 등의 파악	1) 공공시설의 종류 및 제공하는 도시기능마다 총공급량 및 각 지역의 배치 상황을 가시화(GIS 등으로 구현)
		2) 공공시설의 종류별 및 개별 시설의 이용 상황(물리적 유지관리비와 서비스 사업(운용비)과 이용 상황(현재 수요) 파악
		3) 공공시설의 노후화 상황과 갱신료 추정
		4) 각 지역에서 각종 민간 서비스 제공(입지) 상황
② 현재 추세로 예측한 미래 전망 (미래 수요량 예측)	각 지역의 인구 동태 예측(인구수·인구 밀도·연령 계층 구조 등의 추계)	인구 동태 예측에 기준해, 공공시설 및 민간시설에 드는 도시기능별 장래 수요(필요)광을 추측
③ 과제 검토·추출	인구수·인구 밀도·연령 계층 구조 등의 추계치에 대해, 도시·지자체 및 각 지역의 지속 가능성 등의 관점에서, 문제점이나 과제를 검토·추출한다	공공시설 및 민간시설에 드는 각종 도시기능의 미래 수요광과 공급 상황을 대조해서, 미래에 발생할 수급 차이 등, 각종 도시기능에 관한 과제를 검토·추출한다
④ 정책 대체안의 제시	③에서 검토·추출한 과제를 해결·개선하기 위해서, 마을 만들기와 공공시설 경영 개혁을 연계시킨 정책 대체안을 검토하고 제시한다.	각종 도시기능에 드는 미래의 인구 동태의 변화와 각종 도시기능에 수급 차이의 개선 상황을 추정한다.
	각 정책 대체안을 실시한 경우에 기대되는, 도시나 각 지역의 인구 동태 등의 개선 상황을 추정한다.	

좋다. 몇 번에 걸쳐 점진적으로 추진해가는 방법도 있다. 예를 들면 먼저 ① 현황을 파악하여 시민에게도 정보를 공개한다. 그 후에 ②와 ③을 작성하고, 도출된 과제를 해결·개선하기 위한 방책이나 바람직한 마을 모습을 주민도 참가하여 검토하고, ④의 정책 대체 방안을 제시하는 단계로 연결해간다.

이런 사고방식은 마을 만들기와 연계한 PRE/FM 전략이 제2장에서 소개한 「PRE의 효과적 활용 가이드라인」의 제2단계(공공시설백서의 작성)와 제3단계(공공시설 재배치 기본 방침의 수립) 검토를 한 결과, 제1단계(마을 만들기 기본계획 책정)에서 일단 결정된 내용을 재검토할 수 있는 동태적인 프로세스임을 제시하고 있다.

공공시설 다기능 복합화의 의의

공공시설 종별이 아닌 도시기능 관점에서 지역별 제공 상황을 정리하는 것은 공공시설 다기능 복합화를 위한 기초 정보를 제공하는 것이다.

시설의 다기능 복합화는 공공시설 개혁에 있어서 다음 3가지 면에서 의의가 있다.

첫 번째 의의는 이른바 규모 경제의 일종인 '범위의 경제'에 의해 비용을 합리화하는 것이다. 다른 기능을 갖는 공공시설을 모아 복합화하면 복도나 로비의 공유, 관리원이나 경비 공통화 등을 통해 비용 절감과 인원 축소가 가능해진다. 또한 공공회관, 도서관, 시민회관, 청소년센터, 노인복지시설 등이 각각 제공하고 있던 대여 회의실이나 주민 살롱을 이용자 속성을 묻지 않음으로써 제공하는 기능의 총량을 절감할 수 있다.

두 번째는, 시너지의 발현이다. 시설이 복합화되면 이용자가 복수의 공공 서비스를 한 장소에서 받을 수 있게 된다. 또한 어떤 목적을 갖고 공공시설을 방문한 사람들이 그 목적과는 다른 서비스에 관한 정보나 시설 분위기를 직접적으로 접함으로써 시설 이용의 시즈(seeds)가 니즈(needs)로서 표면화한다. 나아가 더 많고 다양한 연령대의 사람들이 모여 시설에 활기가 생겨난다.

다기능 복합화에 의한 시너지 발현은 추상론으로는 조금 알기 어렵기 때문에, 다음 장 이후에 구체적으로 소개하면서 다루도록 한다.

세 번째는, 공공교통 합리화와 편이성 향상으로 이어지는 가능성이다. 소규모 공공시설이 지역 안에 산재하면 그곳으로 가기 위한 공공교통망 정비가 어렵고, 정비되었다 해도 운영비가 늘어난다. 특히 인구밀도가 낮은 지방에서는 자가용에 대한 의존도가 높고 공공교통 이용자가 적기 때문에 공공시설로의 공공교통(주로 노선버스나 커뮤니티버스)의 운행 빈도가 낮다. 또한 하나의 노선이 많은 공공시설을 경유하기 때문에 소요시간이 많아진다. 만약 다기능 복합화에 의해 복수 공공시설이 통합되면, 예를 들어 지금까지 2시간에 한 대였던 노선버스 운행 빈도를 1시간에 1대로 하는 것이 가능할지도 모른다. 그렇게 되면 고령자 등 교통 약자에게는 종합적인 의미에서 공공시설 편이성이 향상된다.

이와 같이 다기능 복합화는 공공시설 효율성과 효과성을 높일 가능성이 있다. 따라서 공공시설 통폐합을 추진할 때 반드시 검토해야 할 과제이다.

2. 비용 대 효과 분석방법과 과제*

PRE/FM 전략에 기초한 공공시설 개혁에서는 행·재정 개혁의 관점도 중요하다. 그때 기본으로 할 사고방식이 "최소 경비로 최대 효과를 올린다"는 자세이다. 공공시설 개혁에서 이러한 자세를 관철하려면 먼저 공공시설 서비스의 비용 대 효과를 알 필요가 있다.

비용편익분석: 효과를 금전으로 환산하는 수법

각종 정책의 비용 대 효과를 평가하는 경우, '비용편익분석(cost benefit analysis)'이라는 방법이 가장 응용 범위가 넓은 수법으로 알려져 있다.

비용편익분석이란 정책이 가져오는 효과를 '편익'으로 금전 환산하고, 또한 정책에 필요한 대가를 '비용'으로 금전 환산해 양자를 비교하는 것이다. 이 책에서 논의하는 정책은 공공시설 서비스 제공이고 그 비용편익분석에서는 시설(건물) 이용 가능 기간(실제 내구연한)의 전 기간에 걸쳐 발생하는 효과와 대가를 분석하는 것이 이상적이다.

그러나 실제로 모든 효과와 대가를 금전 환산하는 것은 불가능하기 때문에 주요한 효과와 대가를 대상으로 분석해보자.

비용편익분석은 편익에서 비용을 빼고 얻어진 '순편익', 그리고 편익을 비용으로 나누어 얻어진 '편익비용비율(B/C)'이 평가척도로 이용되는 경우

---

* 이 절과 다음 절은, 공공시설백서의 작성이나 분석에 실제로 관여하는 사람들을 위해 공공시설백서의 방법론적 논점이나 과제를 전문적 내용도 포함해서 기술하고 있다. 따라서 공공시설 개혁과 마을 만들기에 관한 과제에 대해 그 개요를 아는 것이 목적인 독자는 이 절과 다음 절을 건너뛰어 제4장으로 넘어가길 바란다.

가 많다.

비용편익분석의 평가척도
순편익 = 편익 − 비용
편익비용 비율 = 편익 ÷ 비용(B/C)

비용편익분석의 주요한 이점은 다음 3가지이다.

① 예산의 제약 유무에 관계없이 어떤 정책안이 있을 때 그 정책을 실시할 만한 것인지 아닌지의 판단 기준이 되는 정량적 지표를 제공한다.

편익이 비용을 하회하는 정책, 즉 편익비용비율이 1.0 미만의 정책은 원칙적으로 실시할 가치가 없다. 국가의 대형 공공사업에 대해서는 사전에 비용편익분석을 실행해 실시할 가치가 있는 사업인지를 평가하는 것이 원칙이다.

② 정책이 가져오는 복수 효과를 종합적으로 판단한다.

하나의 정책이 두 개 이상의 효과를 가져올 때가 있다. 따라서 정책효과를 평가하기 위해서는 복수 효과를 모두 감안할 필요가 있다. 예를 들면 공공회관을 정비·운영하는 정책에서는 공공회관에서 이루어지는 대관사업에 의한 집회기능 효과와 강좌·교실 등 주최사업으로서 실행하는 평생학습 지원 기능 효과를 종합적으로 평가한다. 비용편익분석으로는 각 효과를 금전 환산을 통해 더할 수 있기 때문에 정책이 가져오는 복수 효과를 종합적으로 평가할 수 있다.

③ 다른 목적·성격을 갖는 정책을 같은 장에서 평가한다.

정책에는 도시정책이나 복지정책, 보건정책, 방재정책 등 목적이나 성격이 다른 것이 많고, 그 정책의 실시로 얻는 효과도 또한 다양하다. 예를 들면 도서관 정비·운영에 의한 평생학습 지원 정책이 가져오는 효과와 독감

예방접종에 보조해주는 보건정책이 가져오는 효과는 목적도 성격도 크게 다르다. 만약 재정상 제약에 의해 둘 중 하나의 예산을 삭감해야 할 때 어떤 정책을 유지하는 것이 주민 후생 수준 확보에 유리할까를 판단할 필요가 있다. 그러나 도서관 연간 이용자 수와 보조에 의해 증가했다고 추정되는 독감예방 접종자 수를 비교했을 때 어떤 판단으로도 연결되지 않는다. 이 때 두 정책에 대해 비용편익분석을 실시하면 순편익액은 각 정책 효과의 크고 작음을, 편익비용비율은 각 정책의 효율성을 제시하기 때문에 그 지표에 기초한 정량적인 판단이 가능하다.

비용편익분석은 이와 같은 이점이 있는 반면, 난점도 있다. 그것은 평가수법*이 공공경제학이나 통계학 이론에 기초해 형성되어 있기 때문에 전문가 외에는 이해하기 어려운 것과 평가·분석에 많은 비용과 시간이 걸리는 것이다.

비용효과분석: 효과 1단위당 비용

비용편익분석에는 이러한 난점이 있기 때문에, 이것을 대신해서 비용효과분석(Cost Effectiveness Analysis)이 자주 이용된다.

비용효과분석이란 정책에 드는 비용과 해당 정책에서 얻어진 효과 사실을 비교하는 것이다. 비용은 금전으로 표시되지만 효과 사실은 금전 환산되지 않는다. 비용을 효과 사실로 나눈 효과 1단위당 평균비용이 평가척도가 된다. 전형적인 비용효과분석은 도서 1권당 대출비용, 공공회관 이용자

---

* 대표적인 평가수법으로서 가상 시장 평가법(Contingent Valuation Method: CVM), 여행 비용법(Travel Cost Method), 헤도닉 어프로치(Hedonic Approach) 등이 있다.

1명당 운영관리비용 등이다.

비용효과분석의 평가척도
효과 1단위당 평균비용 = 비용 ÷ 효과 사실

비용편익분석과 비교하면 정확히 평가척도의 분자와 분모가 반대이다.

공표된 공공시설백서에서 공공시설 퍼포먼스 분석의 대부분은 실은 비용효과분석이다. 비용편익분석을 실시한 것은 거의 없다.

비용효과분석의 이점은 이용자 수나 이용 횟수 등 측정 가능한 효과 사실과 비용을 대비하기 위해 전문가 없이 평가할 수 있고, 그 결과도 이해하기 쉽다는 것이다. 또한 비용편익분석에 비해 비용과 시간이 들지 않는다. 특히 비용편익분석은 공공시설 실제 내구연한의 전 기간에 걸친 비용과 편익을 추산할 필요가 있는 것에 반해, 비용효과분석은 단년도 비용과 효과를 추산하는 것만으로 현재 성과를 평가할 수 있다.

비용편익분석과 비용효과분석의 관계

비용편익분석과 비용효과분석의 관계를 간단한 개념도(〈그림 3-1〉, 〈그림 3-2〉)를 사용해 정리해두자.

두 도표의 세로축은 편익 또는 비용이다. 단위는 금전(엔)이다. 가로축은 공공시설 이용자 수나 이용 회수 등 공공시설 이용 수준치(利用水準値, 효과 사실)이다.

〈그림 3-1〉은 비용편익분석과 비용효과분석의 관계를 나타낸 것이다. 편익선, 고정비선, 변동비선으로 구성되어 있다.

현재 이용 수준치(Q)를 나타내는 수직선이 편익선과 만나는 점이 현재

그림 3-1 **비용편익분석과 비용효과분석의 관계**

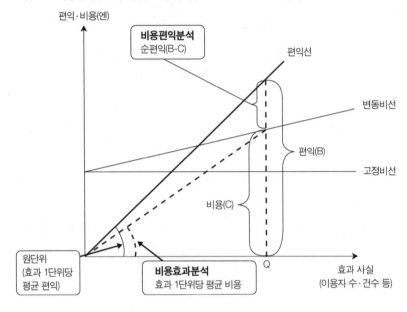

그림 3-2 **공공시설백서에 대한 비용효과분석의 의도**

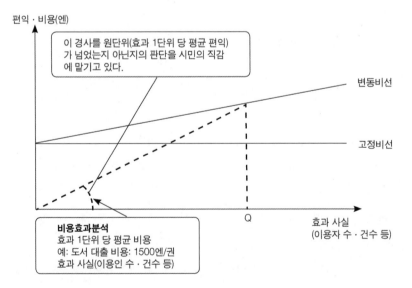

편익(B)이다. 또한 고정비선 상에서 시작하는 변동비선과 만나는 점이 현재 비용(C)이다. 이 점과 원점을 연결한 선의 기울기가 비용효과분석에서 나타내는 '효과 1단위당 평균비용'이다.

편익과 비용의 차(B-C)가 순편익(기업이라면 이익에 상당하는 곳)이다. 비용편익분석은 순편익의 존재나 편익비용비율(B/C)을 확인하는 것이 목적이다. 편익선과 변동비선이 만나는 점이 편익과 비용이 같은(拮抗) 점(B/C=1.0)이고, 이용 수준이 이 점을 넘지 않는 사업은 실시해서는 안 된다. 즉, 편익비용비율(B/C)이 1.0을 넘어서 순편익이 플러스가 되는 것이 필요하다.

또한 편익선의 기울기, 즉 '효과 1단위당 편익'은 '원단위'라고 불린다.

〈그림 3-2〉는 공공시설백서 등에서 비용효과분석을 실행하는 의도를 나타낸 것이다. 〈그림 3-1〉에 있던 편익선이 여기엔 없다. 비용효과분석은 현재 비용과 원점을 연결한 직선의 기울기, 즉 '효과 1단위당 평균비용'을 명확히 하는 것이 주안점이기 때문이다. 예를 들면 도서관 책을 1권 빌리는 데 평균 1500엔의 비용이 드는 것을 공공시설백서에 의해 주민이나 의회에 제시한다. 만약 빌린 책 1권의 편익(효과 1단위당 편익: 원단위)이 1500엔에 못 미친다고 주민이 생각한다면, 이러한 상태에 있는 도서관은 무언가 손을 쓸 필요가 있음을 자각한다. 즉, 비용과 노력, 시간이 드는 비용편익분석을 실행하기 어렵기 때문에 효과 1단위당 편익, 즉 원단위(편익선의 기울기)의 추정을 주민 직감에 맡기는 것이다.

공공시설백서의 비용효과분석에는 이러한 의도가 배후에 숨어 있다.

비용효과분석의 문제점

한편 비용효과분석은 주민도 알기 쉬운 반면, 정책이 가져오는 다양한

표 3-4　도서관이 제공하는 각종 서비스

◎ 도서 대출
◎ 도서·잡지 열람
◎ 레퍼런스
◎ 아카이브(지역의 역사·사회·산업 등 자료의 수집·정리·보관)
○ 살롱(잡지 열람 코너 등에서의 시간 소비 서비스)
○ 각종 주최사업(역사·문화·예술 등에 관한 교양강좌 또는 이벤트)
○ 학습 공간
○ 대여 회의실

효과 중 1가지밖에 평가할 수 없다. 그렇기 때문에 효과 총량을 과소하게 평가하거나 하나의 효과에 비용을 과대하게 할당할 위험이 있다. 도서관을 예로 생각해보자.

도서관의 전형적인 서비스라고 하면 많은 사람은 책 대여라고 생각할 것이다. 그러나 〈표 3-4〉와 같이 도서관이 제공하는 서비스는 그 밖에 도서·잡지 열람, 레퍼런스, 아카이브(지역역사·사회·산업 등 자료 수집·정리·보관), 살롱(집지 열람 코너 등에서의 시간 소비 서비스), 각종 주최사업(역사·문화·예술 등에 관한 교양강좌나 이벤트), 학습 공간, 대여 회의실 등 다종다양하다.

이와 같이 많은 서비스가 있는 가운데 만약 도서관의 운영관리에 드는 총비용을 도서 대출권수로 나눈 결과(예를 들면 약 1500엔/권)만으로 도서관을 평가한다면 레퍼런스나 아카이브, 주민 살롱 등 책대여 이외 다른 서비스 효과를 무시한 채 모든 비용을 책대여 서비스에 전가한 것이 된다. 이것은 주민보다 내부 관계자의 반발을 초래하게 될 것이다.

이와 같이 비용효과분석은 비교적 간단하게 비용 대 효과를 나타낼 수 있는 반면, 단순하게 공공시설의 주요 제공 기능과 총비용을 대응시킬 경우, 하나의 효과에 과대한 비용을 할당하게 되어 부정확한 정보를 줄 가능성이 있다.

공통비의 배부(配賦) 문제와 관리회계

비용효과분석에 대한 이러한 폐해를 막기 위해 도서관 서비스를 예로 말하면, 각 서비스의 개별 비용을 파악하는 것과 함께 도서관 시설의 유지관리나 운영에 드는 공통비나 간접비를, 도서대출 서비스와 그 이외 각 서비스에 적절히 배분할 필요가 있다. 그것에 의해 도서관 서비스의 주요 기능인 책대여 사업에 드는 비용을 더 정확히 도출하는 것이 가능하게 된다.

공통비란 도서관의 경우 공통 공간인 홀이나 복도, 화장실 등 청소·유지관리비·광열수도비, 엘리베이터나 방화방재설비 등 전체 공통 설비의 유지관리비, 그리고 감가상각비, 건물구조 몸체의 감가상각비 등으로, 간접비는 관장이나 서무·회계담당 등 관리 부문의 인건비 등이다. 만약 책대여 업무 일부를 열람 서비스를 담당하는 도서관 사서가 분담한다면 그 인건비도 책대여 서비스와 열람 서비스 간의 공통비가 된다.

공통비 등의 배부 문제는 민간기업에서는 재무회계상의 원가계산이나 관리회계상 부문 평가를 둘러싸고 깊게 논의되어 실무 처리방법이 정착되어 있다.

재무회계란 일반에게 공정 타당하게 인정되는 회계처리 기준에 따라 각 기업이 주주나 채권자 등 이해관계자를 위해 작성한 것으로 외부보고 회계라고도 불린다. 이에 대해 관리회계는 기업 내부의 경영관리를 위해 행하는 회계로 기업 공통의 방법으로 작성된 재무회계로는 파악할 수 없는 정보를 각 기업이 각각의 경영관리 목적에 맞게 실시하는 것이다.

한편 지자체에서는 이제 겨우 신지방공회계제도(新地方公会計制度)에 의해 발생주의에 기초한 재무회계 도입이 도모되는 중이다. 관리회계는 더 늦어진 상태이다. 하나의 공공시설 안에 다양한 서비스가 제공되어도 서비스마다 그 비용이나 효과를 측정한다는 의식은 적다. 따라서 시설 공통비를 각 서비스에 적절히 배분하기 위한 규칙이나 배부 기준도 명확하지 않은 경우가 많다.

공공시설백서는 실은 지자체가 공공시설 경영관리를 실행하기 위해 이용하는 관리회계 툴의 한 종류이다. 따라서 공통비 등 배부 문제는 민간기업과 같이 관리회계에 대한 기본 문제의 하나이다.

이 문제는 민간기업에서는 관리회계에 대한 간접비·공통비 사업 부문으로의 배부 문제로서 다양한 방식으로 실시되고 있다. 또한 실무자나 관리회계학자 간에서도 많은 논의가 이루어지고 있다. 공공시설 서비스에도 응용할 수 있는 논의지만 전문적이라서 자세한 검토는 연구노트에서 하는 것으로 한다.

현금지출을 동반하지 않은 '보이지 않는' 비용의 파악

한편, 공공시설 유지관리·운영에 드는 비용을 측정한 후에 공통비 등 배부 문제 이외에도 몇 가지 문제가 있다. 그중 특히 중요한 과제는 기회비용으로서 토지이용 비용 인식과 건물 감가상각비의 취급이다. 둘 다 현금지출을 동반하지 않는 비용이기 때문에 간과하거나 경시되는 일이 많다. 그러나 둘 다 공공시설 비목 안에서 큰 금액을 점유하고 있다. PRE/FM 전략을 추진하는 데 결코 무시·경시해서는 안 되는 비용이다. 그 금액을 명확히 밝히려면 보이지 않는 비용을 '가시화'하는 것이 필요하다.

기회비용은 일실이익(逸失利益)이라고도 하며 실질적으로 제품 생산이나 서비스 제공을 위해 투하된 비용이라고 생각해야만 하는 것이다.

예를 들면 대대로 이어져온 자택의 토지건물 일부를 사용해 찻집을 운영한 경우를 생각해보자. 자택 대지에는 약 10대 주차할 수 있는 공지가 있고, 그곳을 찻집 손님용 주차장으로 쓰고 있다. 개업 당시는 그저 그런 영업 성적이었지만 최근 수년간은 손님이 줄어 영업이익은 월 5만 엔 정도이다. 이 손익계산에는 주차장 토지 이용 비용은 고려하지 않았다.

한편, 이러한 상태에서 찻집을 닫고 손님용 주차장으로 사용하던 토지를 월정 주차장으로 하는 것이 좋겠다고 생각했다. 그래서 부동산 업자에게 시세를 물었더니, 1대당 월 8000엔 정도로 빌려줄 수 있다는 것이다. 마침 어떤 회사가 영업용 차량 주차장으로 전부를 빌리고 싶다며 월 8만 엔을 지불할 의향이 있다고 한다. 시간과 노력을 들여 찻집을 운영하는 것보다 월정 주차장을 하는 편이 지금보다 수입이 3만 엔 많아진다.

개인이라면 누구든 간단히 생각할 수 있는 일이다.

이 때 손님용 주차장에 제공하고 있는 토지의 기회비용은 8만 엔이고, 만약 이것을 찻집 운영비용에 넣어 손익을 계산했다면 영업이익은 매월 3만 엔의 적자가 된다. 따라서 적자 사업에서 철수하면 적자가 없어지고 3만 엔의 개선이 이루어지는 것은 명백하다.

현금을 지불하는 것과 사업을 위해 이익(현금)을 얻을 기회를 대가로 내는 것(토지를 손님용 주차장으로 제공하는 것)은 실질적으로 같다. 기회비용은 결코 가상의 비용이 아니다.

감가상각비에 대해서도 마찬가지다. 예를 들면 개인 상점이 법정 내구연한 6년의 컴퓨터용 프린터를 구매해 사무와 영업에 이용했다고 하자. 매일 사용하면 부품이 마모되기 때문에 실제 6년 버틸지 어떨지는 모른다. 따라서 정액상각방식에 의해 매년 프린터 구입대금 6분의 1을 감가상각비로 비용 인식을 해야 한다. 현금을 사용하는 것과 물건(프린터)의 가치를 상실하는 것은 같다. 감가상각비도 결코 가상의 경비가 아니다.

대상이 건물이라고 해도 똑같다. 법정 내구연한 50년인 사무소용 건물을 실제 50년 사용한다면, 도중에 대규모로 수선하지 않으면 전체가 노후·열화해 50년 후에는 사용할 수 없게 될 것이다. 기간이 길기 때문에 언뜻 보기에 눈에 띄지 않지만 매년 마모는 발생하고 있다. 건축비 50분의 1을 감가상각비로 정액 상각하고 비용으로 인식해야 한다.

이와 같이 기업이나 개인에서는 당연한 사고방식이 공공시설 경영에는 당연하지 않는 경우가 있다. 각각의 실례를 더욱 자세히 살펴보자.

기회비용으로서 토지이용 비용 파악

현재 작성하여 공개되는 공공시설백서에는 의무적으로 임대료를 지불해야 하는 차지(借地)를 제외하면 공공시설 대지의 토지이용 비용을 시설비용으로 인식하는 경우는 거의 없다.

이에 대해 민간에서 토지나 건물의 기회비용에 대한 인식은 CRE(기업 부동산의 활용) 전략을 실시하기 위한 기본 사항으로 거의 정착하고 있다. 구체적으로는 예전부터 소유하고 있고, 장부 가격도 제로나 다름없는 토지나 건물이라고 해도, 예를 들면 그것이 본사 건물이나 영업소라고 해도 근방 임대 오피스 건물 임대료 시세 등을 참고로 사내 임대료를 설정하고, 그것을 이용하고 있는 사업 부문이나 관리 부문에 비용으로 배부한다. 서류창고나 주차장이 있으면 사내 지대를 설정한다.

수익을 직접 내는 사업 부문 관리회계에서는 기업 부동산 기회비용을 포함해 총비용을 확인하고, 그를 기초로 사업 부문 이익을 계산한다. 이와 같이 진정한 채산성이나 사업효율을 산정함으로써 경영관리에 도움이 된다. 인사나 총무 등 관리 부문도 마찬가지로 사내 임대료를 배부하고 역시 간접 부문의 정확한 비용을 파악한다.

만약 사내에서 사용되는 부동산을 외부에 빌려주거나 판다면 그 만큼의 현금을 벌 수 있다. 그것이 일실이익이고 기회비용이다. 기회비용은 실제 대여 빌딩에 입주해서 집세를 내거나 주차장을 빌려 지대를 지불하는 것과 같다.

한편 현금주의에 기초한 대폭장 방식(大幅帳方式: 오래된 방식의 금전출납 방식)에 의한 회계 관리 의식이 뿌리 깊은 행정에서는 실제로 돈 지출이 없는 한 비용으로 생각하지 않는다. 그러나 만약 행정이 토지이용 비용이 제로라는 인식을 바탕으로 공유지를 '아깝게' 사용한다면, 국민·주민의 공유 재산인 공공 부동산 이용에 대해 심히 유감스러운 일이다.

고정자산의 공정가치 평가

이러한 반성을 바탕으로 신지방공회계제도 기준 모델에서는 고정자산의 공정가치 평가를 요구하고 있다. 본격적 평가에는 많은 비용과 시간이 걸리기 때문에 토지에 대해서는 고정자산세 평가액을 기초로 한 간단한 평가 방법도 제시하고 있다.

공유지는 예전부터 소유하고 있는 것이 많고 취득가격이 거의 제로와 같은 것도 있을 것이다. 그러나 공유지 공정가치 평가가 실행되면, 기회비용으로서 토지이용 비용의 파악이 쉬워진다. 토지평가액에 지대율을 곱하면 토지이용 비용을 간단하게 설정할 수 있다. 지대율 대신에 비용편익분석 때 현재가치 환산에 이용되는 사회적 할인률(실무에서는 4%가 사용되는 경우가 많다)을 이용하는 방법도 있다.

감가상각비의 취급

건물·설비의 감가상각비에 대해서도 실제로 작성된 공공시설백서에는 그 취급이 제 각각이다. 개별 공공시설마다 감가상각비를 파악해서 유지관리비의 한 항목으로 표시하는 것이 있는 한편, 감가상각비를 전혀 비용으로 파악하지 않는 것도 있다.

감가상각비는 지면상 손실(paper loss)이라고도 불리며 현금지출을 동반하지 않는 비용이다. 그러나 앞서 진술한 것 같이 공공시설 서비스를 제공하기 위해 실제 소비되는 것이고 편익과 대응시켜야 할 비용이다.

감가상각비를 포함한 총비용을 편익과 대비시키는 것은 공공시설 정비를 결정한 과거의 의사결정이 적절했는지 아닌지, 또는 해당 공공시설을 갱신할 만한지 아닌지를 판단할 때 최초 단서를 제공한다. 따라서 개별 시설마다 감가상각비를 반드시 파악하고 공공시설백서에 표시해야만 한다.

개별 건물마다 감가상각비를 계상(計上)하는 것은 신지방공회계제도에서도 요구된다. 특히 기준 모델에서는 토지와 함께 건물에도 공정가치에 기초한 평가를 요구하고 있다. 구체적으로는 재조달가액(再調達價額)을 기초로 한 계산방법이 정해져 있다. 감가상각비는 그렇게 계산된 개시(開始) 때 장부가격을 기초로 산출·계상되기 때문에 그 감가상각비를 사용한 비용효과분석은 공공시설 갱신 여부를 둘러싼 의사결정 시에 유익한 정보가 된다.

당초 건축비와 매몰비용

한편, 이용률이 저하된 공공시설을 폐지해야 할 것인가, 아니면 계속 운영할 것인가를 판단할 때, 당초 건축비는 '매몰비용(sunk cost)'이 된다. 매몰비용이란 이미 이루어진 과거 의사결정을 기초로 지출된 비용으로 미래 의사결정에서는 이미 돌이킬 수 없는 것을 말한다.

기존 공공시설의 존폐를 검토할 때 비용효과분석은 재조달원가나 매몰비용인 취득원가를 기초로 한 감가상각비를 총비용 안에 포함시켜서는 안 된다.

그 대신 해당 건물의 매각 가능 가격을 기초로 삼아야 한다. 공공시설을 폐지하면 건물을 매각할 수 있고, 반대로 운영을 계속하면 매각이 불가능해지므로 지속 운영에 따른 기회비용은 매각 가능액이 되기 때문이다. 그 기회비용을 단년도 비용효과분석에 반영시키기 위해서는 매각 가능 가격을 해당 건물 실제 잔존 내구연한으로 나누어 얻은 금액을 감가상각비(이하 '실제 감가상각비'라고 함)로 하여 그것을 총비용에 더해 비용효과분석을 수행한다.

이러한 판단을 할 때 실제 감가상각액은 재조달원가나 취득원가를 기초로 한 감가상각비보다도 작아지는 경우가 많을 것이다. 왜냐하면 아직 갱신기를 맞이하지는 않았지만 이용률이 떨어져 폐지를 검토하고 있는 공공시설은 나쁜 조건의 장소에 입지해 있거나 매력이 없는 건물인 경우가 많다. 그러한 건물은 민간시설로 전용해도 이용가치가 낮고 매각 가능 가격도 낮아진다. 따라서 실제 감가상각액도 작아지기 때문이다.

그러나 갱신기를 맞이한 공공시설에 대해 갱신 여부를 판단하는 경우에는 매각 가능가액이 아닌 재조달가액을 이용해야만 한다. 갱신은 지금부터 이루어질 의사결정이고 갱신 투자는 매몰비용이 아니기 때문이다. 갱신은 새롭게 공공시설을 정비하는 경우와 같아, 재건축을 위해 필요한 건축비, 즉 재조달가액을 기초로 판단해야 한다. 본래, 갱신의 경우에는 비용편익분석을 실시해야 하지만, 단년도 비용효과분석으로 대체하는 경우, 총비용에는 재조달가액을 기초로 한 감가상각비를 더해서 판단한다.

이와 같이 공공시설백서에 대한 비용효과분석에서, 감가상각비 기초가 되는 건물 가격은 그 이용 목적에 따라 사용해야 한다. 그 목적과 가격에 따른 사용을 정리하면 다음과 같다.

① 공공시설 정리 시 의사결정 적부(適否)(과거 평가) … 취득가액

② 이용률이 저하한 공공시설의 계속 운영 여부(현재 평가) ⋯ 매각 가능 가액

③ 갱신기를 맞이한 공공시설의 재건축 여부(미래 평가) ⋯ 재조달가액

3. 백서 작성·공개·갱신에 관한 방침

공공시설백서는 PRE/FM 전략을 실천하기 위해 작성한다. 또한 공공시설에 대한 이해관계자와 정보공유 역할도 담당하고 있다. 그 목적과 역할에 적절한 공공시설백서의 작성·공개·갱신 방식을 검토한다.

공공시설백서는 직원이 스스로 작성한다

공공시설백서 작성 목적이 PRE/FM의 실천에 있는 이상, 백서 내용은 도시·지역의 실정이나 재정을 바탕으로 정리해야 한다. 그를 위해 지자체 직원이 스스로 공공시설백서를 작성하는 것이 중요하다. 물론 외부 컨설턴트회사에 정리 틀이나 작업 지원을 위탁하는 것은 상관없다. 그러나 다른 지자체가 작성한 백서 내용을 그대로 답습해서 백서 기획·설계에서 정보 수집·분석, 문장·도표 작성까지 전부를 컨설턴트에 맡긴다면 거기에 지자체 의사나 생각은 존재하지 않고, 백서가 그 후의 PRE/FM 전략 실천으로 이어지지 않을 것이다.

만약 PRE/FM 전략을 실천하고 공공시설 통폐합이나 재배치를 추진할 각오 없이 공공시설백서 작성이 단지 자기 목적화(自己目的化)로 컨설턴트회사에 위탁했다면 그건 세금 낭비다.

가능한 한 상세한 정보를 공개한다

또한 공공시설백서는 요약판을 첨부한 후에 가능한 한 상세한 정보를 공개해야 한다.

분명히 상세정보를 공개한다고 해도 그것을 읽는 시민은 적을 것이다. 그러나 시민이 읽을지의 여부에는 관계없이 숨김없이 정보를 공개하는 자세는 시민의 신뢰를 얻기 위해 중요하다. 왜냐하면 만약 행정 방침이나 주장의 근거에 의구심을 갖는 시민이 있을 때, 진위를 확인할 수 있는 정보를 개제하고 있기 때문에 행정의 진지한 자세나 결의가 주민을 이해시킬 수 있기 때문이다.

반대로 정보공개를 개요만으로 끝내면, 행정은 그럴 생각이 없겠지만 "다만 복종시킬 뿐 불리한 것은 일체 알리지 않는다"*는 오해를 불러일으킬 가능성도 있다.

또한 상세정보를 공개하는 것은 관청 내에 PRE/FM 전략을 침투시키는 것으로 이어진다. 왜냐하면 세부까지 공개함으로써 담당하는 각 부서는 더 긴장감을 가지고 정보를 수집·정리하게 된다. 그로 인해 PRE/FM 전략에 임하는 더 본격적인 자세나 의식이 조직 내부에 양성되어 정착한다. 물론 처음에는 관청 내에서 저항이 있을 수도 있다. 그러나 정보의 수집 정리 과정에서 현장에도 다양한 발견이 발생할 것이다. 만약 그것이 구체적인 서비스 향상이나 비용 절감에 결합되면 일에 대한 보람으로도 이어진다.

PRE/FM 전략에 적극적으로 임하고 있는 어떤 지자체 책임자는 다음과

---

* "백성을 위정자의 시정에 따르게 할 수는 있지만, 그 도리를 이해시키는 것은 어렵다. 한편 위정자는 백성을 시정에 따르게 하면 될 뿐, 그 도리를 백성에게 알게 할 필요는 없다." 『논어』 태백에서 디지털대사전 해설.

같이 언급했다. "포복 전진하면서 어떻게든 싸우고 있지만 탄알은 반드시 앞에서만 날아온다고 할 수 없다. 뒤에서 저격당하는 것도 드문 일은 아니다."

이와 같은 내부 암투를 회피하기 위해서도 가능한 한 상세 정보를 공공시설백서를 통해서 공개하는 것이 중요하다.

백서의 기초 데이터는 정기적으로 갱신한다.

공공시설 개혁이나 마을 만들기 방향성을 분석·제시한 공공시설백서는 매년 갱신할 필요는 없다. 그러나 백서 분석의 기초가 되는 개별 공공시설에 관한 유지관리비용이나 이용 실태에 관한 데이터는 가능한 한 매년 갱신하는 것이 바람직하다. PRE/FM 전략에 기초한 공공시설 개혁은 계속적으로 임해야 하는 대장정의 활동이고, 그 기초가 되는 정보는 항상 최신의 것으로 갱신되어야만 한다.

애당초 관리회사는 경영관리를 위한 기초 데이터 제공이 목적이다. 경영관리는 조직이나 단체가 존속하는 한 끝없이 반복하는 활동이다. 따라서 재무회계와 마찬가지로 관리회계 데이터도 매년 갱신되어야만 한다.

시설 유지관리비와 이용 실태 파악을 고정 업무로 하는 것은 개별 공공시설을 소관하는 각 부서에 PRE/FM 전략을 고려할 기회를 끊임없이 주는 것이다. 그것은 공공시설 편익은 항상 비용을 상회해야 한다는 기본 원칙을 확인하는 작업이기도 하다.

전국 공통 데이터베이스 정리와 벤치마킹의 유용성

공공시설백서는 공공시설의 물적인 양, 비용, 이용 상황 등에 관계된 정보를 종합적으로 수집·정리한다. 만약 이런 정보가 같은 기준을 바탕으로 작성되어서 전국적으로 집계된다면 각 지자체의 공공시설 운영관리 성과를 객관적으로 평가(벤치마킹)할 수 있다. 그러나 현실은 지자체가 각각 독자의 사고방식으로 제원표를 작성하고 있기 때문에 전국적으로 집계하는 것은 어렵다. 감가상각비의 취급이나 공통비 등 배부 기준에 대해서도 지자체마다 제 각각이다.

벤치마킹은 지자체 내의 합의 형성에도 유용하다. 전국 평균보다 성과가 나쁘다는 사실이 분명하게 제시되면, 그 원인 찾기나 개선 활동에 대해 찬동을 얻기 쉬울 것이다. 전국 데이터베이스 작성을 위한 국가·지자체 관계자의 검토를 바란다.*

---

* 현재 재단법인 건축보전센터가 BIMMS라는 공공시설에 관계된 기본 정보나 시설관리 정보 등을 일원적으로 관리하는 시스템을 제공하고 있다. 이 정보시스템을 이용하는 지자체의 수는 아직 82개 지역(2014년 12월 현재)에 머물고 있지만, 여기에 등록된 공공시설 정보는 데이터베이스화되어 있다.

┃연구노트┃ 공통비 등의 배부 기준

　공통비 등의 배부 문제는 실은 복합공공시설을 구성하는 각종 시설 서비스의 비용 산정에서 이미 표면화되고 있는 문제이다.

　예를 들면 도서관과 시민회관을 한 건물로 지은 경우 도서관 성과를 공공시설백서에서 표시할 때 일정한 기준으로 공통비 배부를 실행할 것이다. 배부 기준을 명시하고 있는 백서는 적지만, 사용 연면적 기준에 의한 적절한 배분이나 주요 용도 시설에 전체 공통비(全共通費)를 부담시키는 것 중 하나를 채용하는 경우가 많다.

　이 문제는 민간기업의 간접비·공통비 제품원가나 사업 부문으로의 배부 문제와 거의 같다.

　민간의 공통비 배부 기준은 다양하다. 그중 전통적 배부 기준이라고 불리는 방식이 각 사업부의 직접 인건비, 매상고, 사용 자산액 전체에 대한 비율을 가중 평균해서 배부율을 정하는 방법이다. 이 전통적 배부 기준을 공공시설에 응용하면, 직접 인건비, 이용자 수, 사용 바닥 면적을 기준으로 안분 배부하는 방식을 생각할 수 있다.

　기업회계에서는 활동 기준 원가계산(activity based costing)보다 더 복잡한 배분 방식도 채용되고 있다. 그러나 재무보고 회계에 상당하는 신지방공회계도 아직 정착하지 않은 상황을 비추어 보면, 너무 복잡한 배부 기준을 도입해도 실무적으로 기능하지 않을 것이다. 공통비 등 배부 문제에는 원래가 절대적 정답이 존재하지 않는다. 따라서 배부 기준으로 무엇이 옳은가라는 논의에 시간을 들이는 것은 낭비이고, 대체로 합리적이라고 인정되면 가능한 한 단순한 기준이 바람직하다. 앞에서 서술한 3요소를 기초로 하는 방법이 아마도 복잡함에 있어서는 한계이고, 더 단순한 사용 바닥 면적비만을 기준으로 한 배부 방식으로도 현재로서는 충분할 것이다.

간접비 · 공통비의 전통적 배부기준

각 사업부로의 배부액 = 간접비·공통비 × (α × 1 / 3)

α = (각 사업부의 인건비 / 전 사업부의 인건비)

   + (각 사업부의 매상고 / 전 사업부의 매상고)

   + (각 사업부의 사용자산 / 전 사업부의 사용자산)

상시 방식의 유추(analogy)에 의한 공공시설의 공통비 등 배부기준

공공시설의 각 서비스로의 배부액 = 공통비 등 × (α × 1 / 3)

α = (각 서비스의 인건비 / 전 서비스의 인건비)

   + (각 서비스의 이용자 수 / 전 서비스의 이용자 수)

   + (각 서비스의 사용 바닥 면적 / 전 서비스의 사용 바닥 면적)

다심형 압축도시

집약화로의 현실적 어프로치와 공공시설 역할

어려운 재정과 인구감소를 배경으로 확산된 시가지에 확대되고 있는 인프라와 공공시설을 유지하는 것이 어려워져 압축도시(compact city)로의 전환이 요구되고 있다.

그러나 압축도시 정책을 둘러싼 논의는 지금까지 계속 갈팡질팡해 왔다. 왜냐하면 압축도시의 구체상이 확실하지 않은 채 압축도시라는 이름만 홀로 질주했기 때문이다. 논자(論者)가 각기 다른 압축도시 이미지를 염두에 두고 서로 그 차이점을 알지 못한 채 논의를 계속해서는 당연히 이야기의 초점이 맞지 않는다. 게다가 중심상점가 쇠퇴 원인이 교외 대규모 상업시설에 있는지 없는지에 대한 논점도 더해져 이야기는 더 복잡하게 되었다.

이러한 사정으로 많은 지자체가 종합계획 등에서 추상적으로 압축도시가 바람직하다는 것을 주장했음에도 목표로 해야 할 구체적 도시 구조를 발전시킨 곳은 많지 않다.

'도시 저탄소화 촉진에 관한 법률'의 제정(2012년)과 '도시재생 특별조치법'의 개정(2014년)을 계기로 일본에서는 '다극 네트워트형 압축도시'라는 구체상이 수립되었다. 집약화는 중심시가지 1개소에서 이루어지는 것이 아니라 기존 마을이나 생활 거점을 포함한 복수의 집약 거점 구역에 인구와 도시기능을 집적해가는 개념이다.

이 장에서는 먼저 다심형 압축도시가 집약화로의 현실적 접근인 것을 명확히 한다. 그리고 중심상점가와 교외형 상업시설의 관계나 중심상점가 구역을 재생하는 방법과 그때 공공시설이 맡아야 할 역할이나 민간시설과의 관계 등에 대해 생각해보자.

1. 압축도시의 목적과 지향해야 할 집약형 도시구조

먼저 압축도시 정책의 목적에 비추어 어떠한 집약형 도시구조를 목표로 해야 하는가를 생각해보자.

압축도시정책의 목표와 배경

압축도시의 정의에 대해서는 다양한 의견이 있다. 고도 이용이나 고밀화, 혼합 용도, 직주근접, 공공교통기관에 의한 연접성(連接性) 등 형태적 특징이나 기능을 나타내는 여러 지표를 조합함으로써 다양한 정의가 제안되고 있다. 그러나 2012년 경제협력개발기구(OECD)가 압축도시에 대해 정리한 보고서에는 압축도시 개념의 다의성을 개관한 후 지형이나 인구, 산업, 인프라 등 각 도시가 갖는 조건이 한 가지가 아니기 때문에 다양한 도시에 통용되는 만능의 답은 없다고 지적했다. 즉, 현재로선 압축도시에 대해 공통으로 인식 되는 정의는 존재하지 않는다고 해도 좋다.

한편, 국가나 지자체가 압축도시를 지향하는 목적은 〈표 4-1〉과 같이 중

표 4-1 **콤팩트 시티 정책의 목적과 배경**

목적	배경
① 중심시가지의 활기 부활	인구감소·중심상점가 쇠퇴
② 인프라·공공시설의 효율화(행정서비스 비용의 삭감)	인구감소·지방재정난
③ 커뮤니티 활동의 활발화	인구감소·지역커뮤니티 쇠퇴
④ 교통 약자인 고령자가 살기 좋은 마을(손 닿는 곳에 무엇이든지 다 있음)	고령화 사회
⑤ 환경 부하 저감(에너지 소비량 억제)	자동차화·지구 환경 문제
⑥ 역사적, 문화적 자원의 유지·활용	인구감소·중심시가지의 공동화
⑦ 도시 근교 녹지 보전	자연보호·생물다양화

심시가지 활성화, 인프라·공공시설의 효율화, 커뮤니티 재생, 고령화 대책, 지구 환경 문제, 역사·문화유산 유지, 근교 녹지 보전 등 다종다양하다. 모두가 그 배경이 되는 경제사회의 변화에 대응하기 위해 도시와 지역이 진지하게 마주해야 하는 중요한 과제이다.

이러한 목적을 달성하는 수단 또는 종합적으로 바람직한 방향으로 개선하는 수단이 집약형 도시구조이다. 그리고 집약화해야 할 대상은 인구와 도시기능이다. 특히 도시기능은 인프라나 공공시설만 제공하는 것은 아니며, 민간시설이 제공하는 기능과 함께할 때 완전해진다. 양자가 상호 보완적인 역할을 하는 것에 유의해야 한다.

압축도시를 둘러싼 두 개의 유형

문제는 인구와 도시기능을 어디에 어떤 형태로 집약화해야 하는가 하는 점이다.

압축도시 형태론은 도시 중심핵의 수를 기준으로 〈그림 4-1〉과 같이 크게 2개 유형으로 분류할 수 있다. 중심핵이 하나인 단심형(모노센트릭 유형)과, 중심핵이 복수인 다심형(폴리센트릭 유형)이다.

단심형은 다시 2개의 유형으로 나눠진다.

유형 Ⓐ의 전형은 성곽도시이고, 구석에서 구석까지 걸어갈 수 있는 성곽으로 둘러싸인 좁은 시가지 안에 인구와 도시기능이 응축되어 있다. 이와 달리 유형 Ⓑ는 Ⓐ와 비교해서 시가지가 넓게 펼쳐져 있는 반면, 인구와 도시기능 밀도가 중심지역이 가장 높고 중심에서 멀어질수록 밀도가 낮아지는 동심원상의 단층적 모델이다. 그리고 중심지역에서 방사상으로 정비된 공공교통에 의해 이 도시구조가 유지되고 있다.

양자를 비교하면 성곽도시형 Ⓐ는 시가지와 교외 경계가 명확한 반면,

그림 4-1 **콤팩트시티의 도시구조에 대한 두 개의 방향성**

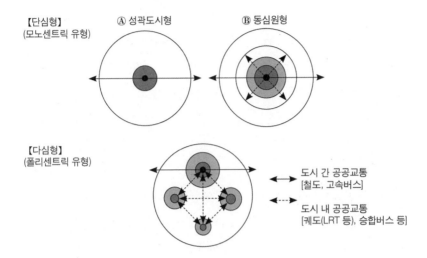

동심원형의 Ⓑ는 시가지와 교외가 연속적이어서 명확한 경계가 없다. 확산이 진행되기 전인 1955~1964년(쇼와 30년대)까지의 지방도시는 성곽도시처럼 경계가 명료하게 나타나지는 않지만 비교적 유형 Ⓐ에 가까웠다. 도쿄나 오사카 등 메갈로폴리스는 중심핵에 농담(濃淡)이 있고 주변에 부도심이 있는 등 순수한 단심형은 아니지만 대략 유형 Ⓑ에 가까운 도시구조이다.

또한 앞에서 서술한 OECD 보고서에서 대도시권의 도시구조는 거의 다심형이 많다고 분석하고 있다. 부도심적인 도시기능 집적지를 중심핵으로 생각한다면 확실히 다심형이라고 말할 수 있을 것이다. 그러나 일본 대도시권에는 그중에서도 중추기능이 고도로 집적하고 있는 지역, 즉 중심의 중심이라고 할 수 있는 지역이 있다. 이 점에 착목해서 이 책에서는 단심형의 단층적 모델로 규정했다. 그러나 도시 실상에 관한 인식에 대해서는 이 책과 위의 보고서 간에 큰 차이가 없다.

현실의 압축도시 구상에서는 다심형이 주류

한편, 압축도시라고 하면 성곽도시형일지 동심원형일지에 상관없이 단심형을 직감적으로 떠올리는 사람이 많을 것이다. '압축'라는 어감이 단심형과 감각적으로 친숙하기 때문일지도 모른다.

그러나 아직 수는 적지만 압축도시에 대해 지향해야 할 구체적인 도시구조를 명확히 하는 지자체는 거의가 다심형을 채택하고, 단심형을 표방하는 곳은 눈에 띄지 않는다.

최근 경전철(Light Rail Transit: LRT) 도입을 통해 압축도시화를 도모해 유명해진 도야마(富山) 시는 〈그림 4-2〉과 같이 지향하는 모습을 '경단과 꼬치의 도시 구조'라고 표현한 바, "도야마형 콤팩트한 마을 만들기는 도심

그림 4-2 **도야마 시 압축도시 구상**

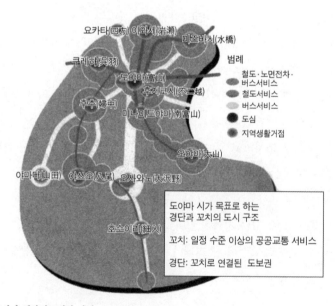

자료: 도야마 웹사이트에서 전재.

그림 4-3 **아오모리 시 압축도시 구상(당초)**

이너시티 inner city	도시 생활의 높은 편리성을 향수할 수 있는 시가지 지구를 중심핵으로 한 마을 만들기를 실행. 또한 중점 정비 거점으로서, 중심시가지의 재활성화에 의한 '아오모리의 얼굴' 형성이나, 아오모리의 새로운 상징이 되는 '녹지 대공간'의 정비를 추진한다.	
미드시티 mid city	비교적 새로운 시가지나 장래의 시가지 수요의 배경이 되는 지역을 목표로 한다. 여기서는 단독주택 전체의 양호한 거주 환경을 제공하고, 시민의 거주 지역으로서의 충실·정비를 도모한다. 또한 신칸센 역 주변에는 '쾌적 도시의 관문'으로서 중심시가지의 도시기능 역할 분담을 기본 관점으로 한 토지 이용 유도나 교류 시설 정비 등에 의한 지구 정비를 추진한다.	
아우터시티 outer city	원칙적으로 시가지 확대를 억제하는 시가지의 외측을 가리킨다. 여기서는 도시 생활의 리프레시 존(refresh zone)으로서, 아오모리다움을 유지하는 환경·경관의 유지·보전을 도모하고, 이들 자연을 활용해 조화로운 시민의 휴식, 레크리에이션, 학술, 예술문화활동의 장으로서의 정비를 추진한다. 또한 프런티어 존(frontier zone)으로서 산업 거점의 형성을 도모한다.	

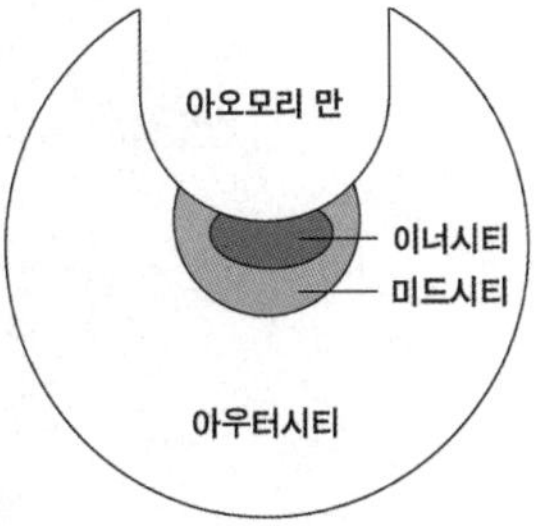

지역을 중심으로 한 동심원상의 일극 집중형 도시구조가 아닌 도보권(경단)과 공공교통(꼬치)으로 이루어진 클러스터 형을 지향한다"(도야마 도시계획 마스터플랜)고 표명했다. 하마마쓰(浜松) 시도 '클러스터 형 도시 만들기'를 추진하고 있다. 그리고 우쓰노미야(宇都宮) 시는 '네트워크형 압축도시'를, 다카마쓰(高松) 시는 '다핵 연계형 콤팩트·에코시티'를, 구마모토(熊本) 시는 '공공교통을 기축으로 한 다핵 연계 마을 만들기'를, 아키타(秋田) 시는 '7개의 지역 중심의 충실'을 지향하고 있다.

이들은 모두 다심형 압축도시를 지향한 것이라고 생각된다.

그리고 재빠르게 압축도시 정책을 표명했던 아오모리(青森) 시는 〈그림 4-3〉과 같이 당초에는 단심형을 채용하고, 중심에서 이너(Inner), 미드

그림 4-4 2011년에 개선된 아오모리 시의 압축도시 구상

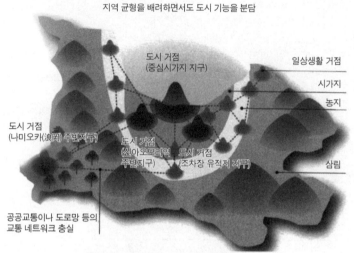

중심시가지 지구를 시작으로 하는 4개의 도시 거점이나, 일상생활의 거점인 각 지역 각각의 지역 특성에 맞는 기능을 분담하고, 균형 잡힌 압축 마을 만들기를 추진함과 함께, 각각의 거점을 교통 네트워크로 연결해, 상호 연계 강화를 추진한다(아오모리 시 웹사이트에서).

자료: 「아오모리 시 신종합계획(2011년)」에 의해 전재.

(Mid), 아우터(Outer)라는 도시기능 지역을 구분하는 Ⓑ의 동심원상 계층 모델을 그리고 있다.

그러나 2011년부터 〈그림 4-4〉와 같이 복수의 도시 거점이나 일상생활 거점을 설정함으로써 실질적인 다심형 모델로 개선된 것이라고 이해할 수 있다.

실제 필자가 2009년 아오모리 시에 학생들과 필드워크 나갔을 때 인상으로는 미드에 위치하는 장소에 이미 고도의 상업 집적이 형성되고 종합병

그림 4-5 아오모리 시의 실제 시가지 구조

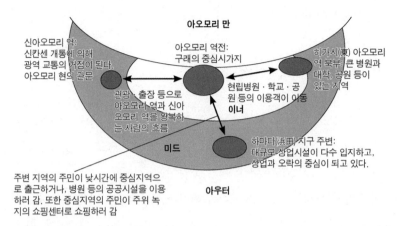

아오모리 만

신아오모리 역:
신칸센 개통에 의해
광역 교통의 거점이 된다.
아오모리 현의 관문

아오모리 역전:
구래의 중심시가지

히가시(東) 아오모리
역 북부: 큰 병원과
대학, 공원 등이
있는 지역

관광, 출장 등으로
아오모리역과 신아
오모리 역을 왕복하
는 사람의 흐름

현립병원 · 학교 · 공
원 등의 이용객이 이동
이너

하마다(浜田)지구 주변:
대규모 상업시설이 다수 입지하고,
상업과 오락의 중심이 되고 있다.

미드

아우터

주변 지역의 주민이 낮시간에 중심지역으
로 출근하거나, 병원 등의 공공시설을 이용
하러 감. 또한 중심지역의 주민이 주위 녹
지의 쇼핑센터로 쇼핑하러 감

자료: 岩田知也·内海正太郎·日諸恵利, 『青森市市街地活性化のための現状分析と提言』, 도표 26을
바탕으로 작성.

원이나 학교가 모여 있어 기존 중심시가지 못지않은 활기를 보여주었다.
인구 분포나 자동차 교통 사정에서도 이러한 거점지역이 형성되었다는 것
은 합리적이다. 따라서 단심형의 동심원상 계층 모델에 가까운 아오모리
역전을 중심으로 한 지역을 단일의 중심시가지로 규정한 당초의 압축도시
구상은 그다지 현실성은 느낄 수 없었다. 〈그림 4-5〉는 중심시가지 이외에
이미 형성된 도시기능 집적을 염두에 두고 아오모리 시의 중심핵으로 규정
할 만하다고 학생들이 제언한 4개 지역을 표시한 것이다. 아오모리 시의
새로운 압축도시 구상을 일부 가져온 것 같은 형태를 하고 있다.

그러면 압축도시를 지향하는 지자체는 왜 다심형을 사용하는 것인가. 왜
압축도시의 전형적인 모델이라고 일반적으로 생각되는 단심형은 안 되는
것인가.

복수의 도시 거점이나 생활 거점이 이미 존재하고 있고, 그것을 모두 한
장소로 모으는 방책이 떠오르지 않는 것이 최대의 이유일지도 모르겠다.

그러나 이론적으로도 단심형 모델이 성립하기 위해서는 다음과 같은 조건을 충족해야 할 필요가 있다.

중심부로의 인구 유도의 어려움

먼저 성곽도시형 유형 Ⓐ의 단심형 압축도시의 실현 가능성을 생각해보자. 유형 Ⓐ는 걸어서 갈 수 있는 범위에 모두가 살고 있고, 무엇이든 있는 역사적인 압축도시 모델이다.

이 유형의 도시구조로 이행하기 위해서는 허약한 고령자뿐만 아니라 건강한 고령자, 육아층, 단신자 등 대부분의 주민이 중심부로 이주해야 한다.

중심시가지로의 야간인구 유도, 즉 '마을 안에서 거주'는 압축도시를 표방하고 있는지 아닌지에 관계없이 중심시가지 활성화 정책으로서 실제 많은 지자체가 추진하고 있다.

그러나 '마을 안에 거주'는 어느 정도는 실현 가능해도 유형 Ⓐ에 가까운 1955~1964년대(쇼와 30년대)처럼 좁은 지구 안에 인구가 고밀도로 주거(集住)하는 일극 집중형 구조로 바꾸는 것은 다음과 같은 사정으로 어렵다.

도시 내 공공교통 편의성이 낮은 한편, 자가용이 보급되기 전에는 도시 생활을 위해 점포나 역까지 걸어서 갈 수 있는 범위 내에서 살 수 밖에 없었다. 집이 좁거나 주거 환경이 나쁜 경우에도 다른 곳에서는 생활할 수 없었기 때문이다.

그러나 자가용이 있는 지금은 선택 가능한 거주지역이 대폭 늘었다. 그리고 교외에는 이미 자동차교통을 위한 간선도로가 정비되고, 전기·가스·상하수도라는 생활 인프라도 완비된 주택지가 있다. 게다가 인구감소에 의해 교외 토지를 저렴하게 구입할 수 있게 되었다. 싸고 환경이 좋은 주택지가 있다면 육아층은 그런 장소에서 넓은 주택을 취득하려고 한다.

고령화가 진행되어 자가용차를 운전할 수 없게 되는 후기 고령자의 비율이 늘어가는 것은 확실하다. 그러나 75세 이상의 후기 고령자 비율은 2028년에 약 20%, 2048년에 약 30%에 이르게 된다. 심각한 고령사회가 된 것은 틀림없지만, 그래도 운전면허가 없는 아이들은 부모가 운전하는 차에 탄다고 한다면, 나머지 80~70%의 사람들은 자가용차를 이용할 수 있다.

또한 지방에는 교외에 공장 등 취업기회가 많이 있다. 그러한 사업소에 근무하는 주민에게 통근이 편리한 교외에서 구태여 자가용 통근이 불편한 중심부로의 이주 동기를 부여하는 데는, 거주지로서의 비용 대비 효과에서 중심지역이 교외지역을 상회해야 한다.

거주지로서의 비용 대비 효과는 주택 가격과 주택 거주성, 그리고 입지 편리성과의 상대적인 관계로 결정된다. 주택의 거주성은 주택 면적·품질과 주변 환경(밀집도, 소음, 자연·공원녹지, 혐오시설의 유무 등)이 좌우한다. 입지 편의성은 도로, 공공교통, 의료, 보건, 간호, 상업, 교육, 문화, 오락 등, 인프라·공공시설 그리고 민간시설이 제공하는 서비스의 다양성 및 이용의 편리성, 요금 등에 의해 결정된다. 상점가의 매력도는 이런 입지 편의의 일부분을 구성하는 것에 지나지 않는다. 중심상점가의 매력도가 다소 향상하는 것만으로 중심시가지의 거주지로서의 비용 대비 효과를 크게 향상시키기 어렵다.

그리고 후기 고령자라고 해도 이미 교외에 넓은 집을 가진 사람은 부부가 함께 병에 걸리거나 또는 사별로 단독세대가 되는 등 교외에서는 생활이 곤란한 사정이 발생하지 않는 한 쉽게 중심부의 좁은 집합주택으로 이주하지 않는다.

게다가 인구가 감소하는 가운데 교외 지가는 떨어지고 있다. 건물도 중고주택으로서 매각할 때 조금이라도 가치가 높아지도록 유지관리 되어야 하지만 그렇지 않고, 구조도 개인 취향이나 사정이 반영되어 있기 때문에 타인이 이주할 때에는 대규모 리폼이 필요한 경우가 많다. 당연히 그 비용 분만큼 유통시장에서의 가치는 낮아진다. 따라서 자기 소유의 집을 팔아도 중심부의 집합주택 구입에 필요한 자금을 마련하는 것이 불가능할 경우가 있어 주택 담보 대출을 할 수 없는 고령자 층은 자금 면에서도 중심부로의 이주가 어렵다.

결국 이미 택지화된 교외지역에 대해서 강제력을 동반하는 비택지화 정책을 취하지 않는 한 대규모 인구의 집약화는 어렵다.

그러나 강제력을 동반하는 비택지화 정책, 예를 들면 시가화구역을 시가화 조정구역으로 변경하는 '역 선긋기(逆線引き)'는 개인 재산의 가치를 대폭 훼손하는 것이기 때문에 정치적으로는 지극히 장벽이 높은 정책이고, 현실적으로는 채용이 불가능하다. 제2장에서 소개한 개정 도시재생 특별조치법에서는 정부가 몇 개의 비택지화정책에 이바지하는 수단을 구체적으로 제공했다. 그러나 그것은 기본적으로 유도 수단에 기초한 것으로 중심상점가와 같이 복수의 기존 마을을 집약 거점으로 규정하는 다심형 모델을 전제로 하고 있다.

이와 같이 인구를 중심부로 유도하는 정책에는 자연히 한계가 있어, 도보권 내의 범위에 인구를 집약하는 일극집중형 성곽도시형 유형 Ⓐ을 실현하는 것은 대부분의 경우 지극히 어렵다.

그리고 걸어서 갈 수 있는 범위의 대도시권(都市域) 안에 다양하고 고도화된 현대인의 필요에 모두 대응하려면 고도 상업에 필요한 상권인구가 있어야 할 뿐만 아니라 그런 사람들이 취업할 수 있는 고용 기회가 필요하다. 그러나 그것은 예를 들면 홍콩과 같이 초고층 빌딩이 죽 늘어선 초고밀도 도시가 아니면 불가능하다. 또한 그러한 도시가 실제로 성립할 만한 사회경제적 조건을 갖춘 장소는 세계에서도 지극히 한정되어 있다.

즉, 성곽도시형 도시기능 집적지는 다심형 압축도시를 구성하는 거점지역의 하나로는 성립되지만, 현대사회에서 그것만으로는 자기 완결성 없는 불완전한 도시로, 그런 의미에서도 현실적인 집약도시 모델은 될 수 없다.

실제 성곽도시가 기원인 많은 유럽도시는 시대가 요구하는 기능 전부를 구시가지 안에서는 완결할 수 없기 때문에 구성곽 밖에 신시가지를 형성하고 있다.

예를 들면 스위스 수도인 베른 시는 성곽도시로서 구시가지가 거의 중세 모습 그대로 남아 있어 마을 전체가 세계유산에 등록되어 있다. 구시가지는 도보권 안에 자리하고 있으며, 그 안은 5, 6층짜리 건물이 늘어서 있고, 고도·고밀 이용되고 있다. 신형 노면전차인 LRT나 연접 로터리 버스가 횡단하고 높은 빈도로 운행되고 있다. 이렇게 충실한 공공교통기관이 존재하고 적은 수의 주차장으로 인해 자가용 유입도 적어 성곽도시형 압축도시의 이상상을 실현하고 있는 것처럼 보인다.

그러나 "걸어서 갈 수 있는 범위에 무엇이든지 있는" 것은 아니다. 넓은 점포 면적을 필요로 하는 DIY 상점이나 시네마 콤플렉스 등의 현대적 상업시설을 개발할 수 있는 여지가 적고, 기존 마을의 거리와 조화된 집합주택을 새롭게 정비하는 것도 어렵다. 따라서 베른 시에서도 주변에 신시가지가 형성되어 구시가지 내에서는 제공할 수 없는 근대적인 집합주택이나 여유 있는 단독주택이 개발되고 있다. 또한 자가용 이용을 전제로 한 대형 상점·오락시설 등 현대적인 도시 서비스를 제공하고 있다. 이러한 신시가지의 주택과 각종 시설이 구시가지에서는 실현할 수 없는 인구수용 기능이나 상점·문화 기능을 보완함으로써 도시로서의 완결성을 보유하게 되는 것이다.

즉, 성곽 내 구시가지만을 압축도시의 이상형으로 생각하는 것은 도시 실상의 일면만을 본 그릇된 인식이다.

물론 유럽의 성곽도시형 구시가지는 공동화가 진행된 일본 중심시가지와 비교하면, 훨씬 더 고밀도로 이용되고 있고 충실한 공공교통망도 있다. 그러나 유럽의 성곽도시형 구시가지는 수세기 전에 만들어진 돌과 벽돌이 견고한 구조의 중·고층건물을 많이 계승하고 있다. 그러나 그 도시 유산 (legacy)을 지키기 위해 도로나 주차장을 새롭게 설비할 수 없어 시가지 내 자동차 이용에는 한계가 있다.

이에 비해 일본은 메이지 시기 이전 건조물 대부분은 목조 건축물로 지진이나 화재로 사라진 것이 많고, 선이나 면으로서 시가지 내에 남아 있는 것이 적다. 또한 남아 있어도 일본 도시유산의 대부분은 저층건물이다. 신사 불각이나 성터 등 여유 있는 공간과 녹지의 차분한 분위기를 갖고 있지만 토지 이용 면에서는 저층저밀이다.

따라서 일본은 유럽 도시와는 다른 여러 조건을 전제로 압축도시 형성을 생각해야 한다.

지방 공공교통기관에는 실현이 어려운 저운임·고빈도 운행

다음은 대도시 도시구조에서 볼 수 있는 동심원상 계층 모델의 유형 ⒷＢ 가 지방도시에서 실현될 수 있는지를 검토해보자.

이 유형의 단심형 압축도시가 성립되기 위해서는 중심부로부터 방사선형으로 도시 내 공공교통이 정비되어야 한다. 왜냐하면 동심원의 바깥쪽 부분은 인구밀도가 낮지만 면적이 넓기 때문에 많은 주민이 살고 있다. 따라서 그 주민들이 원만하게 중심부로 통근·통학·왕래할 수 있는 공공교통수단이 필요하기 때문이다.

게다가 유형 Ⓑ의 압축도시가 성립되려면 단순히 방사선형의 도시 내 공공교통 정비만으로는 불충분하고, 공공교통기관이 저운임·고빈도로 운행하는 것이 필요하다.

왜냐하면 가고 싶을 때 가고 싶은 곳까지 낮은 비용으로 이동할 수 있는 자가용 이용과 시간당 비용이 높은 현대생활을 전제로 할 때, 유형 ⑧의 도시구조가 성립하기 위해서는 중심부로의 이동수단인 공공교통기관이 자가용에 필적할 정도의 낮은 비용과 편리성을 갖추지 않으면 안 되기 때문이다.

하지만 자가용과 동등한 운행비용과 편리성을 지방 공공교통기관이 확보한다는 것은 다음과 같은 이유에서 지극히 어렵다.

먼저, 절대적으로 인구가 적고 이용자가 한정된 지방도시에서는 고령화가 더욱 진행되어도 그만큼 수요량이 크게 증가할 것이라고 예상되지 않는다. 그렇기 때문에 전차나 버스 운임은 대도시에 비해 어떻게 해도 비싸진다.

이에 대해 자가용은 고정비로서의 자동차세를 내고 나면 지방에는 주차장 비용이 적기 때문에 운행에 수반되는 변동비는 거의 연료비뿐이다. 주행거리에 비례한 자가용의 변동비(연료비)는 공공교통기관의 운임과 비교해서 압도적으로 싸다.*

따라서 지방의 공공교통기관이 필요할 때 집 앞에서 바로 이용 가능한 자가용의 편리성에 대항할 수 있는 수준의 운행 빈도를 자가용 이용비용에 견줄 만한 수준의 운임으로 실현하는 것은 어렵다.

물론 LRT를 도입하거나 버스 전용선에 의한 BRT(Bus Rapid Transfer)나

* 개인이 전철이나 버스의 운임과 자가용차의 이용비용을 비교할 때, 자가용차에 드는 고정비(감가상각비나 자동차 보유세, 법정점검비 등)를 계산에 넣는 일은 거의 없다. 개인이 긴급한 일 등에 대비해서 마이카는 반드시 가져야 한다고 생각하고 있다면, 쇼핑이나 통근에서의 전차 이용과 자가용 이용의 우열을 판단할 때, 자가용의 고정비는 매몰비용(sunk cost)이며, 비용 비교의 계산에 고정비를 집어넣지 않는 것은 합리적인 태도이다. 또한 만약 집어넣었다고 해도 고정비를 포함한 평균비용은 사용하면 할수록 싸지는 구조이다.

고도 정보통신시술을 이용한 ITS(Intelligent Transport System) 등을 도입함으로써 공공교통기관의 저비용화나 편리성 향상을 도모하는 것은 가능하다. 그러나 인구의 절대 수와 밀도가 낮은 지방도시권에서는 운행 간격을 짧게 하거나 운임을 내리는 것은 채산상 한계가 있다. 이를 위해 발생한 적자를 재정자금에서 보전하는 것도 가능하지만, 이미 지방의 공영버스사업은 대부분이 적자 경영이다. 더욱이 큰 재정자금을 계속적으로 투입하는 것은 어렵다.

이와 같이 저운임·고빈도 운행은 인구규모가 크고 밀도도 높은 대도시권에서는 가능할지라도 그보다 규모가 작은 지방도시권에서는 사업 채산성상 어렵다. 따라서 이것을 전제로 성립한 유형 ⑧의 동심원상 계층구조를 갖는 단심형 압축도시의 실현도 지방도시에서는 어려울 것이다. LRT를 포함한 철도 중심의 공공교통이 방사상에 가까운 형태로 존재하는 도야마 시에서도 단심형이 아닌 다심형의 시가지 집약화를 채용하고 있는 것이 이러한 사정을 말해주고 있다.

물론 지방공공교통의 저운임·고빈도 운행이 절대로 불가능한 것은 아니다. 그를 위해 공공교통기관에서 발생하는 큰 적자를 다른 행정 수요에 대한 예산을 삭감해서라도 지자체가 계속적으로 구멍을 메울 각오를 하면 된다. 그리고 혼잡통행료(Road+Pricing)* 등 중심시가지로의 자동차 유입 규제를 동반하는 공공교통 이용 촉구정책을 철저히 병용한다면 단심형 동심원상 계층모델의 도시구조를 지방중소도시에서도 실현할 수 있을 것이다. 그러나 그를 위해서는 강고한 정치적 의사와 주민지지에 기초한 계속적인 정책이 필요하다.

---

* 대도시 중심으로 진입하는 차에 요금을 부과하는 제도.

2. 중심상점가의 쇠퇴 원인은 주택 교외화와 자동차화

이와 같이 지방도시권에는 자동차화가 생활에 깊게 침투해 중심부로의 인구 일극 집중 및 공공교통의 저운임·고빈도 운행이 곤란한 것을 감안하면 단심형(모노센트릭 유형)보다도 다심형(폴리센트릭 유형)의 경우가 현실적인 압축도시로의 접근이다. 〈표 4-1〉에서 제시한 압축도시 정책의 여러 목표는 다심형에서도 충분히 달성될 수 있다.

대도시는 대체로 이미 압축도시라고 생각한다면 정책으로서 압축도시에 임할 필요성이 높은 것은 지방도시이다. 따라서 다심형 압축도시가 현실적인 접근 방법이다. 그리고 복수의 집약 거점 구역을 어디에 둘 것인가가 성공의 열쇠를 쥐고 있다.

중심상점가 구역은 이미 인프라가 정비되어 있고, 주위에는 관공서나 공공시설, 역사적·문화적 자원이 있기 때문에 유일한 중심핵이 되는 것은 비현실적이기는 하지만 복수의 집약 거점 구역 후보의 하나임은 틀림없다.

한편, 교외의 상업 집적지나 대규모 상업시설도 많은 지역주민 생활에 없어서는 안 될 존재이기에 집약 거점 구역 또는 중심 거점 시설이 될 수 있다.

지금까지 중심시가지에 대해 '교외'라고 불려온 지역은 인구분포로 보면 이제 신시가지라고 불리는 편이 타당한 곳이 많다. 다심형 압축도시의 관점에서는 (구)중심시가지와 신시가지의 차별을 둘 이유는 없다.

그러나 중심상점가 쇠퇴를 초래한 것은 교외(신시가지)의 대규모 상업시설이나 상업 집적에 있다는 생각이 아직 뿌리 깊다. 이 문제를 정리하지 않으면 복수의 집약 거점 구역을 어디에 두어야 하는지가 정해지지 않는다.

중심상점가 쇠퇴의 근본 원인

필자가 생각하는 결론을 먼저 말하면 교외형 상업이나 대규모 상업시설은 중심상점가 쇠퇴의 원인이 아니다. 그 이유는 다음과 같다.

먼저, 교외형 상업은 교외에 펼쳐진 주택과 주민의 자가용 이용에 맞추어 구매편의를 제공하기 위해 등장한 것이다. 주택 교외화와 함께 인구 중심이 중심시가지에서 교외 쪽으로 이동하면서 밀도가 희박해졌다. 또한 주요 교통수단이 도보·자전거와 버스·철도의 조합에서 자가용으로 전환되었다. 그 결과 지금까지의 중심상점가나 역전 상점가에 불편을 느끼는 고객이 늘어 그런 고객을 위해 교외형 상업이 등장한 것이다.

〈그림 4-6〉은 인구집중구역(DID)*의 인구와 면적을 대비시킨 것이다.

그림 4-6 **DID 면적과 인구밀도의 추이**

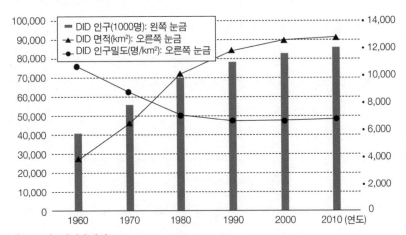

자료: 국세조사에서 작성.

───────

* Densely Inhabited District를 줄인 것이다. 일본의 국세조사에서 이용되고 있는 개념으로, 인구밀도가 4000인/km² 이상의 기본단위구가 서로 인접해서 인구가 5000인 이상이 되는 지구.

그림 4-7　세대 수와 승용차 보유 대수

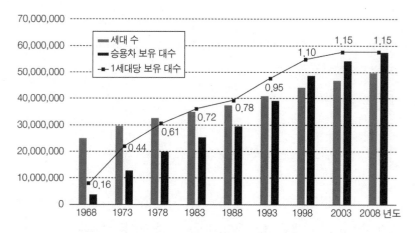

자료: 승용차 보유 대수는 일반사회법인 자동차검사등록정보협회 「자동차 보유 대수의 추이(경차동
　　차 포함)」, 세대 수는 총무성 통계국 「헤이세이 20년 주택·토지통계조사」(총주택 수와 총세대
　　수)의 각 데이터에 의함.

과거 50년간 DID 인구는 2배가 된 반면 DID면적은 약 3배가 되었다. 시
가지 스프롤 현상과 함께 인구밀도가 희박해져갔다는 것을 알 수 있다. 이
러한 도시구조를 실현하고 촉진한 것이 자가용의 보급이다.

〈그림 4-7〉은 총세대 수와 승용차 보유 대수의 추이이다. 세대수 증가
를 보유 대수 증가가 크게 상회하여 1968년에 1세대당 0.16대였던 것이
2008년에는 1.15대로 1세대당 1대 이상의 자동차를 보유하게 되었다.

따라서 중심상점가가 쇠퇴한 근본 원인은 새로운 상업시설이 교외에 입
지한 것에 있는 것이 아니라 주택의 교외화와 자동차화에 있다. 또한 이러
한 도시구조와 교통수단 변화에 중심상점가가 충분히 대응하지 못한 것에
있다. 교외형 상업으로의 고객 전환은 그 결과에 지나지 않는다.

물론, 대자본과 중소·영세자본의 차가 가져오는 부분도 있을 것이다. 그
러나 중심상점가에서도 특정 필요에 고도로 특화함으로써 고객 유지·개척

에 성공한 점포가 있는가 하면 교외의 대규모 상업시설 안에 스스로 지점을 열거나 충분한 면적의 주차장을 완비한 교외형 점포를 도로변에 두어 변화에 대응하는 중심상점가의 점주도 있다. 즉, 충분한 대응을 할 수 없었던 것은 중심상점가를 선 또는 면으로서 본 경우이지 각각의 상점 경영자라는 의미는 아니다.

정책자원 투입이 변화로의 적응을 늦춘다.

이와 같이 중심상점가 쇠퇴의 근본 원인이 주택의 교외화와 자동차화에 있기 때문에 그 재생의 길은 교외 대규모 상업시설을 배제하는 것으로는 찾을 수 없다.

소비생활을 하는 지역주민 관점에서 교외의 대규모 상업시설과 중심상점가에 각각 어떤 서비스를 요구하고 있는지를 재고하고, 그 필요나 교통수단 변화에 따른 적절한 역할 분담·기능 분담을 추구하는 편이 훨씬 건설적인 사고방식이며, 지속 가능한 상업구조 형성으로 이어진다.

중심상점가 쇠퇴 원인을 교외 대규모 상업시설의 출점에 있다고 단정지어, 그것을 규제하면서 구조 개혁을 동반하지 않고 상점가 지원만을 실행하는 것은 결과적으로 시대나 환경의 변화에 적응을 늦추는 일이 될 가능성이 있다.

구리타 타쿠야(栗田卓也)·나카가와 마사유키(中川雅之)의 「중심시가지 활성화 대책의 평가분석」은 도시경제학 관점에서 다음과 같이 논한다.

인구와 상업의 외연화·교외 입지는 교통기술의 진전 등 새로운 환경 하에 가계나 기업이 새로운 최적화를 실행한 것으로서 토지시장 등의 조정을 지나 새로운 균등이 실현된 것으로 그 자체가 바로 문제시되는 일은 없다. 교외도시 건설에 동반해 중심부에서 업무 기능, 상업 기능을 빼앗겨도 장과 사사키 (張·佐々木, 1999)의 시뮬레이션에 따르면 사회 후생은 넓은 범위에서 플러스 상태라는 결론을 얻고 있다.

중심시가지의 높은 지대 기대가 토지이용 전환을 방해하는 경우가 있는데, 그 기대는 과거 재개발사업 등에 의한 중심시가지 정책자원 투입에 의해 양성되었을 가능성이 있어, 더 이상의 정책자원 투입을 실행하지 않는 등 공적 부문의 한계를 밝힘으로서 기대 지대 인하를 유도하는 것이 효과적이다.

이 인용문 안에 있는 교외도시란 미국 대도시 외연부에 새롭게 형성된 업무·상업·주택·오락·스포츠 등 여러 기능이 통합된 신시가지이다. 마을 안에 무엇이든지 있지만 걸어서 갈 수 있는 곳은 아니고, 기본적으로 마을 안은 자동차로 이동하는 것을 전제로 만들어졌다. 시가지 스프롤의 전형이라고도 할 수 있다. 그러나 일본의 무질서한 연도(roadside)형 개발과는 달리 경관 배려와 직주근접이 실현되어 있다.

사회적 후생의 최대화를 목표로

한편, 행정이 마을 만들기(まちのあり方)에 개입할 때 가장 중요한 목표는 사회적 후생의 최대화이다. 중심상점가 재생은 그 수단의 하나이지 목적은 아니다.

도쿄대학 공공정책대학원의 중심시가지 활성화 프로젝트 팀 2005 멤버가 실행한 사례연구 「대점규제의 경제분석」에서는 마에바시(前橋) 시를 예로 대규모 점포의 교외 출점 규제를 실시한 경우와 실시하지 않은 경우를 비교해서 규제를 실시하지 않은 경우가 사회적 후생이 높다는 결론을 얻었다.

인구분포나 인구밀도 등 지금까지 일어난 변화와 이후 변화를 눈여겨본 후에 지역주민의 후생 수준을 종합적으로 높이기 위해서는 중심상점가 구역을 포함해 어떤 방향을 향해 마을 구조를 전환하고 집약화해갈 것인가를 추구하는 것이 중요하다.

3. 중심상점가 구역을 집약 거점의 하나로서 재생한다

중심상점가 구역을 집약 거점의 하나로서 재생을 도모하고 그것을 중심 시가지 활성화로 이어간다. 이를 위해서 지역주민의 사회적 후생 최대화를 항상 염두에 두고 현재의 용도나 기능에 얽매이지 않는 폭넓은 선택지 안에서 미래를 향해 지속 가능한 모습을 발견하고 전환해가는 자세가 중요하다.

사람들을 불러들여야 중심상점가가 부활하는 것이지 그 반대로 되는 것은 아니다

중심상점가 쇠퇴의 근본 원인이 주택 교외화와 자동차화에 있다면, 인구가 교외에 확산한 상태 그대로 중심상점가를 재생하는 것은 어렵다.

이것은 주택 교외화가 왜 일어났는가를 생각하면 명확해질 것이다. 주택 교외화는 시가지 내 쾌적하지 않은 거주환경의 좁은 주택을 빠져나와 교외의 조용하고 정리된 환경의 넓은 주택을 저렴하게 손에 넣을 수 있기 때문에 일어난 현상이다. 그리고 자동차화가 그것을 가능하게 했다. 중심상점가의 매력이 없어져서 주민이 교외로 이전한 것이 아니다. 따라서 만약 중심상점가의 매력을 향상시킨다 해도 쉽사리 교외로 이동한 인구는 돌아오지 않는다.

실제로 중심상점가 재생을 실시해 획기적인 성과를 올린 마을은 외부로부터 들어온 손님 획득에 성공한 곳이 많은 한편, 교외 주민의 구매 수요를 돌린 사례는 적다.

왜냐하면 외부로부터의 손님은 재방문을 그다지 기대할 수 없어도 모집단이 크기 때문에 처음 온 고객이 순차적으로 마을에 오는 것만으로도 매상 향상으로 이어진다. 그러나 지역주민의 경우는 모집단이 적기 때문에 재방문율이 올라가지 않으면 매상에 공헌할 수 없다. 중심상점가의 매력이 높아져도 주민이 교외에 확산해 있는 상태에서는 교외 주민 재방문율에는 자체 한계가 있어, 매상고 향상으로 연결되지 않기 때문이다.

중심상점가 재생에 성공한 사례는 다른 지역과 명확한 차별화를 도모할 수 있는 높은 매력을 갖는 역사·문화·전통·오락·자연·명산품 등의 지역자원이 있어, 그것을 발굴·재생·세련·집적함으로써 상점가를 방문하는 고객의 만족으로 이어지는 경우가 많다.

예를 들면 돗토리(鳥取) 현 사카이미나토(境港) 시의 미즈키 시게루(水木しげる) 로드나 사이타마(埼玉) 현 가와고에(川越) 시 쿠라노마치나미(창고거리) 등은 다른 마을에서 벤치마킹하기 어렵다. 나아가 방문자가 밀어닥치는 그런 마을에서도 주요 도로(main road)에서 벗어난 장소까지 그 혜택이 널리 골고루 미치는 것은 아니다. 또한 지역주민의 구매 활동을 교외형 상업으로부터 크게 회복하고 있는 것도 아니다.

따라서 중심상점가 재생을 수단으로 하여 중심시가지로 주민을 불러들인다는 사고방식은 수단과 목적이 바뀐 것이다. 중심상점가 재생으로는 중심시가지로 주민을 불러들일 수 없다. 중심시가지에 주민을 불러들이는 것(수단)에 의해 중심상점가 재생(목적)이 달성되는 것이다. 개정 중심시가지 활성화법에 기초한 중심시가지 활성화 기본계획에서도 중심상점가 재생에 치우치지 않고 중심시가지로의 '마을 안에 거주'를 포함한 종합적인 시책을 요구하고 있다.

당연한 말이지만 중심시가지에 지역주민을 불러들이려면 주민이 살고 싶은 면적과 품질을 갖춘 주택을 손에 넣을 수 있는 합리적인 가격 내지 임대료로 제공하는 것이 절대 조건이다. 그것은 기본적으로는 민간의 역할이다. 그리고 만약 주택 제공을 막는 이유 또는 제공할 수 있지만 값이 비싸지는 이유가 있다면 그 개선책을 생각하는 것은 행정의 몫이다.

셔터 거리의 외부 불경제

한편, 상점주의 고령화로 중심상점가가 상업지로서의 활기를 잃어 이른바 셔터 거리가 되어가는 현상은 간과할 수 없는 사회·경제 문제이다. 집약 거점 구역의 하나로서 그 재생을 도모하는 데에도 큰 과제이다.

한편, 가게 셔터가 내려진 상태란 점포가 운영을 그만둔 후 소유자가 해당 점포를 팔지도 빌려주지도 않고 방치한 상태를 의미한다. 만약 팔거나 빌려주면 일반적으로는 새 소유자나 새 점유자가 어떤 용도로든 이용한다. 파는 것도 빌려주는 것도 할 수 없는 것이 현실이라는 얘기는 많이 듣지만 그것은 소유자가 생각하는 가치와 시장가격에 큰 차이가 있는 것을 의미하는 것에 지나지 않는다.

즉, 셔터 거리란 소유자가 스스로의 의사에 의해 상점가 일부를 이를테면 신진대사가 멈춘 상태로 놔두고 있는 현상이다.

점포 운영을 중단할 수밖에 없게 된 것은 심각한 경쟁 환경 등 외적 요인에 의한 것이 컸을 것이다. 그러나 셔터를 내린 상태는 그 상태로 놔두는 것이 최선의 선택이라고 소유자가 판단했기 때문이다. "이런 가격에 팔 바에는 그냥 그대로 두자." "이렇게 낮은 임대료로 타인에게 빌려줘 장래에 골치 아픈 씨앗을 만들 바에야 공실로 해 두자." 각각 개인으로서는 합리적인 판단이다.

그러나 셔터가 내려진 상점이 이빨 빠진 것 같은 상태로 여기저기 흩어져 있는 것은 상점가의 번화함과 활기를 꺾고, 소유자가 생각하는 점포 가치와 시장가격과의 괴리를 크게 해 셔터를 내린 점포가 증가하게 되는 악순환에 빠진다. 합성의 오류라고 해도 좋을지 모르겠다.

이것은 사회적으로 손실이다. 이와 같이 개인과 기업의 행위와 판단이 계약과 거래에 의하지 않고 사회에 마이너스 영향을 미치는 상황을 외부불경제라고 부른다.

외부 불경제가 발생되는 상태는 시장 기능만으로는 좀처럼 시정되지 않는다. 따라서 행정을 통해 이를 개선할 필요가 있다.

중심상점가를 통째로 재생하는 것은 어렵다

그러나 이 문제를 실행할 때 중심상점가 구역 전부를 소매업 및 상업 기능으로 재생을 한정하지 않도록 한다.

왜냐하면 1955~1974년(쇼와 30~40년대) 동안 번영한 중심상점가가 당시의 규모와 면적을 유지한 채 또 다시 한 도시의 고도 상업 기능을 홀로 맡는 유일한 지역으로 군림하는 것은 이제 곤란하기 때문이다.

패션성이 높은 고급 상업도 지금은 지방중핵도시조차 신칸센(고속철도)이나 고속버스 노선이 잘 연결되어 있어, 삿포로(札幌)·센다이(仙台)·도쿄·나고야·오사카·후쿠오카 등 대도시 고도 상업지에 고객 수요를 빼앗기고 있다. 도시 간 이동에 많은 시간과 비용이 들었던 1955~1964년(쇼와 30년대)까지와는 달리, 고속 교통망 정비에 의해 초광역형 상업 계층구조가 형성되었기 때문이다.

게다가 인터넷상의 가상점포의 통신판매 확대는 실제 점포의 필요와 그곳에서의 매상을 흡수하고 있다.

이미 언급한 바와 같이 교외에 확산된 인구분포를 1955~1964년(쇼와 30년대)과 같이 중심시가지 한 곳에 집중시킨 상태로 되돌리는 것은 이제 불가능하고 예전 규모 그대로 중심상점가의 활기와 번화함을 부활시키는 것도 어렵다.

용도 전환도 포함한 마켓 인(market+in)* 발상으로

따라서 중심상점가 구역을 거점 구역의 하나로서 재생을 도모하는 경우, 소매업만을 고집하지 않고 주택이나 의료·간호·생활지원 서비스 등 다른 용도로 일부 또는 전부를 전환하는 것도 검토해야 한다.

지금까지 본문에 중심상점가 재생으로 쓰지 않고, 중심상점가 구역의 재생으로 써온 것은 이와 같은 생각이 있었기 때문이다.

중심상점가 구역의 재생을 도모하려면 단순히 지역산업정책의 관점에서는 부족하다. 지역주민의 편의와 만족을 종합적으로 높이는 것을 목적으로 한 도시 정책적 관점을 추가해야 한다.

만약 상업을 프로덕트 아웃(product out)**의 발상만으로 실행한다면 반드시 실패한다. 고객인 지역주민의 입장에서 마켓 인의 사고방식을 받아들이는 것이 중요하다. 유감스럽게도 지금까지 중심상점가 구역의 활성화 정책이나 타운 매니지먼트의 시도는 처음부터 소매업 진흥의 틀 안에서 행하는 프로덕트 아웃 발상이 많았다. 마켓 인 발상에 선다면 지역주민에게 중

---

* 옮긴이 주 일본 조어. 경영 방법의 하나로서, 시장의 요구에 따라 제품과 서비스를 제공함.
** 옮긴이 주 시장의 요구를 고려하지 않고 일방적으로 제품이나 서비스를 제공하는 경영 방식.

심상점가 구역에 어떤 기능이 있으면 편리할까가 중요하지, 소매업 위주는 아니다.

또한 셔터 거리가 된 중심상점가 구역 재생에서는 영업을 계속할 점포와 셔터를 내린 점포가 혼재해 있다. 따라서 그곳에는 용도전환이나 점포정리를 포함한 매우 복잡한 교섭과 조정이 필요하다.

하지만 용도전환이나 점포정리는 최적의 방향성이 보여도 행정은 직접 말을 꺼내기가 어렵다. 예를 들면 행정 당국은 "A마을 상점가는 재생 가능성이 있지만, B마을 상점가는 이미 상점가로서 재생이 불가능해 주택과 지역의료·간호서비스 제공지역으로 전환을 도모하는 편이 낫다"고 좀처럼 말을 꺼내지 못한다.

이러한 경우 외부의 제3자에 의한 객관적 판단을 이용해야 할 것이다. 또한 B상점가에서 영업을 계속하고자 하는 상점주에게 A상점가로의 이전을 추천하거나, 또는 영업 능력을 확인해 과감히 어드바이스를 하는 것에도 외부 전문가의 힘을 빌리는 것이 좋다.

게다가 이전과 같이 상점가로서 재생시키는 경우도 점주가 점포에 통근하는 것이 좋을지, 또는 1965~1974년(쇼와 40년대) 시기처럼 직주일체 형태로 하는 것이 나을지, 아니면 소유 경영 분리를 추진해야 하는 하는지 등 유연한 발상에 기초한 다양한 선택지에서 검토하는 것이 중요하다.

행정 당국은 이와 같은 재생 과정에서 발생하는 점포 소유와 이용의 부정합을 종합적으로 조정해서 집약 거점 구역의 전체상을 그려가는 것이 필요하다.

4. 다심형 압축도시에 대한 중심 거점 시설

다음으로 다심형 압축도시에 대한 중심 거점 시설에 대해 검토한다.

다심형은 기능 분담에 의한 분산적 집약화

먼저 단심형(모노센트릭 유형)과의 비교를 통해 다심형(폴리센트릭 유형)에 의한 집약화 특징을 명확히 하자. 단심형과 다심형의 특징을 비교하면 〈표 4-2〉와 같다.

동심원형 계층 모델의 단심형 압축도시는 단층적 집약화인 것에 반해, 다심형은 분산적 집약화이다. 또한 단심형이 기능 집중인 것에 반해, 다심형은 복수의 중심핵이 기능을 분담하거나 보완한다.

따라서 단심형에서는 도시기능을 충족하기 위해 필요한 일체의 민관 시설이 중심핵에 집중하는 것에 반해, 다심형에서는 민관의 중요 시설이 거점 시설로서 복수의 중심핵에 분산적으로 배치된다. 그리고 복수의 중심핵이 공공교통으로 이어져 필요한 도시기능이 전체로서 지역주민에게 공급된다.

표 4-2 **2개의 압축도시 모델의 특징**

	모노센트릭 (단심형 · 동심원형)	폴리센트릭 (다심형)
중심핵	1개	복수
콤팩트화의 의미	계층적 집약화, 기능 집중	분산적 집약화, 기능 분담
중심시설	중심역(교통 결절점)	철도역, 종합병원, 복합공공시설, 대형 상업시설 등

중심 거점 시설은 구심력의 근원

중심 거점 시설은 편의성이나 매력에 의해 그 주위 인구나 도시기능을 끌어오는 거점 구역으로 구심력의 근원이 되는 장치이다. 그 역할을 담당하는 중심 거점 시설로서 유력한 것이 철도역이나 고속버스 터미널, 복합 공공시설, 대규모 상업시설, 종합병원 등이 있다. 한편 자가용이 중요한 교통수단인 이상, 주차장이 정비된 가까운 복합공공시설이나 대규모 상업시설, 종합병원이 중심 거점 시설이 되는 것은 지역주민에게도 큰 편익을 가져온다.

기존의 중심시가지 활성화 정책에서는 중심상점가를 중심 거점 시설로 규정했다고 할 수 있다. 그러나 주택 교외화와 자동차화에 의해 쇠퇴한 중심상점가만을 인구 유인 장치로 규정하는 것에는 무리가 있다.

따라서 만약 쇠퇴한 중심상점가 구역을 집약 거점의 하나로 할 경우 소매업에 구애되지 말고, 도시 전체 구조를 바탕으로 향후에 중심상점가 구역에서 가장 요구되는 기능을 상징하는 시설을 중심 거점 시설로 생각해야 하며, 그 시설을 어떻게 확보할 것인지를 검토하는 것이 중요하다.

이 때, 앞장에서도 지적한 바와 같이 PRE/FM 전략에 기초한 공공시설의 통폐합·재배치에 의해 그 총량 감축을 도모하면서 중심 상점 시설로서 매력이 풍부한 복합시설로 개편·정리하는 것은 시가지 집적화를 도모하기 위한 유력한 수단이다. 만약 복합공공시설이 근린에 있는 기존 상업 집적과 유기적으로 결합하면 실질적으로 민관복합시설이 되어 지역주민은 원스톱 서비스를 받을 수 있는 매력적인 장소가 된다.

공공시설은 이를테면 장기판의 말과 같이 지자체의 손아귀에 있는 것이라서 누구라도 그것을 이용한다. 제2장에서 소개한 것처럼 개정 도시재생 특별조치법이 입지 적정화 계획의 작성에서 공공 부동산 활용을 요구하는

표 4-3 **도야마 시의 공공교통 연선 거주 추진사업**

	공공교통 연선 공동주택 건설 촉진 사업	공공교통 연선 주택 취득 지원 사업
보조액	70만 엔/호(일반형) 35만 엔/호(단신형)	금융기관으로부터 차입액의 3%
보조 한도액	3500만 엔	30만 엔/호*
보조사업의 요건	• 대지면적 300m² 이상 • 가구 전용면적 55m² 이상(단신형은 40m² 이상 • 4가구 이상 • 단신자형 가구 수는 전 가구의 3분의 1이하 • 대지면적의 10%(그중 5%는 접도 부분) 이상을 녹화 등	**단독주택 건설의 경우** • 대지면적 200m² 이상 • 가구 전용면적 100m² 이상 • 대지면적의 10%(그중 5%는 접도 부분) 이상을 녹화 등 **분양형 공동주택을 취득하는 경우** • 가구 전용면적 55m² 이상 ·1981년 6월 1일 이전에 준공한 공공주택일 것 등

주: * 도심지구 및 공공교통 연선 거주 추진 구역 이외에서 전입하는 경우 한도액의 추가액 10만 엔/호, 단독주택의 경우 60세 이상의 고령자와 동거하는 등의 경우 한도액의 추가액 10만 엔/호).
자료: 도야마 웹사이트(2015년 2월 26일 현재)를 바탕으로 작성.

것은 이러한 의도가 있기 때문일 것이다.

다만, 앞에서 언급한 것처럼 인구를 중심시가지로 불러들이기 위해서는 적절한 면적과 품질을 갖춘 주택을 합리적인 가격·임대료로 제공하는 것이 필요하고, 만약 민간에서 이를 실현할 수 없는 이유가 있다면 그 대책을 생각하는 것이 최우선 사항이다.

도야마 시는 〈표 4-3〉과 같이 공공교통의 연선(沿線)에 인구집약을 도모하기 위한 '공공교통 연선 거주 추진사업'을 실시하여 철도 역(운행 빈도가 높은 버스노선의 정류장을 포함)에서 도보권 내에 공공주택을 분양하는 주택사업자와 구입자(단독주택 구입자도 포함) 양쪽에 직접 보조금을 주고 있다. 지자체로서는 과감한 정책으로서 집약 거점으로의 거주를 직접 유도하는 것으로 평가된다.

'반짝이는 광장·데츠세(哲西)': 원스톱 서비스의 실현

중심 거점 시설이 되는 복합공공시설을 기존 상업시설과 병설 정비한 좋은 사례가 오카야마(岡山) 현 니미(新見) 시에 있는 '반짝이는 광장·데츠세'이다(〈그림 4-8〉). 오카야마 현 중산간 지역에 있는 구 데츠세 쵸(哲西 町)(합병 전 인구 약 3200명)가 주민 서비스의 원스톱화와 지역 거점화를 목표로 기존 휴게소 '고이가쿠보(鯉ケ窪)'에 인접해서 2001년에 정비한 복합공공시설이다.

'반짝이는 광장·데츠세'는 동사무소(현재는 시 지국), 도서관, 평생교육센터, 문화홀, 내과·치과 진료소, 보건복지센터, 농협 ATM을 안뜰에 면한 회랑 주변에 평면 배치하고 있다. 특히 동사무소와 진료소가 같은 지붕 아래 있는 것은 전국적으로도 특이한 사례이다. 이와 같은 복합화 플랜을 결정하기까지 설문조사 외에도 주민대표와 함께 검토회의를 총 60회 이상 실행했다.

이러한 수고와 시간을 들여 어르신부터 아이들까지 전 세대 주민 필요를 집약함으로써 시설 완공 후 10년 이상 경과한 지금도 지역 커뮤니티의 핵이 되는 중심 거점 시설로서의 기능을 높이고 있다.

특히 고령자율이 40%를 넘어 공공교통 편의성이 낮은 이 지역에서는 원스톱 서비스의 가치가 높고, 교통 약자인 고령자에게 귀중한 시설이 되고 있다.

'반짝이는 광장·데츠세'가 있는 니미 시는 2005년에 1개의 시와 4개의 마을이 합병되어 생긴, 인구 약 3만 4000명(2010년)의 도시이다. 따라서 다

---

* 옮긴이 주 오카야마 현 서북부에 위치해 히로시마 현과 경계를 접하고 있는 마을이며, 현재는 합병되어 니미 시의 일부가 됨.

그림 4-8 **반짝이는 광장 · 데츠세(哲西)**

반짝이는 광장 · 데츠세(哲西)
대지면적 22,587m²
건축면적 6,021m²
연면적 1층 4,963m² 2층 834m²
내과 진료소, 치과 진료소를
포함하는 복합시설

문화홀

평생교육센터

니미 시청 데츠세 지국

도서관

치과 진료소

보건복지센터

내과 진료소

자료: 니미(新見) 시의 허가를 얻어 전재.

심형이라는 말이 적절한지는 제쳐놓고 합병 전 구 시정촌 지역에 대해 각각의 중심부가 니미 시 종합진흥계획에서 '도심' 또는 '전원'의 생활중심지역으로서 지역 거점으로 규정되어 있다. 그리고 '반짝이는 광장·데츠세'가 위치한 장소는 구 데츠세 마을 중앙부의 국도 182호선 변에 있어, 자동차교통 위주의 이 지역에 거점으로서 어울리는 입지라고 할 수 있다.

'반짝이는 광장·데츠세'는 이 지역의 중심 거점 시설로서 큰 역할을 담당하고 있다.

여유 없는 교외 상업 집적

한편 '휴게소'에 복합공공시설을 정비한 사례에서도 알 수 있듯이 자동차교통이 주를 이루는 지방에서는 교외형 상업이 지역주민의 생활편의시설로서 정착하고 많은 주민이 적잖은 시간을 보내고 있다.

그러나 무질서한 확대를 계속한 교외형 상업 집적지는 필요한 물건을 사는 데는 편리한 장소이지만 전체적으로 사람들이 쉬고 얘기할 수 있는 여유 있는 도시 공간을 형성하고 있는 것은 아니다. 물론 시간 소비 필요에도 대응한 고도의 소비 공간을 제공하는 상업시설도 다수 탄생하고 있다. 그러나 그것은 단일 시설 수준에 그쳐, 걸을 수 있고 재미있는 선형의 가로 공간을 형성하는 것은 아니며, 또한 면으로서 가곽(街廓) 전체에 풍성한 도시 어메니티를 제공하고 있는 것도 아니다.

이러한 상황에 다다른 원인의 하나로 교외형 상업을 필요악으로 생각해 출점규제를 가하는 일(negative planning)은 있어도, 마을 만들기 관점에서 적극적으로 유도하는 일(positive planning)은 없었던 점을 들 수 있다. 그 결과 통일성이나 여유가 없는 구매 기능만 있는 공간이 되어버렸다.

그리고 많은 시민이 그 재미없는 구역에 차로 외출해 상업시설 내부 안에서만 구매 활동이나 시간 소비를 하고 용무가 끝나면 다시 차로 돌아간다.

중심 거점 시설로서 상업시설 등과 공공시설의 복합화

한편, 자동차 교통 위주인 지방에서는 교외의 대규모 상점시설이나 연도(roadside)형 상업 집적지가 소매업에 그치지 않고 세탁소나 레스토랑, 클리닉 등 각종 생활 서비스를 폭넓게 제공함으로써 이미 타운센터적인 역할을 담당하고 있다. 이러한 교외형 상업을 부정적, 소극적으로 파악하면 도시의 실태를 놓치고, 사회적 후생 수준 향상에 필요한 정책입안에 일종의 공백지역을 초래하는 위험이 있다.

이미 언급한 바와 같이 중심시가지의 바깥쪽에 있다는 의미에서 교외로 부르고 있지만, 실제는 신시가지라고 보아야 할 지역이 행정구역 안에 여러 개 존재하는 것은 특별한 일이 아니다.

따라서 성숙 사회에 요구되는 서비스의 고도화나 다양성이라는 관점에서 신시가지의 상업 집적지역과 중심상점가의 역할 분담을 고려한 후, 그 상업 집적지역을 신시가지에 대한 집약 거점 구역으로 규정해 그곳에 중심 거점 시설을 순서대로 정비해가는 것이 도시 전체의 사회적 후생 수준의 향상으로 이어진다.

등본이나 인감증명의 등록발행사무 등을 실행하는 행정지소·주민서비스 센터는 주민의 교외화에 대응해서 이미 분산적으로 배치되어 있다. 그리고 아직 수는 적지만 신시가지의 대규모 상업시설 안에 시민서비스센터가 설치되어 있는 사례도 있다.

PRE/FM 전략에 따라 공공시설 재배치를 할 때, 중심 거점 시설로 규정한 신시가지(교외)에 있는 상업시설이나 종합병원 안의 공간을 빌려 주민센터나 도서관 등 각종 공공시설 서비스를 제공하는 것은 원스톱 서비스라고 하는 관점에서도 검토할 만하다. 게다가 녹지가 적어 여유가 없는 로드사이드형 상업 집적지역을, 마을 만들기 관점에서 민관이 연계해 더 쾌적하고 즐거운 거리(街區)로 전환한다는 발상도 있어야 할 것이다. 그것은 거점 지구의 타운센터로서 기능을 향상하고, 지역주민의 편의성을 높이는 것으로 이어진다.

역전의 재개발사업은 주민의 편의 향상을 고려한 민관복합시설의 사례가 많다. 이동수단 대부분을 자가용에 의존하는 지방의 실정을 감안하면 다심형 압축도시의 집약 거점 지구의 하나로서 신시가지에 있는 상업 집적지에도 그러한 민관복합시설이 정비되면 좋을 것이다.

특히 대규모 상업시설은 도태 시대에 접어들었다. 인구감소를 배경으로 대규모 상업시설끼리의 경쟁은 더할 수 없이 치열하고 패자는 퇴점을 피할 수 없다. 즉, 이후로도 신시가지의 교외형(roadside) 상업의 출현은 활발할 것이다. 따라서 그 기회를 잡아 적극적인 마을 만들기 안에 신시가지형 상업을 규정하여 편리하고, 풍요로운 신시가지 형성과 집약화를 도모하는 자세가 요구된다.

압축도시는 도시권에서 생각한다

한편 압축도시 정책은 시정촌이 개별적으로 검토하면 당연히 그것은 행정구역을 단위로 한 것이 된다.

그러나 주민 필요가 고도화·다양화하고, 주민 행동범위가 자동차에 의해 광역화하는 것을 생각하면, 도시기능이 행정구역 안에서 자기 완결하기 위해서는 최소한 중핵시 정도의 규모가 필요하다.

반대로 말하면 중핵시 미만 규모의 도시는 행정구역을 단위로 한 압축도시 정책을 생각해도 필요한 도시기능은 완결되지 않는다. 예를 들면 고도의 상업기능이 성립하기에는 인구·상권이 적기 때문에, 그 도시에는 고급 상품을 판매하는 진정한 점포는 입지하지 않는다. 또는 1000석을 넘는 큰 홀을 효율적으로 운영관리하기 위해 필요한 수요를 그 도시만으로는 확보할 수 없다.

따라서 그러한 작은 행정구역만으로 행정서비스 기능이나 도시기능의 충족을 생각하는 것은 비현실적이다. 인근에 존재하는 다른 시정촌에 있는 도시·행정기능과 합해야, 비로소 주민이 필요로 하는 기능이 충족된다.

인구 5000명의 마을을 전제로 다심형 압축도시를 실현하는 것은 거의 불가능하기 때문에, 그 행정구역 단독으로 생각한다면 단심형을 지향하게 된다. 그러나 그곳 전부를 완결시키려 한다면 이전과 같은 건물 풀세트주의에 빠진다. 이것이 지속 가능성이 없는 것은 명확하다. 그 규모로 실현하는 도시기능은 불완전하고 부분적인 것이 되기 때문에 인근의 다른 시정촌이 갖는 도시기능과 합칠 때라야 비로소 지역주민 생활이 성립한다.

즉, 중핵시 미만의 지방도시는 자기 완결성을 실현할 수 있는 규모의 도시권을 대상으로 압축도시를 생각해야 한다. 그리고 그 도시권에 있는 시가지를 집약화하기 위한 현실적 접근은 다심형(폴리센트릭 유형)이다.

만약 이 도시권에 속한 시정촌이 연계·협력해서 다심형 압축도시 구상을 형성하고, 필요한 도시기능 제공에 대해 각 시정촌이 역할분담·기능분담에 대해 합의할 수 있다면, 건물 풀세트주의에서 벗어나 효율적이고 효과적인 공공시설 운영이 실현된다.

정주자립권 구상과 지방 중추 거점 도시권 구상

헤이세이 대합병(平成の大合併)*은 광역에서 최적화를 원활하게 실행하는 것이 그 목적의 하나였다.

또한 정주자립권 구상도 "중심시와 주변 시정촌이 일대일 협정을 체결하는 것을 축적한다"(정주자립권 구상 추진 요강 제1(2))는 것으로 '집약과 네트워크화'의 실현을 기획하고 있어 도시권을 단위로 하는 다심형 압축도시와 같은 생각을 갖는다.

그러나 유감스럽게도 합병한 지자체에서 PRE/FM 전략의 착수가 늦어지는 곳이 많고, 아직 전체 최적화는 진행되지 않고 있다. 체결된 협정을 보면 정주자립권 구상도 공공시설에 관해서는 도서관을 상호 이용하는 정도에 그쳐 지자체 간의 역할 분담을 이행하는 데까지는 도달하지 못했다.

그래서 일본 정부는 '지방 중추 거점 도시권 구상'을 내세웠다. 지방자치법을 개정(2014년 5월 30일 공포)하고, 특례시를 폐지해 중핵시의 지정 요건

---

* 옮긴이 주 1995년 합병특례법으로 시작해, 2005~2006년에 걸쳐 정점을 맞이한 시정촌 합병의 움직임.

을 인구 20만 이상으로 변경(기존은 30만 명 이상)한 후, 새로운 광역 연계
제도를 마련했다. 총무성이 발표한 『지방 중추 거점 도시권 구상 추진 요
강』(2014.8.25)에 의하면, 3대 도시권을 제외한 중핵시와 정령시(政令市) 중
에서 주야간 인구비율 1이상의 도시 등(전국에서 61도시를 상정)이 지방중추
거점 도시 선언을 실행하여 그 거점 도시('선언지방중추거점도시')를 중심으
로 근린 시정촌이 연계 협약을 체결하고, 지자체 간에 사무사업의 역할 분
담을 도모하는 것이다. 그 추진을 위해 정부는 2014년도에 9개 도시에서
모델 사업을 이행한 후에 2015년도부터 "본격적인 지방교부세 조치를 강
구하고 전국적인 전개를 도모한다"[총무성, 『'새로운 광역 연계'에 대하여』
(2014.10)].

따라서 PRE/FM 전략 전개를 검토할 때는 인근의 지자체가 상호 연계해
서 다심형 압축도시를 염두에 둔 도시권으로서의 마을 만들기와 공공시설
재배치를 동시에 논의하는 기회를 가짐으로서 합의 형성을 꾀하는 것이 바
람직하다.

복수 거점 구역을 공공교통으로 연결

그리고 제2장에서 언급한 바와 같이 2014년 도시재생 특별조치법 개정
에서는 실질적인 다심형 압축도시의 사고방식이 지향해야 할 집약형 도시
구조로서 규정되었다. 거기서는 복수 거점 구역(도시기능 유도구역 및 거주
유도구역)에 도시기능 및 거주를 유도·집약하기 위한 계획제도(입지적정화
계획)가 규정되어 실질적인 도시계획의 일부가 되도록 조치되었다. 국토교
통성은 법 개정의 배경으로서 "도시 전체 구조를 전망하면서, 거주자 생활
을 유지하도록 콤팩트한 마을 만들기를 추진(다극 네트워크형 압축도시화)해
가는 것이 필요"하고 복수의 거점 구역을 공공교통으로 연결하는 연계성을

중시하고 있다.

그를 위해 동법 개정에 맞춰 지역공공교통 활성화 재생법(정식으로는 '지역공공교통 활성화와 재생에 관한 법률')을 개정하고, 지자체가 중심이 되어 마을 만들기와 연계해 면적인 공공교통 네트워크를 재구축하기 위한 틀을 제시했다.

구체적으로는 지역공공교통의 활성화와 재생을 추진하기 위해서 아래와 같은 조치를 이행했다.

- 시정촌 등에 의한 지역공공교통망 형성 계획의 작성.
- 동 계획에 정해진 지역공공교통 재편사업을 실시하기 위한 지역공공교통 재편 실시 계획의 작성.
- 지역공공교통 재편사업에 대해 도로운송법 등 법률상의 특례 마련.

앞에서 언급한 바와 같이, 지방중소도시에서 공공교통이 저운임·고빈도 운행을 실행하는 것은 어렵다. 그러나 지자체와 사업자가 협력한다면 중운임·중빈도 운행을 실현하거나, 저빈도 운행을 온디맨드의 소형교통기관으로 보완하는 것은 가능할 것이다. 다심형 압축도시에서는 승용차에 의지할 수 없는 고령자 등이 필요한 도시기능이 있는 거점 구역에 원활하게 접근할 수 있도록 지역 공공교통체계를 조정하는 것이 중요하다.

커뮤니티센터 혁신

새로운 교류와 연대를 키우는 장치

커뮤니티 재생은 인구감소와 고령화가 진행되는 일본 사회에 활력을 유지·증진하기 위한 중요 과제이다. 특히 성숙 사회에서는 지역주민의 새로운 교류와 연대가 개인으로도 사회로도 중요한 가치를 형성한다. 지역 활성화는 주민 간 교류와 연대 기반이 있어야만 가능하다. 따라서 커뮤니티센터 기능을 갖는 공공시설을 혁신함으로써 사회구조 변화에 입각한 새로운 교류와 연대를 기르는 장치를 마련하는 것이 필요하다. 또한 커뮤니티센터 기능을 담당하는 공공시설은 집약형 도시구조 실현을 위한 중심 거점 시설의 역할도 기대된다.

1. 지역커뮤니티 쇠퇴와 새로운 교류·연대의 필요성

고도성장기를 통한 도시로의 인구집중과 자동차화는 도시 외연을 급속히 팽창시키는 한편, 사회관계자본이라고 불리는 지역주민 간 연계나 공통의 기반의식을 희박하게 했다. 왕성한 주택 수요에 대응한 결과 단기간에 방대한 신주민의 유입이 일어났기 때문에 사회관계자본 형성이 그 속도를 따라가지 못한 것이 원인의 하나일 것이다.

경제가 성장을 계속하고 그 도취감 안에서 매일매일 풍성해져가는 것을 실감하는 동안은 사회관계자본의 희박화가 문제로 의식되는 일은 적었다. 그러나 버블 붕괴를 계기로 일본 경제가 장기간에 걸쳐 정체하고 급속히 진행하는 저출산 고령화의 영향이 가해짐으로서 일본 사회와 마을은 다음과 같은 과제에 직면하고 있음을 새롭게 알게 되었다.

지역커뮤니티의 공동화

일본의 많은 지역사회는 도시화의 진행과 함께 '공동체'라고 할 만한 관계를 잃었고, 또 잃어가고 있다.

전후의 고도성장기를 통한 농업사회에서 공업사회로의 이행에 의해 많은 지역에서 농림수산업을 중심으로 형성된 촌락 공동체의 실질(實質)을 잃었다. 또한 소비의 고도화·다양화에 따른 서비스산업의 고도화에 의해 이를테면 '생업(生業)'의 존속이 어려워졌다. 특히 유통업 혁신에 의해 쇼핑센터나 편의점 등을 전국 규모에서 체인을 전개하는 기업이 사람들의 의식주를 유지하는 서비스업의 주된 담당자가 되었기 때문에, 채소가게나 생선가게, 술집 등 개인 사업자가 지역 안에서 독자 경영을 계속하는 것이 어려워졌다.

한편, 전후의 복지국가 이념 아래 지역생활 인프라의 정비나 운영관리 담당자는 오로지 시정촌이나 그곳에서 업무를 위탁받은 기업이었다. 그리고 주민은 주민세나 고정자산세의 대가로 구청에서 각종 서비스를 받는 '고객'이었다.

즉 생활기반을 유지하기 위해서 지역 사람들이 상호 의존하고 협업해야 할 필요성, 다시 말해 지역 공동체성이 희미해지고 있다.

이 경향은 특히 도시 지역 베드타운에 현저하게 나타난다. 베드타운에서는 세대주의 직장이 가정과 떨어져 있어 직연(職緣)을 통한 지역커뮤니티 형성이 곤란하기 때문이다. 그래도 아이가 있는 가정에서는 육아나 학교·동아리 활동을 중심으로 한 커뮤니티가 형성되어 있다. 그러나 아이가 고등학교 이상으로 진학하거나 취직하면 그 연결은 점점 없어진다. 그리고 저출산 고령화가 진행하면서 그 대부분이 고령자 마을로 변해간다.

지역사회와의 유대를 잃은 베이비부머 세대와 '고향'이 없는 젊은이

기업은 고도성장기를 통해 지방에서 도회지로 직업을 구하러 온 젊은이를 종신고용으로 받아들여, 그 가족을 포함해 물심양면으로 지지함으로써 기존의 촌락공동체 대신 의사(疑似) 공동체적 직연(職緣) 사회를 형성해왔다. 그러나 글로벌리제이션에 따른 경쟁시대(大競争時代)에서는 사원 전원을 종신 고용하는 것이 어려워져, 기간제고용의 계약사원이나 파트 타이머를 대량으로 활용하게 되었다. 다양한 고용형태가 혼재하는 직장에서는 이제 공동체적 연대를 쌓는 것은 어려워졌다. 회사 주최 운동회나 직장여행이 거의 없어진 것이 그 상징이다.

그리고 직연사회에서 생활을 중심으로 월급쟁이 인생 대부분을 지내온 베이비부머 세대에는 지역사회와의 유대나 취미·스포츠를 통한 인적 연결

고리를 갖지 못한 채 정년퇴직을 맞이하는 사람도 적지 않다. 장수화로 인해 점점 길어지는 정년 이후의 기간을 어떤 형태로 지역사회와 접점을 갖고 자유롭게 된 많은 시간을 보낼 것인지에 대한 큰 과제를 안고 있다.

한편, 21세기를 맞이해서 직연사회가 실질적으로 종언(終焉)한 후에 사회인이 된 층은 때마침 텔레비전 게임이 급속히 확대하고 놀이 중심이 바깥놀이에서 집안놀이로 변화한 시대에서 자랐다. 또한 그 즈음부터 학원이나 사교육에 많은 시간을 할애하게 되었다.

텔레비전 게임이나 학원에서는 혼자 또는 같은 연령 친구를 중심으로 시간을 보낸다. 세대를 초월하는 것은 고사하고 학년을 넘는 사귐도 적다. 즉, 같은 지역에서 자란 같은 학년의 연결은 깊어지지만 동세대와의 폭넓은 횡적관계나 다른 세대 간의 단적 관계는 희박해지고 있다.

또한 지역에서 생업을 경영하는 어른들과 접할 기회가 적어진 것도 어린이들과 지역사회와의 연결을 약하게 한다. 이웃집에 심부름 갈 때 야채가게 아저씨나 담배가게 아줌마와 나누는 아무렇지 않은 대화는 아이들이 지역 사람들과 교류하고 지역사회의 일원인 것을 알 수 있는 귀중한 기회였다. 그러나 이제 그것은 과거의 일이 되어 버렸다. 신선한 식료품을 포함해 하나하나 상품의 재료나 원산지, 유통·소비기간 등이 표시되어 있어 소비자는 상업자와 한 마디 대화를 나누지 않아도 쇼핑이 가능한 시대가 되었다. 상업의 고도화가 공교롭게도 사람들과의 교류 기회를 앗아갔다고도 할 수 있다.

게다가 베드타운에서는 공원에서 노는 어린이들이 신나게 노는 소리를 소음으로 여겨 기피하는 풍조가 있다. 지역 어른들이 아이들을 지킨다는 의식이 희박해져 아이들과 지역사회와의 관계를 소원하게 하고 있다. 이러한 위기감에서 일본학술회의는 「제언 '일본 어린이의 육성 환경 개선을 향해: 육성 공간의 과제와 제언'」(2008.8.28) 등을 발표했다.

이에 비해 베이비부머 세대는 이웃의 빈터에서 골목대장을 필두로 학년을 넘은 종적 관계로 놀거나 때로는 싸우면서 성장해왔다. 아이들의 동네 야구에 어른이 섞여서 즐거워하는 것도 특별한 일이 아니었다. 그때는 심부름이나 바깥놀이, 제례, 반상회 행사 등을 통해 지역 어른 사회와도 많은 접점이 있어 지금의 젊은 층과 비교하면 상대적으로 지역과 밀접한 연관을 갖고 있었다. 즉, 베이비부머 세대에게는 '고향'이 있어도 지금의 젊은 세대에게는 나고 자란 지역에 대해 '고향'이라고 부를 만한 실감이 적어지고 있다.

지역 밀착 인구의 증대

이와 같이 지역사회가 공동체로서의 실체를 저하시킴으로써 그 활력을 급속도로 잃어가고 있다. 과소화하는 지방 지역은 말할 것도 없고, 비교적 어린이나 젊은이가 많은 도시 지역에서도 번화가는 번영해도 주택지는 단순한 보금자리가 되어 사람들이 쉬고 교류하는 기능을 상실하고 있다. 지역 재생이나 마을 만들기의 필요성을 큰소리로 외치는 것은 인구감소나 경제적 쇠퇴의 문제 때문만이 아니라, 이와 같은 커뮤니티가 공동화하는 상황에 대한 초조감도 있기 때문이다. 특히 지방지역의 활력은 커뮤니티 활성화 정도와 표리의 관계라고 해도 좋을지 모르겠다.

한편, 고령화 사회는 지역에 밀착해서 생활하는 사람들을 증대시킨다. 〈그림 5-1〉은 14살 이상의 어린이와 65세 이상의 고령자, 그리고 그 합계가 전체 인구에 차지하는 비율을 나타내는 것이다. 히로이 요시노리(広井良典)의 『커뮤니티를 되묻다』에서는 "'어린이 시기'와 '고령기'라는 두 개의 시기는 지역의 '토착성'이 강하다는 특징"이 있고, "인구 전체에서 차지하는 '어린이와 고령자' 비율은 전후 고도성장기를 중심으로 일관되게 계속 저하하고, 그것이 세기의 변환기인 2000년 전후에 「골짜기」를 맞이함과 동시

그림 5-1 **전 인구에서 어린이와 고령자가 차지하는 비율**

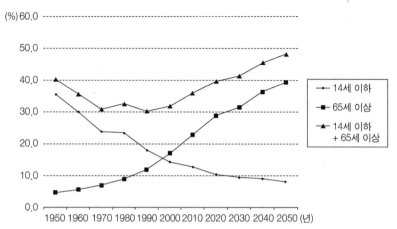

자료: 2000년까지는 총무성통계국, 「일본의 인구추계」, 2010년 이후는 국립사회보장·인구문제연구
소, 「일본 장래추계인구」(2006년 12월 추계).

에 증가로 바뀌어, 향후 2050년을 목표로 이번은 일관되게 상승"을 계속하
기 때문에, "전후부터 고도성장기를 지나 최근까지의 시기란 일관되게 '「지
역」과 관계가 희미한 사람들'이 계속 증가하는 시대이고, 이것이 현재는 반
대로 '지역과 관계가 강한 사람들'이 일관된 증가기에 들어간다"고 지적하
고 있다. 이 책에서는 지역과 관계가 강한 '어린이와 고령자'를 '지역 밀착
인구'라고 부른다.

커뮤니티의 새로운 역할: 하나하나를 잇는 교류와 연대

이와 같은 지역 밀착 인구가 증대하는 것은 그만큼 지역 생활의 중요성
이 늘어나는 것을 의미한다. 그리고 공업사회를 지나 물질적으로는 풍부한
생활을 손에 넣은 성숙 사회 생활의 충실은 오히려 정신적 내면적인 요소
가 차지하는 비중이 높아진다. 이 때문에 공업사회에서 그 역할이나 필요

성을 저하시켜왔던 커뮤니티의 새로운 역할이 요구된다.

농업사회를 배경으로 형성된 전통적 커뮤니티는 생산 공동체로서의 실체를 기초로 낮은 생산성을 보완하기 위한 상호부조적 역할을 강하게 가지고 있다. 그러나 성숙 사회의 커뮤니티는 이미 그런 필요성은 적어졌다.

그러면 성숙 사회에서 새로운 커뮤니티와 그 역할은 구체적으로는 어떤 것인가.

〈표 5-1〉는 농업사회, 공업사회, 성숙 사회 각각에서 사람들의 가치, 지역 밀착 인구, 주요한 교류의 장에 대해 정리한 것이다. 특히 공업사회에서 성숙 사회로 이행함으로써 개인 만족의 원천은 자기실현이라고 하는 더 고도의 것으로 진화하고 주요한 교류의 장, 즉 커뮤니티센터도 회사나 직장으로부터 개인을 기초로 한 공공시설이나 서클활동 등으로 바뀌고 있다.

또한 〈표 5-2〉은 사회 진화에 대한 기본 단위의 변화와 그것에 동반하는 커뮤니티의 역할 및 교류의 역할이 어떻게 변화했는가를 정리한 것이다.

표 5-1 **사회진화에 대한 가치·지역밀착인구·교류의 장 변천**

	가치	지역 밀착 인구 (어린이＋고령자)	주요한 교류의 장 (커뮤니티센터)
농업사회	생존·안정	다수(어린이 다수)	촌락공동체
공업사회	풍부한 생활	소수(통근노동자 다수)	회사(직장)
성숙 사회	자기실현	다수(고령자 다수)	공공시설·SNS

표 5-2 **사회진화에 대한 기본 단위·커뮤니티의 역할·교류의 규정**

	기본 단위	커뮤니티의 역할	지역주민 간 교류
농업사회	대가족	생산과 상호부조	수단
공업사회	부부와 자녀	자녀 양육	결과
성숙 사회	개인	개인을 이어주는 교류와 연대	목적

농업사회에서는 다세대가 동거하는 대가족을 기본 단위로 그 단위가 집합해서 촌락공동체를 형성하고 농업생산을 공동으로 수행하여 서로 도와가며 생존을 확보하고 생활 안정을 위해 노력해왔다. 거기서 사람들의 교류는 생산을 위한 공동작업이나 상호부조를 행하기 위한 수단이었다. 그것이 공업 사회로 이행하면 도시로의 이주와 함께 기본 단위가 핵가족(부부와 그 아이들)이 되어 지역 커뮤니티는 생산이나 상호부조라는 요소에서 떨어져나가 주로 아이들 양육을 목적으로 변화했다. 커뮤니티 범위는 아이가 같은 학교나 클럽에 다니는 부모 간으로 한정되었고 교류는 아이 양육을 통한, 이를테면 결과로서 발생하게 되었다.

그리고 성숙 사회에서 기본 단위는 핵가족에서 다시 개인으로 분리된다. 이것은 비혼·이별·사별에 의한 독거화(単身化)라는 측면과 가족관계 안에서 개인의 존중·자립이라는 측면이 있다. 어느 쪽이든 기본 단위가 개인이 되면 한편으로 사회적 동물인 인간은 그 욕구를 만족하기 위해 타인과의 '관계'를 찾게 된다. 또한 독거 노인의 소외를 막는다는 사회적 필요성도 생기고 있다.

이와 같이 성숙 사회에서 커뮤니티는 한편으로 개인이 독립성을 높이면서 다른 한편으로 타인과의 교류나 연대를 구한다는 상반된 욕구 안에 후자를 충족하는 역할을 주로 담당하게 된다.

따라서 이 문맥에서 커뮤니티는 교류를 통해 어떤 과제를 해결하는 것이 목적이 아닌 교류 그 자체가 목적이 된다.

2. 중요성을 더하는 커뮤니티센터와 그 혁신

이와 같이 성숙 사회에서는 독립된 개인이 타인과의 '연계'를 맺기 위한 새로운 교류가 요구된다. 커뮤니티가 희박해지고 있는 현대사회에서 그를 실현하기 위해서는 커뮤니티센터 기능을 달성하는 공공시설을 이러한 시대 요청에 꼭 맞는 모습으로 혁신하고 재편하는 것이 중요하다. 그리고 새로운 장치가 내장된 공공시설 등을 통해 태어난 교류 안에서 지금까지와는 다른 연대 기반을 갖는 새로운 커뮤니티 모습이 나타날 것도 기대된다.

커뮤니티센터에 관한 정의는 확실하게 정착된 것이 없기 때문에 여기서는 전술한 『커뮤니티를 되묻다』가 '커뮤니티 중심'의 잠정적인 정의로 한 "지역에 있어서 거점적인 의미를 갖고, 사람들이 쉽게 모이고 거기서 다양한 커뮤니케이션과 교류가 발생하는 장소"를 '협의의 커뮤니티센터'라고 한다.

한편 정보통신기술을 구사하고 연쇄형 네트워크 형성을 특징으로 하는 SNS(Social Network Service) 이용이 확장되고 있다. SNS는 지역사회나 직장 커뮤니티를 잃어가고 있는 가운데, 가상 세계에서 커뮤니티센터 기능을 제공하고 있다. 이러한 가상현실 공간(Virtual Reality)상에 구축된 커뮤니케이션과 교류의 장을 포함한 것은 '광의의 커뮤니티센터'라고 부르기로 한다.

지역과 지역민의 관심이 함께하는

성숙 사회 커뮤니티센터에서 가장 중요한 것은 단절된 개인이 자연스럽게 깊은 교류를 하고 연대를 키우는 것이 가능한 장치나 분위기를 어떻게 설계할 것인가라는 점이다.

아무리 같은 지역에 사는 주민 간이라도 생판 모르는 사람들이 교류하려면 무언가 계기나 장치가 필요하다. 건물로서의 교류센터를 정비하는 것만으로는 원래부터 교류하고 있는 서클이나 비영리단체(NPO) 집회 등에 사용될 뿐 새로운 교류나 연대는 거의 생기지 않을 것이다. 만약 서로 알게 되었어도 같은 지역주민이라는 것만으로 장기적으로 계속되는 인간관계를

그림 5-2 지연(地緣)과 지연(知緣)의 크로스오버

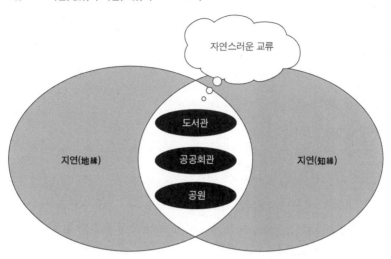

맺을 수 있는 것은 아니다.

연대를 키우는 장치를 생각할 때 중요한 것은, 성숙 사회의 가치는 자기 실현에 있는 것을 염두에 두고 단순히 지연(地緣)에서의 통합을 생각하는 것이 아니라, 사람들의 관심 있는 주제나 문제의식, 즉 '지(知)'연에서의 통합을 '지(地)'연과 크로스오버시키는 구조를 마련하는 것이다(〈그림 5-2〉).

한편 지연(知緣)으로 사람들을 연결하는 기능으로는 광의의 커뮤니티센 터인 SNS가 우수할지도 모르겠다.

그러나 가상 커뮤니케이션에는 한계가 있다. 직접 만나서 상대 표정이나 목소리 상태를 읽으면서 대화하는 것과 컴퓨터나 스마트폰 상에서 문장과 사진만으로 주고받는 것과는 의사소통의 깊이나 섬세함에 큰 차이가 있다. 인터넷상의 커뮤니케이션에서 자주 발생하는 상호 비난의 첨예화도 대면 에 의한 현실 세계 커뮤니케이션이라면 더 적어질 것이다.

공공시설에서는 사람들의 실질적 교류를 통해 커뮤니티 재생이나 새로운 커뮤니티를 형성하는 역할이 요구된다. 가상의 세계에서 연결된 인간관계를 현실 세계에서의 인간관계로 승화하기 위한 역할을 맡을 수 있을지도 모른다.

다기능 복합화에 의한 넓고 깊은 서비스 제공

그러나 공공시설이 '지(知)'연과 '지(地)'연의 결절점이 되기 위해서는 성숙 사회의 고도화하고 다양화한 필요에 대응해야 한다. 그를 위해 단순히 하드웨어로서 커뮤니티센터를 정비하는 것만으로는 불충분하고, 사람들의 '지(知)'에 호소할 소프트웨어를 편입시켜야 한다. 이를 위해 공공시설에서 하는 이벤트나 강좌, 교실 등은 문화나 역사, 건강, 스포츠, 사회문제, 복지 등 사람들의 다채로운 흥미에 따른 '폭'과 고도로 분화한 필요에 대응할 전문성을 갖춘 '깊이'가 필요하다.

그러나 공공시설이 단일 기능의 시설로서 운영되면 그러한 각종 주최사업의 기획이나 운영에 드는 경비나 요원에는 한계가 있다. 그 제약 아래 제공되는 프로그램으로는 참가자가 만족하는 다양성이나 전문성을 충분히

표 5-3 **공공회관과 문화센터 비교**

	주최 강좌 개설 시설 수·사업소 수	학급·강좌 수		연간 수강자 수		
		총수	시설·사무소 당	총수	시설·사무소 당	학급·강좌 당
공공회관	9,236	282,341	31	10,450,093	1,131	37
문화센터	1,024	187,824	183	9,783,939	9,555	52

자료: 문화센터의 데이터는 경제 산업성, 「2010년 특정서비스 산업실태조사 조사결과(확보) 사업종사자 5인 이상의 부」에 기초함. 공공회관 데이터는 문부 과학성, 「사회교육조사 2011(헤이세이 23)년도」의 「2010년도 간 공공회관에 대한 학급·강좌의 개설 상황(전국)」에 기초함.

갖추기 어려울 것이다.

〈표 5-3〉은 공공회관과 문화센터에 대해 학급·강좌를 주최한 시설 수 내지 사업소 수, 학급·강좌 수, 연간 총수강자 수를 비교한 것이다. 문화센터의 사업소 수는 학급·강좌를 주최한 공공회관 수의 약 9분의 1에 지나지 않지만 학습·강좌 수는 공공회관의 약 70%, 연간 총수강자 수는 약 90%에 이르고 있다. 그 결과 1사업소 당 학급·강좌 수는, 공공회관의 약 6배, 연간 총수강자 수는 약 90%를 차지한다.

기업 경영을 성립시키기 위해 조업률을 높일 필요가 있는 문화센터는 폭넓은 장르에서 전문성이 높은 강좌를 제공함으로써 많은 수강자를 모으고 있다고 추측된다. 이에 대해 공공회관은 1학급 1강좌 당 수강자 수는 문화센터의 70% 가까운 인수를 모으고는 있지만, 주최 강좌의 내용이 그 폭과 깊이에서 문화센터에 못 미친다고 생각된다. 물론 공공회관과 문화센터는 그 역할이 다르고 공공회관은 대관사업도 하고 있으므로 단순 비교는 할 수 없다. 그러나 지(知)연을 통해 사람들을 연결하는 기능에 있어서 양자에는 차이가 있다고 할 수 있다.

즉, 공공시설이 지연(地緣)과 지연(知緣)을 연결함으로써 커뮤니티센터 기능을 높이기 위해서는, 거기서 제공하는 서비스는 넓고 깊은 내용을 갖지 않으면 안 된다. 그리고 재정난 아래 이러한 고도의 요청에 공공시설 서비스가 대응하기 위해서는 제3장에서 지적한 시설의 다기능 복합화를 진행하는 것이 중요하다.

다기능 복합화에 의한 운영관리비용의 합리화나 직원의 효율적인 활용을 가능하게 하고, 그로 인해 절약한 비용이나 요원을 제공 프로그램의 충실에 할애할 수 있게 된다.

또한 인구감소가 진행하고 재정이 더 어려워지는 가운데, 단일 기능의 시설로는 쾌적하고 세련된 건물로서 유지갱신 해가는 것도 어렵다. 시설 통폐합을 진행함으로써 운영관리의 합리화와 건물 갱신에 의한 기능 향상을 도모할 수 있다.

'무사시노(武蔵野) 플레이스': '일본에서 제일 번화한' 도서관을 목표로

공공시설을 다기능 복합화하는 것에 의해 시너지를 발현하고 매력이 넘치는 커뮤니티센터를 실현한 사례로서 '무사시노 플레이스'를 소개한다.

'무사시노 플레이스'는, 도쿄 도 무사시노(武蔵野) 시가 JR 무사시사카이(武蔵境) 역 앞에 2011년에 오픈한 지하 3층 지상 4층 건물의 새로운 복합 공공시설이다. "도서관을 시작으로, 평생교육 지원, 시민 활동, 청소년 활동 지원의 기능을 갖춘 시설"로서 "사람들의 교류가 자연스럽게 생기는 '장'을 제공함으로써" "책이나 활동을 통해 사람과 사람이 만나 각각이 가진 정보를 공유·교환하면서, 지적인 창조나 교류가 만들어져 지역사회(마을)가 활성화되는 공공시설을 목표"로 정비되었다. 여기서는 유아·아동부터 청소년, 육아층, 근로자, 고령자까지, 다양한 세대의 필요와 활동에 대응한 서비스를 제공하고 있다.

'무사시노 플레이스'에서 특히 독특한 장소는 지하 2층에 있는 '스튜디오 라운지'이다. 여기는 "청소년이 예약 없이 자유롭고 편하게 들리고 모이고 쉬기" 위해 마련된 공간으로, "다양한 가구가 배치되어 있고, 다양한 방법으로 사용할 수 있는 플로어가 구성"되어 있다. 스튜디오 라운지와 같은 층에는 클라이밍 월과 탁구 등의 운동시설이 있는 '오픈 스튜디오'나 밴드 연습을 위해 방음장치가 설치되고 드럼과 앰프가 갖춰져 있는 '사운드 스튜디오', 댄스와 연극, 코러스 등의 연습이 가능한 '퍼포먼스 스튜디오' 등이 있다. 이것은 청소년 활동 지원시설로 자리매김하고 있다.

그리고 스튜디오 라운지와 같은 층에 예술계나 청소년을 위한 도서가 모여 있는 '아트 & 틴즈 라이브러리'가 있다. 지하 2층에서 지상 2층에 배치된 일반인을 위한 도서관이나 영유아·아동을 대상으로 한 '어린이 도서관' 등과 함께 이곳도 도서관 시설의 일부이다. 아트 & 틴즈 라이브러리는 어린이들이 자연스럽게 책에 접할 수 있도록 의도적으로 스튜디오 라운지에 인접해서 배치되었다.

스튜디오 라운지에서는 어린이들이 자유롭게 담소할 수 있다. 신발을 벗고 빙 둘러앉을 수 있는 장소도 있다. 실제 여기서는 초등학생부터 고등학생까지 많은 아이들로 시끌벅적하다. 말하자면, 어린이들의 '집합소'다. 편의점이나 게임센터에서 노는 것보다도 훨씬 건전할 것이다. 그다지 책과 인연이 없던 아이가 이곳에 옴으로서 도서관과 그곳에 모이는 사람들이 자아내는 독특한 지적 분위기에 감화되어 책과 접할 가능성이 커진다. 또한 어린이들이 즐거워하는 모습은 어른들도 힘이 나게 한다.

그리고 1층 입구 플로어 중앙부에는 카페가 있어 어른이 술을 마실 수도 있다. 여기는 같은 층에 있는 매거진 라운지의 잡지를 들고 와서 볼 수 있다. 또한 3층에 시민활동 지원을 위한 회의실과 라운지가 있고, 4층에는 유료이긴 하지만 사회인이 개인 서재 공간으로 이용할 수 있는 '워킹 데스크'가 있다.

"'일본에서 제일 번화한' 도서관을 목표로". 이는 무사시노 플레이스의 실현에 힘썼던 초대 관장 마에다 요오이치(前田洋一)의 말이다. 어린이들이 놀면서 떠드는 소리를 높인다. 어른들은 도서관 책을 읽으면서 술 한 잔 한다. 도서관을 중심으로 한 공공시설로서 기존의 상식으로는 생각할 수 없는 운영일 것이다. 그러나 '무사시노 플레이스'에서는 도서관이 갖는 지적 어메니티 기능을 다른 서비스와 융합하고 조화시키기 위해 지금까지의 상식에 도전했다. 이 도전에는 다양한 평가가 있을지도 모르겠다. 그러나 청소년센터가 엄격하고 딱딱한 분위기이기 때문에 어린이가 가까이하지 않고, 어른들만 사용한다면 의미가 없다.

이러한 도전의 결과, 지금 '무사시노 플레이스'는 연간 150만 명의 사람들이 방문하는 인기 시설이 되었다.

지역 커뮤니티의 제3의 장소: 도서관을 중심으로 한 복합시설의 가능성

미국의 사회학자 올덴버그(Oldenburg)는 『The Great Good Place』(번역서 『서드 플레이스』) 안에서 세련된 카페나 레스토랑 등 사람들이 편하게 모여 쉴 수 있는 '특별히 아늑한 장소'를 '제3의 장소(third place)'라고 불러, 가정(퍼스트 플레이스)이나 직장(세컨드 플레이스)과는 다른 제3의 장소가 도시생활자나 커뮤니티에 있어서 중요하다고 주장했다. 무사시노 플레이스와 같이 도서관을 중심으로 각종 서비스 기능을 잘 갖춘 복합시설은 지역 커뮤니티의 서드 플레이스가 될 수 있다.

그러나 지금까지의 공공시설 운영에 대한 고정관념에 사로잡혀서는 무사시노 플레이스와 같은 운영은 불가능하다.

한편 단일 기능의 단독 공공시설에서 이뤄지는 주최 사업은 그 폭이나 깊이에 한계가 있어 고도화한 필요에 충분히 대응하지 못할 가능성이 있다. 만약 민간의 문화센터가 제공하는 프로그램이 이용자 필요에 비해서 어중간한 것이라면 채산성을 가질 만큼의 참가자가 모이지 않는다. 필요에 대응할 수 없는 프로그램 또는 그런 프로그램밖에 제공할 수 없는 문화센터는 도태된다. 그리고 사람들 필요에 적합하고 채산성도 지닌 프로그램 개발이 이루어져 그것을 제공할 수 있는 사업 주체가 대신하게 된다.

그러나 공공시설에서 지자체의 담당부서가 주체가 되어 행하는 주최 사업은 시장 기능을 통한 이용자 필요에의 대응은 이루어지지 않는다.

그래서 이러한 과제를 안고 있는 공공시설 운영을 개선하기 위해 민간의 지혜와 활력을 이용하는 수법의 하나로서 지정관리자 제도가 도입되었다. 지정관리자 도입에 의해 행정이 직영하는 것으로는 좀처럼 실현할 수 없던 유연한 시설운영을 실현한 수많은 사례가 전국에 있다. 예를 들면, 앞 장에서 소개한 '반짝이는 광장·데츠세' 안에 있는 도서관이나 사가(佐賀) 현 다케오(武雄) 시 다케오 도서관은 NPO나 민간기업을 지정관리자로 함으로써 연중무휴로 밤 8시에서 9시까지의 개관을 가능하게 했다.

또한 도서관을 포함한 민관 복합시설이나 복합 공공시설에서는 지역 커뮤니티와의 관계성을 강하게 의식한 혁신적인 사례가 많다. PPP(Public Private Partnership: 민관 연계)에 의해 개발되었고 상업시설 내에 병설된 '후지에다(藤枝) 시립 에키난(駅南) 도서관' '사이타마(埼玉) 시립 중앙도서관', 토야마(富山) 지방철도 엣츄후나바시(越中船橋) 역사(驛舍)에 병설된 '후나바시(船橋) 면립 도서관' 교사의 재건축을 계기로 초등학교와 같은 건물 안에 정비된 사이타마 현 시키(志木) 시 '시키 이로하 유학관 도서관' 등 각지에서 도서관의 가능성을 추구하는 활동이 이루어졌다.

이러한 활동이 실행되는 것은, 지연(地緣)과 지연(知緣)을 쌓는 장치를 공공시설에 편입시키기 위해 도서관을 중심으로 하는 것이 효과적이기 때문이다. 왜냐하면 도서관은 지적 어메니티를 제공함으로써 어린이부터 고령자까지 여러 세대에 걸쳐 인기가 높은 시설이기 때문이다. 특히 고령자는 시간 소비의 필요가 커진다. 가까이 있어서 적은 비용으로 시간 소비가 가능한 도서관은 고령자 비율이 높은 성숙 사회에 큰 이용가치가 있다.

'전환점'에 있는 공공회관

한편, 지역 커뮤니티의 거점 시설 역할을 맡아온 공공회관은 지금 전환점에 서 있다. 2014년 10월에 개최된 제36회 전국 공공회관 연구집회의

그림 5-3 **공공회관 수의 추이**

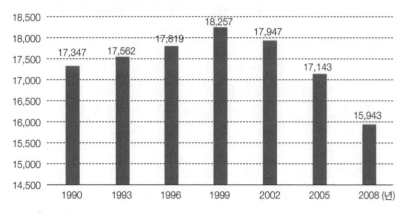

자료 : 「2011년도 문부과학 백서」에서 작성.

개최 취지 안에 다음의 기술이 있다.

> 현대사회의 급격한 변화에 있어서 공공회관의 수는 매년 감소하고 있습니
> 다. 또한 최근 공공회관은 지역과의 관계가 희박해지고 있습니다. 이러한 사
> 회 변화와 지역주민의 생활 구조 변화에 대해 '공공회관의 바람직한 모습'을
> 생각하는 시간을 맞이하고 있습니다.

실제 〈그림 5-3〉과 같이 공공회관의 수는 근년 감소를 계속하고 있다.
피크 때인 1999년 전국에 1만 8257곳 있었던 것이, 2008년에는 1만 5943
곳이 되어 9년간 2312(▲12.7%)곳이 감소했다.

1949년에 사회교육법이 제정되어 공공회관이 전국의 시정촌에 설치되
었다. 공공회관 신설이 추진되던 1945~1954년(쇼와 20년대)과 1955~1964
년(쇼와 30년대)은 아직 실질적인 공동체가 존재하는 촌락이 많았고, 농업을
위한 공동 작업이나 제례 준비 등 지역주민 간에 공통의 과제가 있었다. 서로

표 5-4 공공회관 설치율(2008년)

	계	시(구)	읍	면
시(구)정촌 수	1,810	806	811	193
공공회관을 설치한 시(구)정촌 수	1,595	746	703	146
설치율(%)	88.1	92.6	86.7	75.6

자료: 2008(헤이세이 20)년도 사회교육조사결과. 「시(구)정촌립 공공회관의 설치상황」에서 작성.

표 5-5 시정촌립 공공시설 총수 상위 10(2011년도)*

	시설용도	시설 수		시설용도	시설 수
1	공원	130,153	6	야구장	3,990
2	공공회관	14,359	7	수영장	3,723
3	보육소	11,257	8	도서관	3,165
4	체육관	6,229	9	공회당·시민회관	3,104
5	아동관	4,595	10	진료소	2,665

주: * 단, 공영주택은 제외.
자료: 총무성「공공시설 상황조경년비교표 시정촌 경년 비교표(2006~2011년도)」를 바탕으로 작성.
   단, 각 시설 내에 있는 것을 합계한 '집회시설'(시설 수 169,331)은 제외하고 있다.

의 일도 잘 알고 있다. 안면 있는 사람들끼리 공통의 문제를 갖고 근처에 있는 공공회관에 모여 함께 얘기 나누는 것은 지극히 자연스러운 흐름이었다.

그러나 공업화나 도시화가 진행되는 가운데, 촌락공동체의 실체가 상실되어 공공회관이라는 장소가 커뮤니티센터의 역할을 축소시켰다. 그리고 평생교육 추진이라는 새로운 방향성이 나와 취미나 문화교양을 위한 교실·강좌를 개최하는 시설로서의 측면이 강조되어 "공공회관의 문화센터화"라고 야유 당하는 상황에까지 이르렀다. 그러나 거기서 제공되는 프로그램은 앞에서 언급한 것처럼 민간 문화센터가 갖는 다양성이나 전문성에 못 미치는 것이 많았다고 추정된다.

그래도 공공회관은 약 90%의 시정촌에 설치되었다(〈표 5-4〉). 전국에는 약 1만 4000곳이 있고, 공영주택을 제외하면 건물로는 수적으로 가장 많다 (〈표 5-5〉). 초등학교 약 2만 1000개교와 중학교 약 1만 1000개교(2013년도 학교기본조사)의 중간이고, 물리적으로는 충분히 지역 거점 성격을 가지고 있다.

한편, 지금까지 공공회관에서 이루어져왔던 지역주민 간 상호 배움과 가르치는 것을 통한 교류 촉진과 사회적 인지 욕구의 충족은 커뮤니티 재생이나 공공이 돕는 것(公助)에서 서로 돕는 것(共助)으로의 전환이라고 하는 사회적 요청에 답하기 위한 중요한 기능이다. 또한 환경 문제나 육아지원 등의 지역 문제를 지역주민의 자주적 학습과 커뮤니티 활동을 통해 해결해가는 중요성도 커지고 있다.

지금까지 공공회관이 담당해왔던 기능을 사회변화에 맞는 형태로 재생하는 것은 도서관을 중심으로 복합시설을 지역 커뮤니티의 서드 플레이스로 승화해가는 것과 나란히 중요한 과제이다. 시설의 통폐합을 통해 운영관리의 합리화를 추진하는 것과 함께 지역에 새로운 가치를 제공할 수 있는 개혁을 추진해가야 한다.

3. 도서관과 공공회관의 제도적 위상과 그 방향성

도서관과 공공회관은 둘 다 사회교육시설이다. 그래서 그 설치법(사회교육법, 도서관법) 등에서 사회교육시설인 도서관과 공공회관이 어떻게 규정되어 있는지를 확인한 후 현대에서의 그 방식에 대해 생각해보자.

사회교육시설로서의 도서관과 공공회관

도서관과 공공회관은 법률상 둘 다 교육위원회가 소관하는 사회교육시설이다.

사회교육시설이란 '사회교육 장려에 필요한 시설'(사회교육법 제3조)로서 설치·운영되는 것이다.

사회교육이란 "개인의 요망이나 사회 요청에 답해 사회에서 행해지는 교육"(교육기본법 제 12조)이고, "학교 교육과정으로 이루어지는 교육활동을 제외하고, 주로 청소년 및 성인에 대해 이루어지는 조직적인 교육활동"(사회교육법 제2조)이다.

도서관은 "사회교육을 위한 기관"(동법 제9조)이고 "지방공공단체가 설치하는 도서관을 공립 도서관"(도서관법 제2조)이라고 한다.

공공회관은 "시정촌 등 일정 구역의 주민을 위해 실제 생활에 맞는 교육, 학술 및 문화에 관한 각종 사업을 행하고, 주민의 교양 향상, 건강 증진, 정서 순화를 도모하고, 생활 문화의 진흥, 사회복지 증진에 기여하는 것을 목적"(사회교육법 제 20조)으로 "시정촌에 설치한다"(동법 제21조).

도서관과 공공회관은 교육위원이 설치·관리 및 폐지에 관한 사무를 수행한다(지방자치법 제 180조8, 사회교육법 제5조, 지방교육행정의 조직 및 폐지에 관한 법률 제23조, 동법 제30조).

한편, 광범위한 사회교육 영역을 담당하기 위해 사회교육주사(主事)나 사회교육위원이라는 전문직제가 마련되어 있지만 교육위원회와 그 사무국만으로 대응할 수 있는 범위는 한계가 있다. 그래서 교육위원회의 사무국중 문화(문화재보호를 제외) 및 스포츠(학교에 대한 체육을 제외)에 관한 사무는 '지방교육 행정조직 및 운영에 관한 법률'의 개정에 의해 조례를 정하여 지자체장이 담당할 수 있도록 조치되었다(제24조2).

평생교육·지역 과제 해결 등에 대한 대응

또한 최근 들어 사회교육은 평생교육이라는 이념 안에 포괄되었다. 1947년에 제정된 구교육기본법을 개정해 2006년에 제정된 신교육기본법에서는 '평생교육의 이념'에 대해 "국민 한 사람 한 사람이 자기의 인격을 갈고 닦아 풍성한 인생을 보낼 수 있도록, 그 평생에 걸쳐 다양한 기회와 다양한 장소에서 학습할 수 있고, 그 결과를 적절하게 살릴 수 있는 사회의 실현이 도모되어야 한다"(동법 제3조)고 규정하고 있다.

그러나 동법에는 평생교육에 관한 명확한 정의는 하고 있지 않다. 중앙교육심의회 답신 "새로운 시대를 개척하는 평생교육의 진흥방책에 대해서"(2008년 2월 19일)에 의하면 "다종다양한 형태로 실현되어야 할 평생교육의 구체적 내용을 법률상 정의하는 것은 그 성질상 적당하지 않다"는 이유에서 명확한 정의에 대한 규정을 두는 것은 피한 것 같다.

한편 이 답신에서 평생교육은 "사회교육이나 학교교육에서 이뤄지는 다양한 학습활동을 포함해, 국민 한 사람 한 사람이 그 평생에 걸쳐 자주적·자발적으로 행하는 것을 기본으로 한 학습활동"이라고 하고 있다.

이와 같이 평생교육은 개인이 자주적·자발적으로 행하는 것을 기본으로 한 학습활동이고, 조직적인 교육을 행하는 학교 및 사회교육 기관에서 행하는 학습을 포함한 것이다.

평생교육에서 무엇을 학습하고 싶은지는 개인에 따라 천차만별이고, 사회적 문제에 관한 지식이나 직업적 기초 지식, 사생활을 풍성하게 하기 위한 취미 지식, 지적 욕구를 충족시키기 위한 문화·역사에 관한 지식 등 모든 것에 미친다. 게다가 사회 고도화·전문화에 대응해서 평생교육의 목표 수준도 고도화되고 있다. 지자체·지자체장에게는 이러한 다양하고 고도화된 필요에 대응한 평생교육 진흥책이 요구된다(평생교육 진흥을 위한 시책의 추진체제 등의 정비에 관한 법률).

이와 같이 평생교육 지원은 지자체 부서와 교육위원회 양쪽이 담당하고 있다.

공공회관이나 도서관을 중심으로 하는 사회교육시설은 널리 지역주민의 커뮤니티 활동의 중심시설이 될 수 있고, PRE/FM 전략 추진과 마을 만들기 등과도 밀접한 관계를 갖고 있다. 내각부에 마련된 규제개혁회의에 의한 '규제개혁 추진을 위한 제3차 답신'(2008.12.22)은 "교육 제공자의 이론이 아닌 교육을 받는 입장인 학습자의 기대와 의견"에 대응해가야 할 필요성을 언급하고 있다. 이러한 관점에서 사회교육행정을 담당하는 교육위원회와 시민서비스 행정을 하는 지자체(首長部局)가 지역주민의 편의를 최우선으로 생각해 협조해가는 것이 중요하다.

공공회관을 지자체(市長部局)로 이관

한편 지방자치법에 교육위원회나 농업위원회 등의 위원회는 그 권한에 속한 사무 일부를 지자체장과 협의해서 지자체장 지휘 하에 있는 직원 등에 위임 또는 보조 수행시킬 수 있다고 규정하고 있다(지방자치법 제180조7).

공공회관을 포함해 지역주민의 평생교육을 지원하는 시설이나 활동의 소관이 지자체(首長部局)와 교육위원회의 이원적인 관리체제에 있는 것은 신속하고 효율적인 사무수행을 추진하는 것에 장애가 될 가능성이 있다. 종사하는 직원 수도 많다(〈표 5-6〉). 평생교육 진흥이나 지역 과제 해결을 위해서 교육행정과 일반행정 간에 존재하는 장벽을 넘어 지역 커뮤니티와 긴밀히 연계·협력할 수 있는 경영 체제를 정비해가는 것이 필요하다.

이러한 사정이나 사회적 요청을 바탕으로 근년 공공회관에 대해서 이러한 규제에 기초해 그 사무를 교육위원회와 지자체가 공동 관리하거나 또는

표 5-6 주요 사회교육시설 직원 수(2008년도)

	총수	내역		
		전임	겸임	비상근
공공회관(유사 시설 포함)	53,150	11,178	10,988	30,984
도서관(유사 시설 포함)	32,557	14,259	2,169	16,129
박물관	17,942	10,850	1,283	5,810
박물관 유사 시설	28,037	10,769	5,500	11,768
청소년·여성교육 시설	11,831	4,843	1,363	5,625
사회체육시설	13,603	15,423	40,933	57,247
문화회관	20,027	8,882	2,786	8,359

자료: 문부과학성, 「사회교육조사(2008년도)」의 자료(표 5)를 바탕으로 작성.

실질적으로 교육위원회에서 지자체로 이관하는 지자체가 증가하고 있다. 게다가 사회교육법에 근거한 공공회관이라는 규정을 폐지하고, 시민센터나 커뮤니티센터로 탈바꿈하는 곳도 있다. 예를 들면 요코스카(橫須賀) 시는 사회교육법에 근거한 공공회관을 폐지해 지자체가 소관하는 커뮤니티센터로 전환하고, 시즈오카(靜岡) 시는 공공회관 조례를 폐지하여 평생교육시설 조례를 제정함으로써 공공회관을 평생교육교류관으로 개정한 후 소관을 교육위원회에서 지자체로 이관하고 있다.

또한 2009년 5월 구조개혁 특별구역법의 개정에 의해 특구 인정을 받은 지역은 학교의 교사나 공공회관·도서관 등의 사회교육시설('학교 등 시설')의 관리·정비를 지자체(首長部局)에서 수행하게 되었다(구조개혁특별구역법 제29조).

내각관방 지역활성화종합사무국『구조개혁 특별구역법 축조해설』제29조의 해설문(수상관저 공식 웹사이트)에 의하면, 그 취지는 "학교 등 설비와 타 시설의 일체적 관리 및 정비를 함으로써 학교시설의 복합화나 여유 교실의 활성화 촉진, 계획적인 시설정비 추진이 기대되는 경우, 구조개혁특별구역에 대해 교육위원회가 이행하도록 되어 있는 학교 등 시설 관리 및 정비에 관한 사무를 지방공공단체장이 실시하는 것을 인정하기" 때문이다. 이와테(岩手) 현의 도노(遠野) 시는 이 제도를 바탕으로 '도노 시민센터: 배우는 플랫폼 특구' 인정을 받았다.

민관의 장벽을 넘은 하드웨어와 소프트웨어의 유연한 조합

한편, 공공회관이나 도서관은 기관과 시설 중 어느 것일까. 법률상 어느 쪽으로도 해석된다. 상세한 내용은 연구노트로 넘긴다. 그러나 공공회관이나 도서관이 시설일까 기관일까라는 물음은 그 하나만으로는 의미가 없다.

그러나 예를 들면 교육기본법이 "국가 및 지방공공단체는 도서관, 박물관, 공공회관, 그 외의 사회교육 시설 설치 …… 에 따라 사회교육 진흥에 힘써야 한다"(동법 제12조 제2항)고 규정하는 것을 근거로 단일 목적의 전용 건물을 '시설'로서 지자체가 소유하는 것이 사회교육사업을 진행하는 전제 조건이라고 생각한다면 PRE/FM 전략의 발상과 대립하고, 시설인가 기관인가에 대한 논의가 실체적인 의미를 가진다.

본래 시설도 기관도 목적을 달성하기 위한 수단에 지나지 않는다. 예를 들면, 공공회관의 목적은 "주민의 교양 향상, 건강 증진, 정서 순화를 도모하고, 생활문화 진흥, 사회복지 증진에 기여하는 것"(사회교육법 제20조)이다. 그 목적을 달성하기 위해서 반드시 모든 사무 사업을 기관으로서 공공회관이 이행할 필요는 없고, 지자체가 '시설'(건물)로서의 '공공회관'을 자체 소유해야만 하는 것은 아니다.

따라서 지자체가 소유하는 공공회관의 운영을 지정 관리자에게 위탁해도 그 목적을 달성할 수 있다. 또는 PPP(Public Private Partnership: 민관 연계)의 발상에 기초해, 예를 들면 민간사업자가 사회교육을 위해 강좌를 개

표 5-7 주요 사회교육시설의 시설 수와 지정관리자 도입 상황(2008년도)

	공립시설 수 (A)	지정관리자 도입 시설 수(B)	지정관리자 도입률(B/A)
공공회관(유사 시설 포함)	16,561	1,351	8%
도서관(유사 시설 포함)	3,140	203	6%
박물관	704	134	19%
박물관 유사 시설	3,467	965	28%
청소년·여성 교육시설	1,382	447	32%
체육관	6,825		32%*
실내수영장	1,627		
문화회관	1,741	874	50%

주: * 지방공공단체가 설치한 사회체육시설 전체(체육관, 실내 수영장 외, 다목적 운동광장, 야구장,
옥외 정구장, 옥외 수영장, 게이트볼장, 캠프장 등을 포함)의 단체 수 기초의 평균 도입률.
자료: 문부과학성, 「사회교육조사(2008년도)」의 데이터(표 2)를 바탕으로 작성. 단, 체육관 및 실내
수영장은 표 4-1에 기초함.

설하고, 강습회, 강연회, 전시회 등을 개최한다. 그때 지자체가 보조하는
것을 조건으로 민간사업자는 무상 또는 일정의 참가비·이용료에 의해 주
민이 참가·이용할 수 있게 한다. 강좌 등의 내용은 교육위원회나 기관으로
서의 '공공회관'이 지도·감수한다. 이런 방식에 의해서도 같은 목적을 달성
할 수 있다.

그러나 공공회관도 도서관도 〈표 5-7〉과 같이 다른 사회교육시설에 비
해 지정관리자 도입이 낮다.

사회교육시설에 관계하는 여러 법률은 전후 곧 1947년부터 약 10년간
집중적으로 정비되었다(〈표 5-8〉). 그 당시 지역주민이 교양 향상이나 건강
증진을 위해 이용할 수 있는 시설은 한정되어 있었다. 또한 민간 사업자에
의한 서비스 제공도 거의 없었다. 그러한 상황 아래 공공회관이나 도서관
등의 시설을 지자체가 자체 정비하고 운영해가는 것이 사회교육 추진에는

표 5-8 사회교육시설과 관련된 여러 법률

법률명	제정년도
지방자치법	1947년
사회교육법	1949년
도서관법	1950년
박물관법	1951년
지방교육행정의 조직 및 운영에 관한 법률	1956년
구조개혁특별구역법	2002년
(신)교육기본법	2006년

필요했다.

그러나 당시와 지금과는 상황이 일변했다.

텔레비전에 의해 폭넓은 교양 프로그램이나 통신교육이 제공되고, 인터넷에 의해 양방향의 통신교육도 가능하게 되었다. 문화센터나 스포츠 클럽을 경영하는 민간 사업자에 의해 다종다양한 교양과 건강증진에 관한 프로그램이 제공되고 있다. 지자체가 제공하는 서비스에 대해서도 고령자에게는 공공회관, 도서관, 커뮤니티센터, 노인복지센터, 노인정 등 다양한 공공시설(사회교육시설 및 복지시설)에 의해 동종의 여러 가지 프로그램이 준비되어 있다.

설치법 제정 때와는 공공시설의 배경이 되는 사회나 경제 정세가 크게 변화했다. 기존의 틀대로 시대적 요청에 대응한다 해도 담당 부서마다 부분 최적의 추진에 빠져 무리와 낭비가 발생하거나 미봉책에 그칠 가능성이 있다.

재정난 아래 새로운 시민 필요에의 대응을 도모하고, 커뮤니티센터 기능을 갖는 공공시설로 개혁하기 위해 지자체 각 부서가 종적 관계의 속박을 풀고 긴밀하게 연계한다. 또한 민관이 연계하고 민간의 창의적 아이디어를 살린다. '새로운 공공'이라는 개념은 공과 사의 이분법이 아닌, 공과 사가 서로 강점을 살리고 약점을 보완하며 공조의 정신을 바탕으로 더 좋은 시민생활을 실현시키는 것이다.

하드웨어로서의 건물과 소프트웨어로서의 운영관리자 조합에는 관설관영에서 관설민영, 민설관영, 민설민영까지 다양한 방법이 있다. 최소 비용으로 최대 효과를 올릴 수 있는 방법을 소관 부서나 민관의 장벽을 넘어 유연하게 선택해야만 한다.

설치법에 기초한 시설이나 기관이라는 제도적 규정이 기존 그대로의 방식과 단기능형 공공건축물을 '성역'으로 지키는 근거가 되어서는 안 된다.

┃연구노트┃ 도서관과 공공회관은 시설일까 기관일까

도서관이나 공공회관은 시설일까 기관일까. 법률을 단서로 알아보자.

'시설'이란 사회생활을 영위할 때에 이용하는 건축물·설비·구조물과 그 대지 등 물적 자산을 의미한다. 지방자치법에서는 보통지방공공단체가 "주민 복지를 증진하는 목적을 갖고 그 이용에 제공하기 위한 시설"(동법 제244조 제1항)을 '공공시설'로 정의하고 시설이 물적인 것을 전제로 규정하고 있다.

그에 대해 '기관'이란 어떤 목적을 달성하기 위해 마련된 조직이나 기구로서 일반적으로는 일정 조직 규모에 의해 통괄되는 인적 집단을 가리킨다. 기관에는 재단과 같이 일정 목적에 의해 결합된 재산의 집합을 포함하지만, 통상 그 재산을 관리운영하기 위한 인적 조직이 부수된다.

사회교육법은 "도서관 및 박물관은 사회교육을 위한 기관으로 한다"(동법 제9조 제1항)고 규정하고 기관인 것을 명기하고 있다. 공공회관에 대해서도 정확히 기관이라고 쓴 규정은 없지만 "공공회관은 …… 사업을 실행한다"(동법 제22조), "공공회관은 다음의 행위를 해서는 안 된다"(동법 제23조 제1항) 등 인적 조직을 갖는 기관인 것을 전제로 한 규정이 있다. 또한 지방교육행정 조직 및 운영에 관한 법률에는 "지방공공단체는 …… 학교, 도서관, 박물관, 공공회관, 그 외의 교육기관을 설치한다 ……"(동법 제30조)고 하는 규정이 있는 한편, "학교 외의 교육기관 용도에 이용하는 재산(이하 '교육 재산'이라고 한다) …… "(동법 제23조 제2호)이라는 규정이 있어 역시 도서관이나 공공회관을 기관으로 규정한다.

그러나 교육기본법에는 " …… 도서관, 박물관, 공공회관 그 외의 사회교육시설……"(동법 제12조 제2항)로 규정하고 도서관이나 공공회관을 시설로 규정한다. 또한 도서관법은 "그 법률에 있어서 '도서관'이란 도서, 기록과 그 외에 필요한 자료를 수집하고 정리·보존해서 일반 공중의 이용에 제공하고, 그 교양, 조사연구, 레크리에이션 등에 이바지하는 것을 목적으로 하는 시설로서 지방공공단체 …… 가 설치하는 것(학교에 부속된 도서관 또는 도서실을 제외)을 말한다"(동법 제2조 제1항)고 규정하고 있어 역시 시설로써의 위치도 점한다.

즉, 이러한 법률에서는 공공회관이나 도서관은 기관이기도 하고 시설이기도 하다는 것이다.

애당초부터 공공회관, 도서관, 박물관은 어미에 '관'이라는 글자가 있어 건물(시설)의 존재를 전제로 한 명칭이다. 이러한 호칭을 사용해 사회교육기관을 나타내고 있는 것 자체가 시설과 기관을 일체로 생각하고 있다고 보인다.

공원·가로·수변공간의 재생

도시 매력을 창조하는 녹지와 물과 오픈스페이스

건물로서 공공건축물의 합리화·효율화를 도모하는 것만이 PRE/FM 전략은 아니다. 이 장에서 논의하는 공원, 가로, 수변 공간(하천부지) 은 모두가 주된 시설이 공공건축물이 아닌 공공시설이나 인프라이 다. 그러나 이들은 '녹지와 물과 오픈스페이스'라는 도시 어메니티를 형성하는 중요한 요소를 가지고 있다.

세계의 매력 있는 도시에는 반드시 아름다운 공원, 가로, 수변공간 이 있다. 특히 지가가 높고 고밀도로 토지가 이용되는 대도시에서는 귀중한 도시자원이고, 도시의 매력을 크게 좌우한다. 공원과 가로는 공공 부동산 중에서 가장 수가 많고 면적도 넓다. 그 기회비용은 매 우 크다. 또한 하천부지는 도시 방재 요소임과 동시에 물과 오픈스 페이스를 제공한다. 이를 유지 관리하면서 그 가치를 높여가는 것은 건물의 유지갱신과 함께 PRE/FM 전략의 또 하나의 중점 사항이다. 그리고 국제 도시 간 경쟁에서 이기기 위한 조건이다.

1. 휴식과 활기를 가져오는 도시공원

도시공원은 전국에 약 10만 개소 이상으로 우리들 가장 가까이 있어 누구라도 편하게 즐길 수 있는 공공시설이다. 그리고 녹지와 오픈스페이스를 어떻게 사용할지는 이용자에게 달려 있다. 따라서 지역커뮤니티가 다양한 활동 공간으로 이용할 수 있는 편리하고 범용성이 높은 시설이다. 공원이 많은 사람들로 북적이면 그만큼 마을은 밝아지고 활기를 띤다. 또한 시간 소비 필요가 큰 고령자에게도 낮은 비용으로 이용 가능한 주변 도시공원은 큰 가치가 있다.

한편, 도시공원은 이용률 추세의 저하와 시설 노후화, 방범, 불법 점유 등 다양한 문제를 안고 있다. 커뮤니티 재생과 지역 활성화가 요구되는 현재, 고도화·다양화된 시민 필요에 대응해서 도시공원 기능을 재검토·리뉴얼하고, 다른 공공시설과 복합화하는 등, 그 이용 편의를 향상시켜가는 것이 필요하다.

일본 사회자본정비심의회(「공원녹지소위원회 제2차 보고」 2003.3)도 "기존 도시공원의 질을 높이고, …… 공원공간을 도시 활기에 이용할 수 있도록 적극적인 도시공원의 운영·관리를 추진해가는 것이 필요하다"고 언급했다. 그리고 민관이 서로의 강점을 살린 형태로 연계해가는 것이 중요하다.

인구 구성이나 사회 환경이 변화해가는 가운데, 도시공원에 요구되는 기능도 변화한다. 도시공원의 현재와 과제에 대해 검토하고 도시공원에 관한 좋은 사례를 참조하면서 휴식과 활기를 가져다주는 도시공원으로 재생하는 방법을 생각해보자.

도시공원과 그 종류

도시공원은 문자 그대로 도시에 있는 공원으로, 도시공원법에 의해 지자체 또는 국가가 설치하는 '공원 또는 녹지'(동법 제2조)로 정의된다. '공원 또는 녹지'의 구체적 내용은 법률상 특별한 정의는 없다.

도시공원에는 〈표 6-1〉 및 〈표 6-2〉와 같이 그 면적과 목적에 따라 많은 종류가 있다. 그중에 가구(街區)공원이나 근린공원 등의 주구기간(住區基幹)공원은 우리들 가장 가까이 있어 일상에서 이용하는 공원이다. 수적으로는 전체의 약 90%를 차지하고 있다. 이에 대해 도시기간공원은 도시주민 전체가 여가활동 등에 이용하는 대규모의 다양한 시설을 갖춘 공원이다. 매력이 높은 곳에는 주변 지역에서 오는 방문자도 많아서 도시 간 교류인구에도 영향을 준다. 대규모 공원은 복수의 시정촌에 걸쳐 있고, 광역의 레크리에이션 수요를 충족하기 위해 도도부현이 정비하는 공원이다.

도시공원의 설치나 관리 방법은 동법에서 규정하고 있다. 특히 도시계획구역 내에 지자체가 설치하는 공원 또는 녹지는 그것이 도시계획시설로 정비된 것이 아니더라도 도시공원법상의 도시공원이 되어 동법에 의한 규제를 받는다. 또한 "분별없이 도시공원 구역의 전부 또는 일부에 대해 도시공원을 폐지해서는 안 된다"고 규정되어 있어, "공익상 특별한 필요가 있는 경우"나 "폐지되는 도시공원을 대신할 만한 도시공원이 설치되는 경우" 등 극히 한정된 경우 외에는 도시공원의 축소·폐지는 인정되지 않는다(동법 제16조).

지자체가 실행하는 도시공원 정비에는 이와 같은 국법상의 규제가 있는 한편, 그 용지비의 3분의 1, 시설정비비의 2분의 1이 국가보조금으로 지자체에 지급된다(동법 제29조, 동시행령 제31조).

또한 공원과 아주 비슷한 말로 '광장'이 있다. 공공 공간의 예시로서 '공원·광장'이라고 병렬 표기 되는 곳도 많다. 각종 법률 안에서 광장은 등장

표 6-1 **도시공원의 종류**

종류	종별	내용
주구기간공원	가구공원	오로지 가구에 거주하는 자의 이용에 제공하는 것을 목적으로 하는 공원으로 유치거리 250m 범위 내에서 한 곳 당 면적 0.25ha를 기준으로 배치한다.
	근린공원	주로 근린에 거주하는 자의 이용에 제공하는 것을 목적으로 하는 공원으로 근린주구*당 한 곳을 유치거리 500m 범위 내에 한 곳당 면적 2ha를 기준으로 배치한다.
	지구공원	주로 도보권 내에 거주하는 자의 이용에 제공하는 것을 목적으로 하는 공원으로, 유치거리 1km의 범위 내에 1곳 당 면적 4ha를 기준으로 배치한다. 도시계획구역 외의 일정의 정촌에 대한 특정지구공원(컨트리 파크)은 면적 4ha 이상을 표준으로 한다.
도시기간공원	종합공원	도시주민 전반의 휴식, 관상, 산책, 유희, 운동 등 종합적인 이용에 제공하는 것을 목적으로 하는 공원으로 도시 규모에 따라 한 곳당 면적 10~50ha를 기준으로 배치한다.
	운동공원	도시주민 전반에게 주로 운동용으로 제공하는 것을 목적으로 하는 공원으로 도시 규모에 따라 한 곳당 면적 15~75ha를 기준으로 배치한다.
대규모 공원	광역공원	주로 한 시정촌 구역을 넘는 광역 레크리에이션 수요를 충족하는 것을 목적으로 하는 공원으로, 지방생활권 등 광역적인 블록 단위마다 한 곳 당 면적 50ha 이상을 기준으로 설치한다.
	레크리에이션 도시	대도시, 기타 도시권역에서 발생하는 다양하고 선택성이 풍부한 광역 레크리에이션 수요를 충족하는 것을 목적으로 하고, 종합적인 도시계획에 기초해, 자연환경이 양호한 지역을 위주로 대규모 공원을 핵으로서 각종 레크리에이션 시설이 배치되는 한 지역이며, 대도시권, 기타 도시권역에서 쉽게 도달 가능한 장소에, 전체 규모 1000ha를 기준으로 배치한다.
국영공원		주로 하나의 도도현의 구역을 넘는 광역적인 이용에 제공하는 것을 목적으로 국가가 설치하는 대규모인 공원으로서 한 곳당 면적 약 300ha이상을 표준으로 설치한다. 국가적인 기념사업 등으로서 설치하는 것은 그 설치 목적에 적합한 내용을 갖도록 배치한다.

주: 이 외에 동식물공원, 역사공원, 풍치공원 등 특수공원, 완충녹지, 도시녹지, 녹도(보행자전용도) 등도 도시공원으로 분류된다.

* 간선도로 등으로 둘러싸인 약 사방 1km(면적 100ha)의 거주단위.

자료: 국토교통성 도시국 공원과 녹지 웹사이트의 자료에서 작성.

표 6-2 종별 도시공원 등 정비 현황(2013.3.31 현재)

	개소 수	면적	비고
주구기간공원	89,198	32,914	
가구공원	81,979	13,484	
근린공원	5,491	9,860	
지구공원	1,728	9,570	컨트리파크 포함
도시기간공원	2,127	37,369	
종합공원	1,327	25,016	
운동공원	800	12,354	
대규모공원	213	15,004	
광역공원	207	14,447	
레크리에이션 도시	6	557	
국영공원	17	3,323	
완충녹지 등	10,838	31,606	
합계	102,393	120,216	1인당 도시공원 면적 10.0m²

주: 면적은 소수점 이하 첫 째 자리에서 반올림.
　　동일본 대지진에서 큰 피해를 입은 이와테 현(岩手県), 미야기 현(宮城県), 후쿠시마 현(福島県)
　　의 일부 지역은 2009년도 말의 수치를 사용.
자료: 국토교통부 도시국 공원과 녹지 웹사이트의 자료에서 작성.

하지만 도시공원법과 같이 체계적 정리는 되어 있지 않다. 도시계획협회
가 작성한 「광장의 이용·관리에 관한 연구회 보고서」는 광장 개념에 대해
고찰을 담고 있으므로 광장을 둘러싼 논의에 대해서는 이 보고서를 참조하
기 바란다.

도시공원 정비와 이용 상황 추이

한편 도시공원은 "제1차 도시공원 등 정비 5개년 계획이 시작된 1972년
도에 2만 5266ha, 1만 3534개소였던 것이 2008년 3월 말에는 11만
3207ha, 9만 5207개소로 면적으로 약 4.5배, 개소수로는 약 7.0배가 되어

그림 6-1 **도시공원 전체 면적의 추이**

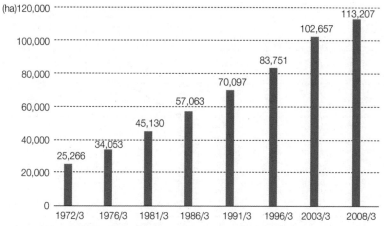

자료: 고바야시 아키라(小林昭), 「도시공원행정의 현재와 과제」, 《공원녹지》, Vol.70 No.1 (May.2009)의 [그림1]에서 작성.

야마노테 선(山手線)* 안쪽 면적(약 6200ha)의 약 14.2배나 되는 도시공원이 약 35년 동안 정비"되었다. "또한 1인당 도시공원 면적이 약 2.8m²였던 것이 약 9.4m²로 약 3.4배 증가"했다고바야시 아키라(小林昭), 「도시공원 행정의 현상과 과제」](〈그림 6-1〉, 〈그림 6-2〉).

이와 같이 많은 도시공원이 신설·정리 되었음에도 불구하고, 아직 1인당 면적은 유럽과 미국에는 크게 뒤처진다(〈그림 6-3〉). 한편, 한 도시공원당 이용자 수는 최근 수십 년 동안 저하하는 추세이다(〈그림 6-4〉, 〈그림 6-5〉). 특히 특구공원 이용자는 크게 감소하고 있어, 2007년 이용자 수는 약 40년 전인 1966년의 약 4분의 1 수준이다. 또한 근린공원 이용자 수도 1970년대의 반 이하로 떨어졌다.

---

* 옮긴이 주 도쿄에서 방사상으로 뻗은 철도망의 기·종점이 되는 주요 터미널을 연결하는 도쿄의 순환철도를 말한다.

그림 6-2 1인당 도시공원 면적의 추이

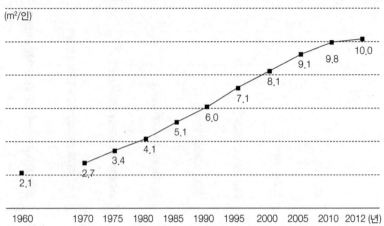

자료: 국토교통성 도시국 공원과 녹지 웹사이트의 자료에서 작성.

그림 6-3 해외 주요 도시의 공원 상황

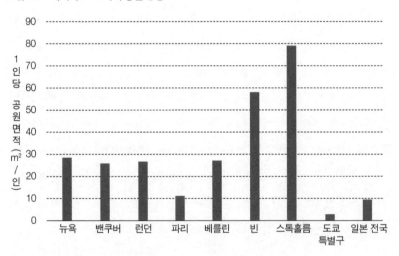

자료: 국토교통성 도시·지역정비국 공원과 녹지 웹사이트(2010년 당시)」의 자료에서 작성.

그림 6-4 가구공원 평균이용자 수의 추이

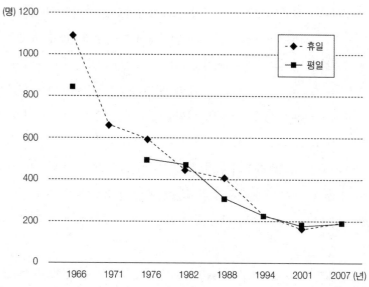

자료: 국토교통성·(재)공원녹지관리재단공원, 『2007년도 도시공원이용실태조사보고서』에서 작성.

그림 6-5 근린공원 평균이용자 수의 추이

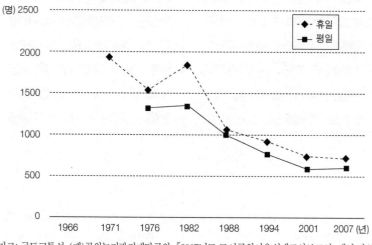

자료: 국토교통성·(재)공원녹지관리재단공원, 『2007년도 도시공원이용실태조사보고서』에서 작성.

물론 이용자 수가 너무 많아지면 과밀 문제가 발생한다. 그러나 현재는 오히려 사람이 적어서 한산한 공원이 많고 방범 우려도 생기고 있다.

다음으로 공원 이용자(휴일)에 대한 연령대 구성의 경년 변화를 보면, 저출산 고령화를 반영해서 유아나 아동 비율이 저하하고 고령자 비율이 증가하고 있다(〈그림 6-6〉, 〈그림 6-7〉). 특히 초등학교 상급생 이용비율의 저하가 현저해진 것은 아이들 일상에서 바깥놀이나 집단행동이 적어진 것이 그 원인의 하나라고 생각된다.

이와 같이 라이프스타일의 변화에 의해 아이들이 그다지 공원에서 놀지 않게 된 반면, 공원 수가 증가했기 때문에 한 공원 당 이용자 수의 감소는 어쩔 수 없다는 견해가 있을지도 모르겠다. 그러나 공원이 아이들 필요에

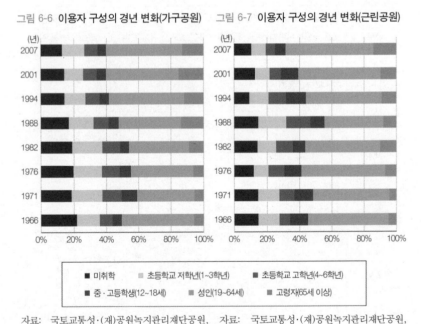

그림 6-6 **이용자 구성의 경년 변화(가구공원)**   그림 6-7 **이용자 구성의 경년 변화(근린공원)**

■ 미취학   초등학교 저학년(1~3학년)   ■ 초등학교 고학년(4~6학년)
■ 중·고등학생(12~18세)   성인(19~64세)   ■ 고령자(65세 이상)

자료: 국토교통성·(재)공원녹지관리재단공원,   자료: 국토교통성·(재)공원녹지관리재단공원,
　　　『헤이세이 19년도(2007) 도시공원이용실태 　　　　『헤이세이 19년도(2007) 도시공원이용실태
　　　조사보고서』에서 작성.　　　　　　　　　　　　조사보고서』에서 작성.

맞지 않게 되었다는 견해도 가능하고, 또한 이때까지 아이들이 놀이터로
써온 집 주변의 공터도 줄고 있는 것을 감안하면 역시 한 공원 당 이용자
수의 저하는 문제로서 인식해야 할 현상이다.

도시 자원으로서 공원을 살린 추진

앞 항에서 본 공원 이용률의 저하는 고도화되고 다양화된 시민 필요와
도시공원 방식의 미스매칭이 하나의 요인이라고 추정된다. 따라서 시민 필
요에 맞는 도시공원 방식을 재고하고, 지역 활기와 커뮤니티 결속에 공헌
할 수 있도록 도시공원을 하드웨어와 소프트웨어 양쪽에서 개선해가는 것
이 중요하다.
　여기서는 민관이 훌륭히 연계하여 사회 정서에 따라 변화한 이용자 필요
에 유연하게 대응하는 데 성공한 도시공원의 사례를 소개한다.

◆ **하네기(羽根木) 플레이 파크: 아이들의 '모험놀이'를 가능하게 한 소프트**

　'하네기 플레이 파크'는 도쿄 도 세타가야(世田谷) 구립 하네기 공원의 한
쪽에 마련된 시설이다. 거기에는 구에서 위탁받은 'NPO법인 플레이 파크 세
타가야'의 플레이 리더가 바깥 놀이의 즐거움을 가르침으로써, 많은 아이들로
활기를 띤다.
　"플레이 파크는 '스스로 책임지며 자유롭게 놀기'를 모토로 한 놀이터"(세
타가야구 웹사이트)로, "아이들의 호기심을 소중히 여겨 자유롭게 하고 싶은
것을 할 수 있는 놀이터"를 만들자는 의도로 설치되었다.
　플레이 파크는 보통의 공원과 같이 깨끗하게 정비한 상태가 아닌, 1950년

대 후반 1960년대 초반까지는 어디에나 있었던 공터처럼 흙과 자연 그대로의 나무가 있고 거기에 폐자재나 로프 등을 활용해 손으로 만든 놀이도구가 놓여 있다. 모닥불이나 진흙놀이, 나무타기 등 보통의 공원에서는 할 수 없는 일을 할 수 있다.

처음부터 위험하니까 안 된다고 하는 것이 아니라 플레이 리더나 지역의 자원봉사가 지켜보면서 실패하면 조금 쓰라린 경험을 할 때도 있는 '위험'에 아이들 스스로 마주하고 제 각각의 놀이방식을 고안하는 '모험놀이' 기회를 제공하고 있다.

1979년에 개설된 하네기 플레이 파크는 많은 어린이들과 보호자, 주변 주민의 지지를 얻어 지금은 세타가야 구 안에 4개의 플레이 파크가 설치되어 있다.

도시화의 진전이나 관리자 책임에 따른 사고방지 조치의 철저화로 인해 어린이들은 '모험의 장'을 잃었다. 하드웨어로서의 공원에 어른들의 돌봄이라는 소프트웨어를 부가함으로써 그것을 부활시킨 시도는 다른 공공시설 운영에서도 통하는 개혁의 방향성을 제시하고 있다고 할 수 있다.

◆ 도쿠가와원(德川園): 폐쇄형 공원의 경관을 밤까지 즐길 수 있게 한 노력

도쿠가와원은 나고야 시가 1931년에 도쿠가와가(德川家)로부터 기증받은 히가시 구 소재의 시립공원이다. 오와리 도쿠가와(尾張德川) 영주 별저의 정원을 도시공원으로 현대적 일본정원으로 개조해 시민에게 공개했다. 2001년부터 재정비해 2004년에 개원했다. 동 구획 내에는 도쿠가와 미술관과 호우사(蓬左) 문고가 있다.

재정비하면서 다음 사진과 같이 도쿠가와원의 중심적 존재인 큰 못, 류센코(龍仙湖)을 보며 아름다운 경관을 즐길 수 있는 장소에 '칸센로(観仙楼)'라

는 건물을 배치했다. 그곳에 민간에
위탁한 고급 프렌치 레스토랑 '가든 레
스토랑 도쿠가와원'을 오픈했다. 바로
옆에는 1937년에 나고야 범태평양 평
화박람회 때 영빈관 별관으로 건축된
'소잔소(蘇山莊)'가 있다. 이곳도 민간
위탁으로 찻집·바 라운지로 이용하고
있다.

류센코(龍仙湖)에서 본 칸센로(観仙楼)(도쿠가와원).

도쿠가와원은 주간에만 개장하는 폐쇄형 공원이다. 그러나 칸센로와 소잔
소는 정원이 문을 닫는 오후 5시 반 이후에도 이용할 수 있다. 레스토랑은 오
후 11시까지, 바 라운지는 오전 0시까지 열려 있다. 또한 공원 정기휴일(월요
일)에도 레스토랑은 정상 영업을 한다. 도시 시민의 생활 리듬을 배려한 운영
시간대이고, 수탁 민간기업이 하는 음식업의 채산 확보 관점에서도 바람직한
일이다.

대도시 안에 규모가 크고 전통적인 일본정원을 갖춘 음식점을 새롭게 운영
하는 것은 민간 단독으로는 쉽지 않다. 가든 레스토랑 도쿠가와는 시가 소유·
관리하는 도시공원에 인접한 형태로 레스토랑을 설치해 일본정원의 아름다운
경치를 내려다볼 수 있게 하면서 개장시간과 독립된 영업을 가능하게 했다.

일본정원을 아름답게 정리된 모습으로 관리하기 위해 야간 이용을 금지하
는 것은 어쩔 수 없는 일이다. 그러나 공원경관은 그 주변에서도 누릴 수 있
다. 도쿠가와원에서는 민간 위탁한 시설을 공원 바깥쪽에 설치함으로써 공원
이 가져오는 경관 편익의 제공량을 시간 단위의 단순 계산으로 약 70% 증가
시켰다.

민간시설은 고객의 니즈가 있고 비용에 맞는 수입이 예상되면 가동시간을

가능한 한 길게 해서 이익을 올리려 한다. 한계수익이 변동비를 넘는 한 이익이 증대하기 때문이다. 이에 대해 공공시설의 운영시간은 자칫하면 시민 필요와 상관없이 공무원의 통상 근무 시간대에 맞춰 결정되는 경우가 있다. 그러나 편익에서 비용을 뺀 순편익을 최대화하기 위해서는 공공시설도 민간시설과 같은 발상으로 운영할 필요가 있다. 도쿠가와원은 시설 배치의 고안과 민간 서비스(레스토랑, 바) 도입에 의해 도시공원의 순편익을 증대시켰다.

◆ 브라이언트 파크: BID에 의한 격조 높은 운영관리

브라이언트 파크는 뉴욕 미드타운에 있는 타임스퀘어 동쪽, 뉴욕공립도서관 앞에 있는 공립공원이다. 녹색 잔디 위에 1인용 의자를 이용해 편하게 모여 쉴 수 있는 뉴요커에게 인기장소이다. 멋스러운 레스토랑이나 오픈에어 카페가 있고 콘서트나 패션쇼 등 다양한 이벤트가 개최된다.

그러나 1980년대까지는 이와 같은 인기 있는 공원이 아니었다. 맨해튼의 치안 악화로 브라이언트 파크는 마약 거래의 메카로 불리는 장소였다.

그러나 공원 주변지역이 특별구의 일종인 BID(Business Improvement District)로 지정되어 공원의 운영관리가 지역 커뮤니티 손에 맡겨졌다. 위탁받은 NPO법인 BPRC(Bryant Park Restoration Corporation)이 공원을 하드웨어·소프트웨어 면에서 개수·개량한 결과 공원을 포함한 근린지역 전체가 다시 태어났다.

BID는 도시계획상 지역을 지정하고, 그 지역의 경비, 청소, 지구 프로모션 등을 BID 안에 있는 커뮤니티에 기초한 NPO 등의 조직·단체에 맡겼다. 그리고 운영관리에 필요한 비용을 지방정부가 BID의 특별세로 징수하고, BID단체에 지불한다. 브라이언트 파크의 경우 BID에 기초한 특별 징수세 외에 공원 내에서 열리는 다양한 이벤트 등의 스폰서비나 레스토랑 임대료 등으로 운영관리 비용을 마련하고 있다.

BID제도에 의해 도시공원을 커뮤니티의 자주 운영에 맡겨 지역 활성화를 위한 장치·무대로서 자유롭고 유연한 이용과 관리 아래 둠으로써 격조 높은 시민교류의 장이 되었고 지역재생에 성공했다.

◆ 미하라시 팜: 일본농협(JA)과 시의 '합작'에 의한 종합농업공원

'하비로 농업공원 미하라시 팜'이 있는 나가노 현과 이나 시(伊那市)는 인구 약 7만 명(2014년)의 키타이나(北伊那) 지방의 중핵도시이다. 미하라시 팜은 이나 시, 일본농협, 카미이나(上伊那) 시가 중심이 되어 정비한 종합농업공원이고, 1999년에 완성·오픈했다. 이곳의 특징은 농업 체험, 특산물 판매, 온천, 숙박, 음식, 전통공예 체험, 승마, 놀이터 등 다채로운 시설을 집합시켜 폭넓은 고객층에 대응하고 있다는 점이다. 지역 손님뿐만 아니라 다른 현에서 오는 관광객도 많고, 주말 또는 딸기체험 행사 때에는 굉장한 활기를 보여준다. 섣달 그믐날에 카운트다운을 한 후 새해에 열리는 딸기 체험 이벤트는 인기가 많아 매년 개최되고 있다(2013~2014년 현재). 2006년을 정점으로 다소 감소 경향이긴 하지만, 2013년도 고객 수는 약 57만 명(「이나 시 니시미노아(西箕輪) 지구 활성화 계획」 자료]이었다.

이러한 다채로운 시설을 민간만으로 정비·운영하는 데는 채산상 무리가 있고, 한편 행정만으로는 설날 운영 등 고객의 필요에 맞는 유연한 운영관리를 할 수 없다. 딸기원이나 사과원 등 마하라시 팜에서 관광 인기 상품의 하나가 되고 있는 농업 체험 시설은 주로 카미이나 농협이 설치 및 운영관리하고 있다. 그러나 그 외의 시설에 대해서는 주로 설치 정비를 행정 측(외곽 단체를 포함하여)이, 운영 관리를 민간 측이 각각 하고 있다. 이와 같이 민관이 적절한 역할 분담을 함으로써 상승 효과를 발휘하고 효율적인 운영관리가 도모된다.

◆ '공원도시' 가카미가하라(各務原) 시: 녹지 융단으로 덮인 가구공원

기후(岐阜) 현 가카미가하라 시는 기후 시 동쪽에 있고, 나고야에서도 나고야 철도로 약 30분 정도의 거리에 위치한 인구 약 15만 명(2014년)의 중규모 도시이다. 교외에는 논밭이나 산림이 많아 자연환경도 풍성하다. 이 시는 2000년도에 '물과 녹지의 회랑계획'을 수립하고, '공원도시' 실현을 위해 도시공원 정비를 포함해 시내 녹화에 종합적으로 전념하고 있다.

그러한 계속적인 활동을 인정받아 이 시는 제25회 '녹지의 도시상'(내각총리대신상)을 수상했다. 또한 기후대학 농학부의 농장 유적지를 개수한 '배움의 숲'은 2008년도 토목학회 디자인상을 수상했다. 그리고 '하타모토토쿠야마진야(旗本德山陣屋) 공원'은 '일본의 역사공원 100선'에, '명승 기소카와(木曽川)'는 '아름다운 역사적 풍토 100선'에 각각 선출되었다. 그 외에 '소하라(蘇原) 자연공원', '가세키코(河跡湖) 공원', '일본 라인우누마의 숲' 등 독특한 공원 정비를 추진하면서, 가구공원의 리뉴얼을 ① 지역자원의 발굴, ② 지역의 나무와 녹지의 스톡이 되는 디자인, ③ 새로운 커뮤니티 중심 만들기라는 관점에서 종합적으로 실시하고 있다.

특히 리뉴얼하면서 대지의 대부분을 잔디로 덮은 가구공원은 마을 안에서 한층 더 선명한 녹색으로 사람들을 편안하게 해준다. 만약 이러한 가구공원이 대도시에 있다면, 녹지를 가까이서 느낄 수 있는 귀중한 쉼터로서 많은 사람들이 모일 것이다.

잔디 등 공원 녹지 관리에는 많은 노력과 시간이 든다. 가카미가하라 시에서는 '공원관리관' 등의 시민 자원봉사나 지역 커뮤니티가 협력하여 공원을 관리하고 있다.

◆ 헤븐 아티스트: 거리 공연 라이선스

'헤븐 아티스트' 사업은 도쿄 도가 실시하는 심사회에 합격한 아티스트에게 공공시설이나 민간시설 등을 활동 장소로서 개방하여, 도민이 편하게 예술문화에 접할 기회를 제공하는 것을 목적으로 한다. 2014년 9월 현재 등록 아티스트는 퍼포먼스 부문에 약 300개 그룹, 음악 부문에 약 80개 그룹으로 활동 장소는 우에노(上野) 공원, 요요기(代々木) 공원, 도쿄국제포럼, 도쿄 돔, 이노카시라(井の頭) 공원, 오다이바카이힌(お台場海浜) 공원, 코도모노시로(こどもの城: 어린이의 성) 등이다.

이 사업에 관해서는 자유로운 퍼포먼스에 행정이 개입한다는 의미도 있어 찬반 양론이 있다. 그러나 적어도 지자체가 소프트웨어면에서 공원 등 공공시설에 활기를 연출하는 모습을 적극적으로 보여주었다는 점에서는 평가될 만하다.

2. 앎과 정신을 키우는 문화와 생활이 숨 쉬는 수변·연도 공간

길과 강의 가장 중요한 목적은 사람·물건·물의 흐름이다. 그러나 둘 다 도시 안에 물리적 구조와 길게 연장된 방대한 오픈스페이스를 가지고 있다. 또한 연도(도로변)의 가로수나 제방에 자생하는 초목은 도회지에서도 사계절의 변화를 느낄 수 있도록 시민의 생활에 친근한 자연을 가져다주고 있다. 공원과 녹지, 물과 오픈스페이스를 제공하는 가로와 하천은 귀중한 도시자원이다.

마을 만들기의 요소

예로부터 도시는 강과 함께 있었다. 마을은 길을 따라 생겨났다. 도시는 물(강)과 길 없이는 만들어지지 않는다. 그리고 물(강)은 인간의 정신을 함양하는 근원적 요소이고, 도시에서 생활하거나 방문하는 사람들의 정신에 작용하여 감수성과 창조성을 기른다. 또한 길은 단순히 사람이나 물건이 이동하는 수단이 아니라 생활공간에 있는 도시 경관을 형성하는 가장 중요한 요소의 하나이다.

따라서 물(강)이 가까이 있고 그 국가만의 특색 있는 문화와 생활이 살아 있는 길 위의 도시만이 세계 사람들의 관심을 끌 수 있다. 수변과 도로변 공간의 정비는 마을 만들기의 기초가 되고 도시 재생의 요소가 된다.

수변이나 도로변 정비에 관한 뛰어난 노력들은 일일이 나열할 수 없다. 여기서는 중심시가지에서 도시하천과 도로를 아름답게 재정비함으로써 도시의 매력을 향상시키고, 마을 만들기의 상징으로서 성공한 한국 서울시와 나가노 현 이다 시의 사례를 소개한다.

◆ 서울 · 청계천: 역사문화 복원사업

청계천은 15세기 조선왕조 시대 정비된 도시하천으로 서울시 중심부를 동서로 가로지른다. 20세기가 되어 하천의 오염이 심각해져, 1958년부터 1971

년에 걸쳐 복개화(폭 50~80m·총연장 약 6km)되어 그 위에 고속도로가 건설되었다. 건설 후 30~40년이 지난 20세기 말에 고가도로는 시멘트와 철근 침식이 진행되어 안전성이 불안한 상태였다.

청계천 복원사업의 주요 내용은 청개천로 및 삼일로와 그 주변 5.84km를 대상으로 한 복개 및 고가도로 철거, 철거 후 하천 복원과 수경·주변 정리이다. 하천 복원에는 수질 개선과 생태계 회복을 포함하고 있다. 또한 수경·주변 정리는, 조선왕조 시대의 대표적 문화유산인 광통교 등 역사유적 복원을 포함해 교량 신설과 양안도로 정비이다. 자동차 중심에서 사람 중심으로 역사문화 복원, 자연과 사람의 공존 등을 목적으로, 아시아 대도시에서의 서울의 지위 향상을 강하게 의식한 사업이었다. 공사는 2003년 7월에 착공되어 2005년 9월에 준공되었다.

교통 면에서 보면 버스노선 정비 등은 실행했지만 기본적으로 고가도로의 단순 철거로 교통체계에는 오히려 악영향을 주었다.

그러나 공사 개시 후 서울시민의 약 80%가 사업을 긍정적으로 평가하고, 특히 환경이나 역사·문화에 대한 공헌을 높게 평가했다. 지금은 밤낮 관계없이 많은 서울 시민과 국내외 관광객이 정비된 친수공원을 산책하고 수변에서 휴식을 갖는다.

청계천로 다리 위에는 한국 도로 원표가 있다. 한편 일본 도로 원표가 있는 일본 다리 위는, 복원전의 청계천과 같이 노후화된 고가도로가 덮여 있다. 같은 동아시아에 있어 국제도시 간의 치열한 경쟁에서 격전을 벌이는 서울은 그 중심 하천의 수변 공간을 훌륭하고 아름답게 소생시키는 데 성공했다. 미국의 보스턴에서도 워터 프런트에 있는 시가지를 분단해서 달리는 노후화된 고속도로를 지하화 하는 사업[통칭 '빅 디그(big dig) 프로젝트']이 완료되었다.

도쿄도 수변공간 재생에 뒤쳐져서는 안 된다.

◆ 사과 가로수(나가노 현 이다 시): 새로운 마을 만들기의 핵이 되는 '공원도로'

 '사과 가로수'가 있는 나가노 현 이다 시는 최근 시민이 출자한 타운 매니지 먼트회사 '(주)이다 마을 만들기 컴퍼니'의 활동과 그린 투어리즘(워킹 홀리데이)의 추진 등 지역 활성화 운동으로 전국적으로 주목받고 있다. 그리고 '사과 가로수' 정비는 중심시가지 재생 활동의 효시가 되었다.

사과 가로수.

1947년 이다의 대화재는 시가지 4분의 3을 태웠다. 그 복원사업으로 시의 중심부에 남북으로 뻗은 25m 폭의 방화도로가 정비되었다. 지역의 이다 히가시 중학교 학생이 도로 중앙부에 있는 환경시설대에 사과묘목 40그루를 식수한 것이 사과 가로수의 시작이었다. 그 후 50년 이상 지난 지금, 봄에는 하얀 사과꽃잎이 연도를 밝게 물들이고, 가을에는 빨갛게 익은 열매에서 좋은 향기가 마을을 감싼다. 차도 부분에는 벽돌타일로 기념물이나 보행로, 졸졸 흐르는 시냇물 등도 정비되어 전체가 마치 하나의 공원 같다.

 미국에서는 환경시설대로서 가로수나 잔디가 심어진 폭이 넓은 도로를 "parkway"라고 부른다. '사과 과수원'은 틀림없이 '공원도로'라고 할 만한 시설이며, 시가지이면서 향토의 자연을 가깝게 느낄 수 있는 쉼터를 시민에게 제공하고 있다. 국토교통성의 '일본 도로 100선'이나 환경성의 '향기 풍경 100선'에도 선정되었다.

 이다 시에서는 이 '사과 가로수'를 중심으로 중심시가지 재생 프로젝트나

상업시설 개발 등이 진행되어 새로운 마을 만들기의 중심이 되고 있다. 지금
도 '사과 가로수' 관리는 이다히가시 중학교 학생들과 '사과 가로수 후원회' 사
람들이 하고 있다.

도로부지·하천부지 점유 허가의 규제 완화

한편, 도로의 기본적 목적은 교통 편의이다. 그렇기 때문에 교통에 직접
관련 없는 구조물의 도로점용 허가는 전주나 전선, 수도관, 가스관, 우편박
스, 전화박스, 아케이드 등 공공성이 높은 시설로 제한해왔다. 오픈카페나
레스토랑, 상품 판매점 등 민간 상업시설은 고속도로 내를 제외하고, 일시
적으로 사용하는 포장마차나 텐트 또는 사회 실험에 대한 임시시설의 경우
에만 설치가 인정된다.

그러나 도시에 활기를 가져다주고 사람들 생활을 풍성하게 하기 위해서
는, 많은 사람들이 오고 가는 가로(街路) 안에 세련된 음식 서비스를 가볍
게 받고 모여 쉴 수 있는 공간이 필요하다. 그래서 도시재생 특별조치법 개
정에 의해 도시재생정비계획에 규정하는 등 일종의 수속을 밟으면 기초공
사를 동반한 상업 점포를 도로부지에 설치할 수 있게 되었다.

이 규제완화를 이용해서 2012년 11월 도쿄 신주쿠(新宿) 3가 MOA 4번
가의 공도(포장도로)상에 상설 오픈카페가 개점했다.

또한 하천의 가장 중요한 관리 목적도 "홍수, 해일, 밀물 등에 의한 재해
발생"을 방지하고, "유수의 정상 기능을 유지"함으로써 "공공의 안전을 보
호·유지하고 공공복지를 증진하는 것"에 있다(하천법 제1조). 이를 위해 하
천부지의 점용 허가는 기존 공적 단체나 공공성이 높은 사업체가 공원이나
운동장, 방재창고, 송전선 등 공공적인 시설을 설치하는 경우만 인정되었

었다.

그러나 하천부지는 도시의 귀중한 오픈스페이스이며 수변공간이다. 그리고 그곳을 도시·지역재생에 활용하기 위해서는 민간상업에도 개방하는 것이 중요하다. 그래서 하천부지의 점용허가 기준(정식으로는 '하천대지 점용허가준칙')이 수차례에 걸쳐 재검토되어 현재에는 일정 요건을 충족시키면, 민간사업자가 점용 주체가 되어 하천부지를 오픈카페나 레스토랑으로 이용하는 것이 가능하게 되었다.

◆ '물의 도시 오사카(大阪)' 프로젝트

오사카에서는 이러한 하천부지 이용의 규제완화를 활용해 오사카 부와 오사카 시가 연계해서 '물의 도시 오사카' 프로젝트를 추진하고 있다.

오사카의 중심시가지를 에워싸듯이 흐르고 있는 도시하천(오가와, 토지마가와, 도사보리가와, 기즈가와, 도톤보리가와 히가시요코보리가와)에 선착장을 정비해 선박 운행을 활성화시키고, 강가에 있는 민간 상업시설이 선착장이나 그에 맞게 정비된 산책길 등을 함께 이용할 수 있도록 논의하고 있다.

예를 들면, '키타하마 테라스'에서는 민간 임의단체('키타하마 수변협의회')가 전국에서 처음으로 하천부지의 포괄적 점용자 허가를 얻어 강가의 민간 빌딩 내 음식점의 하천부지에 물가자리(河床)를 설치했다. 또한 나카노시마나 하치켄야하마, 미나토마치의 하천부지 주변에 민간사업자가 경영하는 레스토랑이나 카페, 상업시설, 뮤지엄 등을 유치했다. 그리고 오가와(구 요도가와) 좌안에 있는 공원의 저목장(貯木場) 유적지에 폭 약 140m, 깊이 30m의 인공 모래사장 '오사카 후레아이 수변'을 정비해 대도시 안에서도 카누나 패달보트, 비치 스포츠 등을 즐길 수 있게 되었다.

민유지와 공유지, 민간 상업과 수변공간이 서로 시너지를 낳도록 시설 배치를 고안하고, 다채로운 이벤트를 민관 협업으로 개최함으로써 도시 재생, 마을의 활기 고양에 공헌하고 있다.

3. 공원·가로·수변공간을 이용한 PRE/FM 전략

녹지와 물과 오픈스페이스를 둘러싼 현 제도와 좋은 사례를 검토해 공원, 가로, 수변공간을 활용한 PRE/FM 전략 방식을 검토한다.

공공 부동산의 잠재력을 최대한으로 활용한다

도시공원은 도시에 '녹지와 오픈스페이스' 제공을 기본 취지로 하는 공공시설이다. 한편 도시공원의 부지는 부동산이고, 그 입지에 따라 희소성이나 가치가 크게 달라진다. 특히 도쿄나 오사카 등 조밀한 대도시에서는 공원이 가지는 오픈스페이스는 희소하다. 또한 지가가 높기 때문에 기회비용을 포함한 공원 제공 비용도 상당히 크다. 그리고 비용의 대부분은 토지대이며 고정비이다.

일반적으로 고정비형 사업에서는 가동률 향상이 가장 효율적인 경영 개선책이 된다. 한편 대도시의 지가가 높은 것은 인구가 많고 밀집해 있기 때문이다. 따라서 공원의 녹지 및 오픈스페이스가 제공하는 총편익의 가치도 그만큼 크다. 왜냐하면 총편익은 이용자 1명당 편익에 이용자 수를 곱한 것으로, 인구가 많은 대도시에서는 공원 이용자 수도 많기 때문이다. 만약 지역주민의 진정한 필요를 정확히 파악해서 공원 이용률이 향상된다면, 그

편익이나 가치 증가는 대도시 일수록 커지고, 다소 추가 비용(변동비)이 든다고 해도 비용편익분석에 대한 B/C(Benefit/Cost)는 1을 크게 넘어 그 시책은 정당화된다.

즉, 공원이 공공재라고 해도, 아니 공공재이기에, 이용자인 지역주민 입장에서 공원 부동산이 갖는 잠재력을 최대한 실현하도록 요구해야 한다. 그리고 그것은 대도시에서 더욱 강하게 요청된다. 물론 이것은 이시이 모토코(石井幹子)가 『도시와 녹지』에서 비판한 "공원 안에 문화라는 이름 아래 다양한 시설을 마구 채워간다"는 것을 요구하는 것은 아니다. '녹지와 오픈스페이스'는 공원이 반드시 구비해야 하는 본질 기능이며 이를 등한시하는 이용방법은 용납되지 않는다.

그래서 녹지와 오픈스페이스를 확보하면서 '공원 부동산'의 잠재력을 최대한 살리려면, 시간과 공간의 효과적 이용을 고려해야 한다. '도쿠가와원(德川園)'에서는 레스토랑을 공원에 인접시킴으로써 공원을 '차경(借景)'*적으로 이용해 개원시간의 제약을 제거했다. 실질적으로 시간적 유효 이용을 실현한 것이다. 또한 전술한 『도시와 녹지』에서 지적한 바와 같이, 문화시설 등의 정비에서 "공원에 인접한 시가지 갱신과 연계해 문화시설을 지닌 공원 인접지의 건축 용적률 인상, 지구계획 도입 등 마을 만들기와 일체된 수법을 구사"한다면 시간적·공간적 유효 이용을 동시에 도모할 수 있다.

도시공원 내 건폐율 제한 완화

이러한 관점을 바탕으로 하천부지나 도로부지와 같이 도시공원도 최근 규제 완화가 이루어지고 있다.

---

* 옮긴이 주 먼 산 따위의 경치를 정원의 일부처럼 이용

지금까지 도시공원 내 공원시설로 건설되는 건축물은 원칙적으로 그 건축면적의 총계가 도시공원 대지면적의 2%를 넘을 수 없다고 되어 있다. 공원 시설이란 화단이나 휴게소, 그네, 미끄럼틀, 매점, 음식점, 숙박시설, 주차장, 수영장, 동물원, 도서관 등을 말하고(도시공원법 제2조 제2항, 동시행령 제5조), 이들 중 건축기준법상의 건축물이 제한의 대상이 된다. 단, 이하의 용도에 대해서는 건폐율 제한이 10% 이내까지 완화된다.

· 휴게소나 소풍구역 등의 휴양시설
· 수영장이나 야구장 등의 운동시설
· 동물원이나 도서관 등의 교양시설
· 비축창고나 내진성 저수조 등의 재해응급 대응시설

그러나 공원시설에 요구되는 내용은 지역 사정에 따라 달라 전국적으로 일률적인 규제를 시행하는 것이 도시 및 지역 실정에 적합하지 않은 경우도 있다.

예를 들면 같은 가구공원에도 0.4ha의 넓은 공원이 있다면 0.2ha의 좁은 공원도 있다. 만약 0.4ha의 가구공원에 건폐율 20%의 도서관 출장소를 마련한다고 해도 여전히 0.2ha의 가구공원보다도 50% 이상 넓은 오픈스페이스가 확보된다. 또한 50ha 이상을 표준으로 하는 광역공원에 건축면적 100제곱미터의 건물을 건축해도 증가하는 건폐율은 겨우 0.02%이다. 같은 건물을 0.25ha를 표준으로 하는 가구공원에 건설하면 그것만으로 건폐율은 4%가 되어 제한 건폐율을 넘어버린다.

만약 다른 도시공원이나 생산 녹지, 녹지보전지역 등에 의해 녹지와 오픈스페이스가 충분히 확보되어 있는 반면에 문화·운동시설은 부족한 상황인 경우, 종합공원 안에 합계 건폐율이 20%가 되는 수영장이나 체육관, 종합도서관 등을 정비한다고 지역주민의 효용이 종합적으로 마이너스가 될까? 오히려 도시공원에 커뮤니티센터 기능을 갖는 다른 공공시설이나 상업시설을 병설하는 것은 시민교류와 연대를 심화한다는 점에서 많은 시너지를 낳는다고 생각할 수 있다.

그래서 2010년 6월 22일에 내각회의에서 결정된 '지역주권 전략 대강'에서, 도시공원법 제4조에 정해진 건폐율 제한은 "조례(제정 주체는 도도부현 및 시정촌)에 위임한다"로 개정되었다. 원칙적인 건폐율제도는 "100분의 2를 참작하여 해당 도시공원을 설치하는 지방공공단체의 조례에서 정한 비율"이 되었으며, 또한 "동물원을 설치하는 경우, 그 외의 정령(政令)에서 정하는 특별한 경우에는 정령에서 정하는 범위를 참작해서 해당 도시공원을 설치하는 지방공공단체의 조례에서 정하는 범위"가 되었다.

이러한 규제 완화를 이용하여 각 지자체는 공원 부동산의 잠재력을 최대한 발휘시킬 궁리가 요구된다. 이를 위해서는 녹지와 오픈스페이스의 확보 상황이나 지역 특성 등을 종합적으로 고려한 후에 지금까지의 방식에 연연해하지 말고 유연한 자세로 임하는 것이 중요하다.

대가구(大街區)화와 보조가로의 재편

공원부지와 함께 가로(街路)용으로 제공되는 토지도 도시재생·지역재생을 위해 상당히 유용한 공공 부동산이다.

특히 가치가 높은 대도시의 중심업무지구(CBD: Center Business District)에 있는 보조가로는 큰 잠재 가치가 있다. 왜냐하면 폭이 좁은 가로에 의해 세분화되어 있기 때문이다. 제한 용적률을 밑도는 비효율적인 토지 이용밖에 할 수 없는 가구에 대해 보조가로를 폐지해 대가구로 재개발할 수 있다면 민유지의 이용가치가 상승하고 대지 이용에 유연성이 생겨나, 녹지가 풍성한 광장이나 보도 상 공지 등 사적 공간(private)과 공적 공간(public)의 중간인 공공(common)의 공간을 정비할 수 있기 때문이다. 또한 행정기관은 도로부지와 교환해 새로운 공공시설을 정비하기 위한 대지를 취득하는 것도 가능하다.

만약 CBD 안에서 행정기관이 새로운 공공시설 용지를 매수하려면 큰 예산이 필요하다. 그러나 가로부지와 교환하면 실질적으로 시설정비에 따른 재정 부담을 크게 경감시킬 수 있다. 또는 가로부지를 시가로 매각해 다른 도시재생사업의 자금으로 쓰는 것도 가능하다.

이와 같이 보조가로를 다른 모습(토지나 자금)으로 재편함으로써 대가구화를 도모한다면 민관을 상생 관계로 묶을 수 있다.

이러한 도시재생·지역재생에 대한 이점에 착목해서 국토교통성은 2011년 6월에 '대가구화 가이드라인'을 수립했다. CBD 등에 대한 토지 이용이 세분화되고 있는 지구의 대가구화와 그것을 실현하기 위한 가로의 유연한 교체나 권리 전환 등을 권장하고 있다.

◆ 니혼바시 무로마치 3가 지구재개발계획: 가로부지의 재편과 대가구화

도쿄 도 주오(中央) 구 니혼바시(日本橋) 무로마치(室町) 3가 지구에서 추진하고 있는 재개발사업에서는 그 계획 대상지 안에 있는 가로 부지를 재편함으로써 대가구화를 가능케 하고, 동시에 가로부지 용도로 제공된 토지를 활용해 주오 구가 필요로 하는 공공시설을 정비했다.

당 계획 대상지에 인접한 땅에는 구립 도키와(常盤) 초등학교가 있다. 도키와 초등학교는 1873년에 개교했고 1929년에 건설된 현재의 교사는 도의 역사적 건조물로 지정되어 있다. 주오 구로서는 이 훌륭한 건물을 현재 사용하는 학교시설로 보존(動態保存)하는 한편 국제화시대가 요구하는 새로운 기능도 필요로 했다.

그래서 초등학교에 인접한 민간기업(미츠이 부동산) 소유지에 국제 이해를 추진하는 교육시설을 정비하고, 그 토지·건물과 계획 대상지 내의 구(區) 소유 도로부지를 권리 변환에 의해 실질적으로 교환하기로 했다. 도로 폐지에 의해 대가구로 개발하면 대지 이용에 유연성이 생겨 녹지가 풍성한 광장이나 보도 상의 공지 등을 정비할 수 있다. 도로부지와의 교환으로 주오 구가 취득하는 새로운 교육시설은 도키와 초등학교와 연계한 활동을 한다. 이와 같이 민관이 협동함으로써 효과적이고 효율적인 도시 재생이 가능하게 된다.

다채로운 민관 연계 수법을 모색한다

공원, 가로, 하천부지를 활용해 지역 활성화를 도모하는 사업에서는 특히 민관 연계 관점이 중요하다.

'미하라시 팜'과 같이 관과 민의 시설을 잘 조합해 서로 시너지를 추구한다. 운영 주체 조합을 포함해 공설공영, 공설민영, 민설공영, 민설민영 등 다양한 선택이 가능하다. 그리고 민관연계 추진은 민간 투자 유치로도 이어진다. 물의 도시 오사카 프로젝트에서는 민간시설을 적극적으로 유도함으로써 수변 공간의 활성화에 성공했다. 사회자본 정비심의회도 "지역 경제·사회 활성화를 도모하기 위해 민간 투자를 촉진하는 도시공원 정비(중략)가 필요하다"고 언급하고 있다.

최근 지구공원이나 종합공원 등 대규모 공원에서 시민 누구라도 참가할수 있는 프리마켓이 개최되는 것은 특별한 일이 아니다. 그러나 가구공원이나 근린공원 등 소규모 공원에서는 오픈카페나 마르셰(농산품의 노천시장) 등 영리 목적의 서비스사업이 인정되는 사례는 적다. 그러나 만약 근처 공원에서 근교 농가에 의한 산지 직송 야채를 파는 아침 시장이 있거나 세련된 파라솔 아래에서 녹지를 바라보며 맛있는 커피를 마실 수 있다면 즐거운 일일 것이다. 그 편이 지역주민이 교류하고 연대를 높이는 장소로서도 더 효과적으로 기능할 것이다.

원래부터 상업은 영리 활동임과 동시에 생활편의 제공을 통해 많은 사람들을 모아 교류를 유발하는 공공성이 높은 일이다. 가구공원이나 근린공원 이용률이 저하 추세인데도, 공원은 모두의 것이기 때문에 특정 영리 활동에는 이용될 수 없다는 대논은 깨끗하다.

한편 공공 공원에서 예전부터 영업하고 있는 음식 제공 시설들 중 고객 지향과 맞지 않는 구태의연한 서비스를 계속하고 있는 곳이 눈에 띤다. 노후화된 시설이나 서비스 메뉴를 조잡하게 적어 붙인 종이가 공원 미관을 해치는 곳도 있다.

이미 공원 화단 정비를 지방 NPO나 자치회 등에 위탁하는 사례가 많아졌다. 또한 오카야마, 히로시마, 다카마츠, 후쿠오카, 시모노세키 등 많은 도시에서는 사회 실험으로 오픈카페를 공공 공원 내에 설치하는 시도가 이뤄지고 있다. '브라이언트 파크'와 같이, 지역 활성화를 위해 지역 커뮤니티나 지역 상점가에 공원 이용을 일괄해서 맡겨보는 것도 좋지 않을까. 또는 도쿄 도의 '헤븐 아티스트' 사업과 같은, 소프트웨어 측면의 연출로 민간의 힘을 이용하는 방법도 효과적이다.

또한 도시공원의 정비·리뉴얼 과정에 시민이 직접 참여할 기회를 만든다. 이를 통해 공원에 대한 애착과 관심(commitment)이 높아지고, 이용률 향상이 기대된다. 참여하는 지역주민 간의 결속이 강해지고, 주민 상호 커뮤니케이션이 활발하게 됨으로써 교류와 연대가 깊어져 지역 커뮤니티 재생을 도모하게 된다. 예를 들면, 기타큐슈 시가 수립한 '하트풀(heartful) 공원계획'에서는 "지역에 친근한 공원의 재정비계획을 지역주민과 협동해서 검토하고, 재정비를 추진하는 과정을 통해 지역 참가와 지역커뮤니티의 재구축"을 도모한다고 언급하고 있다. 이다 시 '사과 가로수'는 중학생의 자원봉사 활동으로 시작하여 가로수 정비와 유지관리 활동을 통해 폭넓은 시민연대가 길러진다.

이와 같이 다양한 관점에서 민관연계 방식을 모색하여야 다채로운 지역 커뮤니티 활동의 종합 플랫폼으로서 도시공원이 폭넓게 기능하게 된다.

'시키기와(가장자리) 사업'과 마을에 얼린 구조

가로(街路)에 대해서는 그와 접한 대지, 그리고 건물과의 관계를 좀 더 연구하는 것이 중요하다.

파리의 시가지에서는 가로에 맞닿은 레스토랑이나 카페가 가게 앞에 테이블과 의자를 놓고 그곳에 많은 시민이나 관광객이 모여 쉼으로써 마을의 활기를 만들어내고 있다. 오픈카페가 내는 공도(포장도로) 사용료는 파리 시 재정에도 크게 공헌하고 있다.

오픈카페는 가게 대지와 가로포장도로(街路舗道)를 연속적으로 이용함으로써 편안한 준공공공간을 형성하고, 사람들을 건물 내로 유입시키는 기능을 한다. 도로라고 하는 공적 공간에서 사적 공간인 건물 안으로 들어갈 때까지의 경계 지대 장치가 마을 만들기에 있어서 중요한 역할을 달성한다.

물고기는 강 밑이나 바위틈에 즐겨 서식한다. 이러한 '키와(가장자리)'에는, 언제라도 적으로부터 몸을 숨길 수 있기 때문이다. 키와(가장자리)는 생물이 안정감을 느끼는 편안한 장소이고 그것은 인간에게도 마찬가지이다.

『마을 만들기의 지혜와 작법』[미츠이(三井) 부동산 S&E 연구소·기타야마창 조연구소 편]은 도로와 건물 대지 간의 경계를 '시키기와'라고 불러, '시키기와의 작법(作法)'으로서 누구라도 편하게 모여 쉴 수 있는 공적 공간과 사적 공간의 공유공간의 중요함을 호소하고 있다. 도로에 나온 오픈카페는 법률 상 공공이 소유하는 공간을 사적으로 점유한다. 그러나 실질적으로는 도로 를 왕래하는 누구라도 이용할 수 있는 준공공(semi public) 공유 공간 (commons)이다. 만약 도로 폭에 여유가 없다면 도로에 면한 사유지 쪽으로 건물을 셋백(setback)시켜, 공유 공간을 창출할 수 있다.

그러한 공간을 갖는 건물은 누구라도 들어가기 쉬운 분위기를 자아낼 수 있기 때문에 마을에 '열린 구조'가 된다. 이러한 구조를 갖는 건물을 나열시 키는 것이 마을의 활기를 높이는 데 중요하다.

민간 건물에서는 마을에 열린 구조의 중요성을 재인식하고, 시키기와 작 법에 따른 장치를 마련하는 곳이 늘고 있다. 한편 모처럼 공공시설이 중심 시가지 내 번화한 장소에 있음에도 '닫힌 구조'가 되어 가로 공간의 활기를 연출하지 못하는 경우가 있다. 시설관리만 보자면 닫힌 구조보다 열린 구 조가 분명 더 귀찮다. 그렇지만 시가지 공공시설을 정비하면서 마을 활기 에 기여한다는 목적을 내걸지 않는 것은 드물 것이다.

시설은 사용하기 위해 관리하는 것이지, 관리하기 위해 시설이 있는 것 은 아니다. 문화재도 아닌 호화로운 시설에 대해서 상하고 관리가 어렵다 고 한정된 기회나 한정된 사람만 이용하게 하는 운영은 심하게 본말이 전 도된 것이다. 그러나 단일 기능형 공공시설에서는 시설의 설치 목적을 구 실로 그러한 운영에 빠지기 쉽다.

PRE/FM 전략의 실천에서 만약 공공시설의 시키기와에 '불작법(不作法)' 이 있다면 마을에 열린 구조가 되도록 새롭게 바뀌어야 한다.

사회자본 파이낸스

민간의 지혜와 자본을 활용하는 방법

공공시설 갱신을 동반하는 통폐합에서는 복합공공시설을 새롭게 건축하는 경우가 많다. 그러나 재정난 아래에서는 재원 전부를 재정자금으로 조달하는 것이 어려워 가능한 한 민간 자금을 활용하는 것이 바람직하다. 또한 공공 부동산을 마을 만들기에 활용하기 위해서는 민간과 협동하고 그 지혜를 살리는 것이 성공의 열쇠가 된다.

그래서 먼저 자산과 자금의 민관 협업을 추진하는 '사회자본 파이낸스'의 사고방식을 소개한다. 여기에 공공서비스 분야로의 민간 자금 도입을 둘러싼 논점과 조건 불리 지역의 사업 안건에도 민간 자금 도입을 가능하게 하는 갭 펀딩(gap funding)의 개념을 검토한다.

이 장에서 거론하는 논점 중에는 지자체 단독으로는 해결하기 어려운 문제에 대해 국가정책으로 논의해야 할 과제도 포함되어 있다.

1. 자산과 자금의 민관 협업을 도모하는 사회자본 파이낸스

민관이 자산과 자금을 모아서 공공서비스를 제공하는 사회자본 파이낸스의 사고방식을 소개한다. 먼저 주로 공공서비스 제공을 담당해온 정부의 역할과 수행 방법의 문제점을 검토한다.

정부의 역할: '시장실패'의 시정

자유주의 시장경제에서의 정부 역할은 재분배와, 시장의 실패가 시장에 가져오는 사회적 왜곡을 수정하고 그 한계를 보완하는 것이다. 즉, 시장이 가져오는 빈부의 차를 소득 등의 재분배를 통해 수정하고, 시장 기능으로는 제공할 수 없는 서비스나 환경을 실현하는 것이다. 그것은 대체로 다음과 같이 요약된다.

① 공공재의 제공
② 사적 독점 금지
③ 외부불경제 방지나 제거
④ 외부경제의 실현
⑤ 정보의 비대칭성 시정

①의 공공재는 제1장에 이미 간단히 설명했지만 다시 언급한다. ②의 '사적 독점'은 과도한 집중에 의해 공정하고 자유로운 경쟁이 실질적으로 저해되는 상태이다. ③의 '외부불경제'는 대기 오염과 소음 등의 사회적 문제이고, ④의 '외부경제'는 아름다운 마을 거리나 녹지 풍부한 환경 등 사람들의 삶이나 경제를 풍성하게 하는 상태이다. ⑤의 '정보의 비대칭성 시정'

이란 약품이나 부동산 등 판매자에 비해 구매자 쪽이 상품의 성질을 알기 어려운 상황인 경우에 정부가 효능을 조사하거나 중요한 정보를 게시하도록 하는 것이다.

이 중에, 공공시설 개혁에 가장 깊이 관련된 분야는 '① 공공재의 제공'이다. '공공재'란, 많은 사람들이 동시에 이용 가능(비경합성)하고, 또한 대가를 지불하지 않는 이용자를 배제할 수 없기(비배제성, 무상성) 때문에 사회적으로는 유용해도 시장경제에서는 제공할 수 없는 재화와 서비스이다.

비경합성과 비배제성 양쪽의 성질을 갖는 재화를 순수공공재라고 한다. 국방이나 외교, 치안(경찰), 소방, 치수 댐, 제방, 가로 등이 전형이다. 어느 쪽도 수익자가 증가한다고 해서 다른 사람의 편익이 줄어드는 일은 없고, 또한 대가를 지불한 자에게만 그 편익을 누리게 하는 것은 성질상 불가능하거나 대가를 지불한 자에게만 편익을 제공하는 것이 의미가 없는 것이다.

그러므로 순수공공재는 민간이 제공해도 수익자로부터 대가를 얻을 수 없다. 따라서 시장경제에서는 필요 충분한 순수공공재가 공급되지 않는다. 즉, 시장실패 분야이며, 정부가 그 제공 임무를 맡아야 한다.

그러나 공공시설에 대해서 생각해보면, 순수공공재인 것은 의외로 적다. 치안유지나 공중위생을 위한 시설인 경찰서나 보건소, 법질서를 유지하기 위한 거점인 법원이나 등기소 등은 순수공공재에 비교적 가까울 것이다. 그러나 시민회관이나 도서관, 공공회관, 시민수영장, 박물관, 미술관, 복지센터 등, 건물을 갖는 시설에는 배제성이 있어, 이용자에게 요금을 징수하려고 한다면 징수할 수 있다. 실제로 많은 공공시설에서는 입장료나 이용료를 징수하고 있다. 또한 시설의 수용 능력을 넘으면 이용하기 어렵거나, 혼잡으로 인해 1명당 편익이 저하하기도 한다. 즉, 경합성이 있다.

그러면 그러한 순수공공재가 아닌 시설을 정부는 왜 제공하고 있는가.

많은 공공시설은 민간이 경영하기에는 채산이 맞지 않아 시장경제로는 제공할 수 없는 반면, 그러한 시설을 이용하는 것에는 문화·교양 향상, 건강 증진, 커뮤니티 활동의 활성화 등의 효과가 있기 때문이다. 그것은 개개인의 편익을 가져오는 동시에 생산성 향상이나 의료비 저하, 지역사회의 문제 해결 능력 향상 등 사회 전체에 좋은 영향을 미치는 작용(외부경제)이 있다.

또는 민간에서 채산을 맞출 수 있는 요금 수준으로는 외부경제가 실현하는 서비스 양과 비교해 수급이 과소해지는 것을 수정하기 위해서이다. 예를 들면, 만약 실내수영장을 제공할 때의 채산 요금이 1인 1시간 당 2000엔이라고 하면 그 요금에서의 이용자 수는 국민 건강증진에 필요한 수준에는 도달하지 않을 것이다.

연성 예산 제약: 정부 단독 운영의 문제점

이와 같이 많은 공공시설은 외부경제 실현을 목적으로 하고 있다. 그러나 목적 달성을 위한 활동을 정부가 직접 단독으로 실행하는 것이 가장 적절하다고는 할 수 없다. 왜냐하면 시장이 실패하는 것처럼 정부도 실패할 수 있기 때문이다.

지자체가 운영하는 공공시설에는 병원이나 온천 수영장, 온욕시설, 미술관 등 민간에서도 동종 시설을 운영하고 있는 것이 많다. 이들을 지자체가 경영하는 이유는 앞에서 언급한 것처럼, 그 지역에서 민간 경영이 어렵거나, 채산이 맞아도 이용료가 너무 비싸서 일부 시민밖에 이용할 수 없기 때문이다.

그러나 지자체가 직영하면 예산으로 상정했던 금액을 상회하는 적자가 발생해도 사후적으로는 재정자금으로 보전되기 때문에, 경영 감독이 느슨해져 적자를 회피·삭감하려는 노력이 소홀하게 될 가능성이 있다. 본래 독립채산으로 운영되어야 하는 공영기업 등에서 발생하는 적자를 메우기 위해 재정자금을 사용함으로써 비효율적인 경영을 야기하는, 말하자면 '연성 예산 제약(soft budget)'의 문제와 거의 같은 폐해가 발생한다. 물론 시설 경영을 하는 직원은 주관적으로는 최선의 노력을 다하고 있을 것이다. 그러나 지자체가 단독으로 직영하는 한 거기에는 존속을 건 경영적 긴장감이나 다른 시설과의 경쟁성, 규모 경제 등이 구조적으로 작용하지 않는다. 한편 민간시설은 만약 적자운영을 계속한다면 존속이 위험하다는 긴장감이 늘 있다. 그리고 동종 시설을 전국 규모로 전개하고 있다면, 규모의 경제나 고도의 전문성이 발생하여 효과적이고 효율적인 서비스를 제공하려는 노력이 함양된다.

또한 재정자금의 투입은 본래 그것으로 인해 실현되는 사회적 편익에 맞는 범위에서 이루어져야 한다. 그러나 실질적인 연성 예산 제약 아래 경영이 이루어지면, 사회적 편익을 넘는 재정자금이 투입될 가능성이 있다. 왜냐하면 시설경영 등으로 발생한 적자를 사후 보전하는 방식은 사회적 편익에 적합한지의 여부에 대한 점검 없이 조금씩 처리하는 식으로 재정 자금이 투입되어 버리기 때문이다(〈그림 7-1〉).

그림 7-1 '연성 예산 제약'의 문제점

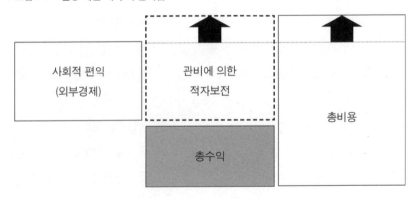

PPP와 「사회자본 파이낸스」

이러한 재정 단독 운영의 문제점과 재정난을 배경으로 "민간이 할 수 있는 것은 민간이"라거나 "민간의 지혜와 자금의 활용"이라는 슬로건이 내걸렸다. 정부와 민간이 협동해서 실행하거나 정부가 민간 위탁을 통해 간접적으로 실행하는 편이 정부가 직접 행하는 것보다도 효과적이고 효율적인 경우가 있기 때문이다. 시장실패 중에는 실제로 사업을 실행하는 민간이 그 애로점이나 모순점을 잘 알고 있는 영역도 있을 것이다.

그리고 그 구체적인 수단으로서 영국에서 생겨난 PFI(Private Finance Initiative)*나 지정 관리자, 시장화 테스트 등 각종 제도가 도입되었다. 그리고 프랑스에서 생겨난 콘세션(concession)이라는 인프라 등의 운영권을 민간에게 부여하는 제도도 창설되었다. 이들의 총칭이 PPP(Public Private Partnership: 민관 협력)이다.

PPP에 기초한 공공적 서비스의 제공이나 공공시설 정비에 관해 '사회자본 파이낸스'라는 기초 개념을 제창하고 싶다.

사회자본 파이낸스의 정의는 다음과 같다.

사회자본 정비와 운영에 민간 자본을 도입함으로써 민관의 자산과 자금이 협력하여 관에 의한 공익 추구와 민에 의한 사익 추구를 통해 공공적 서비스 제공을 효과적이고 효율적으로 행한다.

---

* 옮긴이 주 도로, 철도 등의 건설과 운영, 유지관리, 사업자금의 도입 등 전 과정을 건설회사 등 민간 기업에 맡기는 새로운 사회간접자본 구축 방식. 1992년에 영국에서 시작됨. 이 민간 자금 주도의 구축방식은 단순한 민자 유치보다 규모가 훨씬 크고 자금 동원이 복합적이어서 고도로 능률적인 금융 부문의 뒷받침이 있어야 실현 가능한 공공사업방식.

사회자본 파이낸스는 필자의 조어이고, 영미에는 social capital finance 라는 용어는 없다. social capital은 일본어로는 사회적 자본으로 번역되어, 사회적인 인간관계나 커뮤니티의 연대감, 규범의식 등을 가리켜 일본어의 사회자본과는 전혀 다른 개념이다. 한편, 영미에서는 Infrastructure Finance라는 말이 있는데, 이는 공공재정(Public Finance)의 세금이나 정부 보증채에 의한 자금조달을 포함하고 있어, 필자가 정의하는 사회자본 파이 낸스의 개념을 포함하고 있다. PFI나 콘세션 외에도, 조세담보금융(Tax Increment Financing: TIF), 수익채권(Revenue Bond), 업무개선지구(Business Improvement District: BID) 등 다채로운 제도가 있어, 민관의 자산과 자금이 개별 사업 레벨로 연계·협동한다. 이러한 대처가 아주 당연하게 실행되고 있기 때문에 군이 그들을 총칭하는 특별한 말을 필요로 하지 않는지도 모르겠다.

한편 사회자본 파이낸스는 다음 세 가지의 사고방식을 전제로 한다.

① 재정자금 투입액 및 투입되는 공적자산의 기회비용 총액(무상 대여되는 공유지의 지대상당액 등)은 해당 사회자본에 의해 실현되는 사회적 편익을 한도로 한다.
② 정부의 실질적 자금비용은 민간 자금비용과 같다
③ 민관 협업의 방법을 적절하게 설계하면 공공적 서비스 제공에 민간의 편익 추구 동기를 도입하는 것이 효과적인 서비스를 효율적으로 제공하게 된다.

전제 ①은 지금까지 언급해온 비용편익분석 원칙과 같다. 즉, 어떤 정책이 가져오는 총편익은 그 정책에 필요한 총비용을 상회하는 것이어야 하고, 반대로 말하면 정책이 가져오는 총편익이 정책 실시를 위해 지출해도 좋은 재정자금 등의 상한이 된다. 여기에서 전제 ①이 도출된다.

그러나 전제 ②, ③에 대해서는 지금까지 논하지 않았다. 그래서 절을 새롭게 하여 논의한다.

2. 민관의 자금비용과 이익추구 동기

사회자본 파이낸스는 지금까지 정부가 담당해온 공공적 서비스 제공에 민간 자금을 도입하는 것이 주안점이다. 그러나 일본에서는 그러한 민간 자금 도입을 추진할 때에 장애가 되는 두 개의 논점이 있다. 하나는 민관의 자금비용의 차이에 관한 인식이고, 또 다른 하나는 공공서비스 제공에 민간 이익 추구 동기를 도입하는 것이 옳은가를 둘러싼 논의이다.

일본형 PFI의 실제

먼저 민관의 자금조달비용 문제를 PFI를 통해 생각해보자.

PFI는 정부를 대신해 공공시설이나 인프라 등(이하 공공시설 등이라고 함)을 민간이 정비·운영하는 것이다. 이 때 정부는 기존의 사양발주가 아니라 공공시설 등이 갖추어야 할 성능에 관한 요구수준서를 바탕으로 성능발주를 한다. 이에 대해 민간은 자유로운 발상과 독자적인 노하우를 바탕으로 요구성능을 실현하는 계획과 생애주기비용을 제안한다. 생애주기비용이란 시설정비비와 운영기간 중 운영관리비를 합한 것이다.

1999년에 PFI법(정식으로는 '민간 자금 등의 활용에 의한 공공시설 등 정비 등의 촉진에 관한 법률')이 제정되어 일본에 PFI 제도가 도입된 것은 이미 오래 전이다. 그러나 일본의 PFI는 그 발상지인 영국과는 상당히 다른 모습이다.

PFI의 주요한 방식은 두 가지가 있는데, 민간이 정비한 공공시설 등을

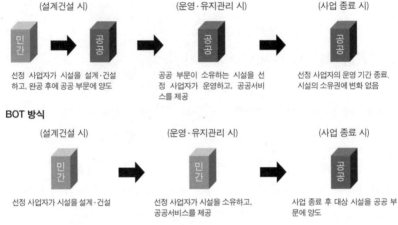

그림 7-2 PFI에 대한 사업방식(소유 형태)

BTO 방식

(설계건설 시)

민간 ➡ 공공

선정 사업자가 시설을 설계·건설하고, 완공 후에 공공 부문에 양도

(운영·유지관리 시)

공공

공공 부문이 소유하는 시설을 선정 사업자가 운영하고, 공공서비스를 제공

(사업 종료 시)

공공

선정 사업자의 운영 기간 종료. 시설의 소유권에 변화 없음

BOT 방식

(설계건설 시)

민간

선정 사업자가 시설을 설계·건설

(운영·유지관리 시)

민간

선정 사업자가 시설을 소유하고, 공공서비스를 제공

(사업 종료 시)

공공

사업 종료 후 대상 시설을 공공 부문에 양도

주: 내각부, 「2008년도 PFI 매뉴얼 보고서」에서 작성.

정부에 양도하는 시기에 따라 BOT(Built Operate Transfer)형과 BTO(Built Transfer Operate)형이 있다(〈그림 7-2〉). 영국의 PFI는 거의가 BOT형을 채용하고 있다. 그러나 일본에서는 〈그림 7-3〉과 같이, BTO형이 주류이다.

BOT형은 수십 년에 걸친 사업기간을 통해 문자 그대로 민간 자금(Private Finance)이 주도권(Initiative)을 쥐고 민간이 리스크를 지고 투하 자금을 회수한다. 사회자본 파이낸스의 기본 개념인 '민간의 사익추구'를 통해 공공적 서비스 제공을 효과적이고 효율적으로 실행하는 것이 도모된다.

그러나 일본에서 주로 사용되는 BTO형은 준공 직후에 공공시설 등을 정부에 매각하기 때문에 시설정비에 드는 민간 투자가 리스크를 짊어지는 기간은 정부와 민간이 사업계약을 체결해서 공공시설 등을 준공하기까지의 수년간으로 한정된다. 게다가 정부가 구입을 약속하고 있기 때문에 예정대로 공공시설 등을 만들어 넘겨주는 한 투하자금의 회수는 거의 확실하

그림 7-3 PFI에 대한 사업방식별 사업 수의 추이

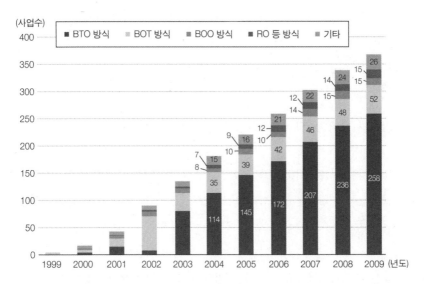

주: 1) 「RO 등 방식」은 RO방식, RTO방식, ROT방식을 가리킨다.
   2) 하나의 사업에 복수시설의 소유 형태를 포함하는 것 등은 기타에 분류되어 있다.
자료: 내각부, 「2009년도 PFI 넌차 보고」에서 전재.

다(정부 구입대금은 다년간에 걸쳐 연체 지불하는 경우가 많지만 확정 채권이기 때문에 민간사업자는 연체 지불기간 중의 정부의 신용 리스크를 지는 것에 지나지 않는다).

따라서 BTO형 PFI에서는 사익 추구의 필수 조건인 투자 자금 회수가 허망하게 끝나버린다.

물론 BTO형에서도 장기간에 걸쳐 시설운영에 드는 운영비용(running cost)을 민간이 도급 맡는다는 점에서, 시설운영비용 면에서의 리스크를 민간이 진다. 그러나 BTO형에서는 BOT형과 같이 시설 이용자가 지불하는 요금이나 국가·지자체가 지불하는 서비스 구입비에 의해 당초 시설정비에 드는 투자를 회수하는 것은 아니다. 따라서 사익 실현을 위해 효과적인 서

비스를 제공하지 않으면 안 된다는 절실함은 BOT형 PFI에는 못 미친다.

따라서 일본에서의 PFI이용은 사회자본 정비를 위한 새로운 자금조달 수법이라기보다는 공공시설 등의 정비와 운영관리의 일체화를 주안점으로 하는 발주 방식 개혁의 색채가 강하다.

일본에서 BOT형 PFI가 별로 채용되지 않는 이유

이와 같이 일본에서 BOT형 PFI가 그다지 채용되지 않은 이유로 공공시설 등을 민간이 소유하는 상태에서는 국가보조금이 지급되지 않는 경우가 있다는 점과 지자체가 소유하면 고정자산세가 들지 않는 점 등을 들 수 있다.

그러나 더 근본적인 이유는 국가나 지자체의 자금비용이 민간보다도 낮기 때문에, 민간 자금을 이용하는 기간이 긴 BOT형에서는 BTO형보다도 국가나 지자체에게는 불리하다는 인식이다.

내각부에 의한 PFI의 도해(〈그림 7-4〉)에서도 민간의 자금비용(그림 속 '편익·배당 등' 및 '지불이자'의 합계)는 공공 측의 자금비용('지불 이자')보다도 선천적으로 큰 것으로서 표시되고 있다(〈그림 7-4〉 PFI-LCC는 민간이 공공시설 등을 정비·운영한 경우 전 사업 기간을 통한 총비용, PSC는 국가나 지자체가 공공시설 등을 정비·운영한 경우의 총비용이다).

일반적으로는 민간기업의 신용 리스크가 징세권을 갖는 국가나 지자체의 신용 리스크보다 분명히 크기 때문에, 민간기업 차입금의 이율이 국가나 지자체가 발행하는 공채이율보다도 높은 것이 사실이다. 또한 민간은 출자금 이익(출자자로의 배당)을 위해 이윤을 추구할 필요가 있다. 그러나 관은 그 필요가 없다. 이러한 차이도 자금비용의 차로서 반영된다. 그러나 그러한 표면적 비용을 보는 것만으로는 본질을 잃는다.

공채의 원리금 지불에 충당되는 자금은 결국 세금이다. 그 세금을 지불

그림 7-4 PFI에 대한 자금비용의 분석

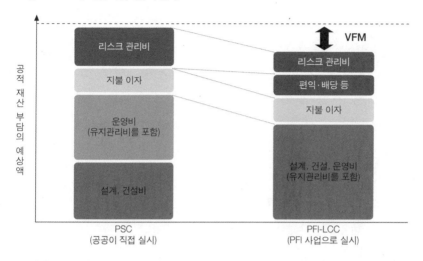

주: 적격성 조사 제도(Value For Money: VFM), 공공 부문 비교 측정기(Public Sector Comparator: PSC), 생애주기 비용(Life Cycle Cost: LCC).
자료: 내각부, 「2008년도 PFI 매뉴얼」의 그림을 바탕으로 작성.

하는 것은 국민이다. 만약 세금(증세)이 없다면 국민은 그 만큼의 자금을 투자(저축)나 소비로 돌릴 수 있다.

분명히 세금으로 공공시설 등을 정비·운영하는 편이 민간 자금에 의한 BOT형 PFI에서 실행하는 경우보다도 표면상 자금비용이 낮기 때문에 시설이용료를 싸게 설정할 수 있다. 그러나 그 대신에 국민·주민은 공공시설 등의 정비·운영에 투입된 세금을 내지 않으면 할 수 있는 투자(저축)나 소비가 주는 이득이나 서비스를 잃고 있다. 즉, 표면상 이용료가 낮게 유지되어 있어도 이를 위한 비용을 국민·주민이 세금 기회비용으로서 부담하고 있는 것이다.

오해가 많은 논점이기 때문에 순서대로 자세히 검토한다.

민관의 자금비용은 같다

민관의 자금비용을 논하는 이유는 재정난을 배경으로 공공시설 등의 신설·갱신비의 확보를 PFI 등 민간 자금의 활용과 공채 발행 중 어느 것으로 해야 하는가가 논의되기 때문이다. 그러나 본래 거기에는 당해 연도 징수에서 조달한다는 선택지도 분명히 있다. 당해 연도 징수에서 조달하기 위해서는 증세가 필요하고 정치적으로 어려운 판단이 요구되기 때문에 선택지에서 제외하고 있지만 세출은 세수로 조달하는 것이 원칙이다.

그래서 공공시설 등의 신설·갱신비 재원으로서 생각할 수 있는 다음의 3개 자금비용을 생각해보자.

① 해당 연도 세수
② PFI 등 민간 자금 활용
③ 공채 발행

먼저 ①에 대해서는 이미 지적한 것 같이 세금을 지불하는 것은 국민이고, 그 자금비용은 징세 기회비용인 민간 부문의 일실이익이다. 만약 징세되지 않으면 그 자금을 이용해 민간 부문이 실행하는 것이 가능한 투융자의 현금 흐름(cash flow)(〈그림 7-5〉의 a)이 징세(〈그림 7-5〉의 b) 대상이 되어, 징세에 의해 잃어버린 미래 현금 흐름(〈그림 7-5〉의 c=b-a)이 징세 기회비용이고, '① 해당 연도 세수'의 자금비용이다.

한편 민간 부문은 가계(개인)와 기업으로 이루어진다. 기업이 이용하는 자금은 출자(equity)와 차입금(debt)이다. 출자비용이 기대이윤, 차입금비용이 차입 금리이며, 그 합(비율에서는 가중평균)이 기업자금비용이다. 그러나 출자도 차입금도 그 자금의 본원적인 제공자는 가계이고 기업은 자금

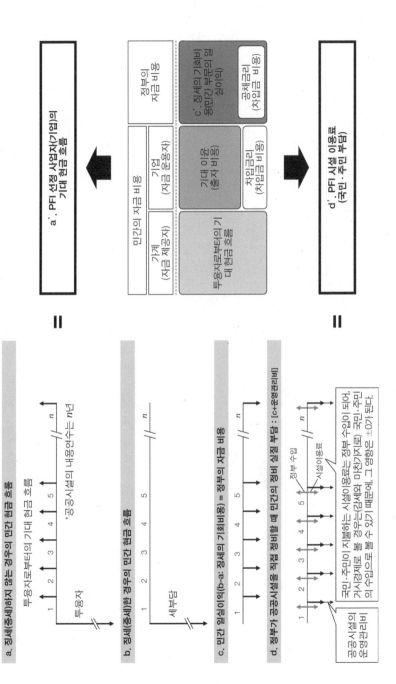

그림 7-5 정부(중세)금과 민간 비용 및 공공시설정비에 따른 국민·주민 부담

a. 징세(중세)하지 않는 경우의 민간 현금 흐름

b. 징세(중세)한 경우의 민간 현금 흐름

c. 민간 일실이익(b−a: 징세의 기회비용) = 정부의 자금 비용

d. 정부가 공공시설을 직접 정비할 때 민간의 정비 실설 부담 : [c+운영관리비]

국민·주민이 지불하는 시설이용료 또는 정부 수입이 되어, 가사경제로 볼 경우 수는(임세와 마찬가지로) 국민·주민의 수입으로 볼 수 있기 때문에, 그 영향은 ±0가 된다.

a'. PFI 선정 사업자(기업)의 기대 현금 흐름

d'. PFI 시설 이용료 (국민·주민 부담)

제공자인 가계의 자금운용자다. 기업의 자금조달비용은 결국 가계가 자금 운용자에게 요구한 것으로, 거시경제로 보면 양자의 자금비용은 실질적으로 같다. 민간 부문의 일실이익을 생각할 때 가계인지 기업인지를 구별할 필요는 없다.

따라서 정부의 자금비용(해당 연도 세수의 자금비용)인 징세 기회비용은, 민간 부문의 일실이익이고, 가계 내지 기업의 자금비용이다(〈그림 7-5〉의 오른쪽 그림).

따라서 ① 해당 연도 세수와 ② PFI 등 민간 자금 활용의 자금비용은 같게 된다. 또한 PFI의 선정 사업자(기업)의 기대 캐시플로(〈그림 7-5〉의 a')는, 민간 부문 투융자로부터의 기대 캐시플로(〈그림 7-5〉의 a)와 같다. PFI의 선정사업자(기업)가 투자를 회수한 자금비용에 맞는 이윤을 확보하기 위해 설정하는 PFI 시설 이용료(국민·주민의 부담)(〈그림 7-5〉 d')도 정부가 공공시설을 직접 정비한 때의 민간 부문 실질부담(〈그림 7-5〉의 d)과 같게 된다.

PFI에서는 세금 배후에 숨어 있던 민간 부문의 일실이익(징세의 기회비용)이 공공시설 등의 이용료 안에 현재화하는 것에 지나지 않는다. 알기 쉽게 말하면, 세금을 지불해 갱신된 시설을 무료로 사용하는 것과 PFI로 갱신하여 거두지 않은 세금 부분을 주식과 채권으로 운용하면서 시설 내구연한 동안 민간 사업자에게 원리금을 나누어 시설 이용료로 지불하는 것은 민간·주민에게 부담이 같다는 것이다.

한편 ③ 공채 발행도 원리금을 세금으로 상환한다. 따라서 공채에는 징세 기회비용이 숨어 있어 원리금을 세금으로 상환할 때까지 그 발생이 뒤로 미뤄진다.

남은 문제는 '① 해당 연도 징수'에서 세출을 조달하는 것보다도 '③ 공채 발행'으로 조달하는 편이 유리한 것인가, 즉 징세(증세)를 뒤로 미루는 편이 유리한가 하는 점이다. 그것은 공공시설은 효용이 길게 계속하기 때문에 세대 간 부담을 공평하게 하기 위해 공채(건물공채)를 발행해야 하는 것인지 아닌지라는 논의와는 별도 문제이다.

정부가 해당 연도 지출(세출)을 해당 연도 세수(증세)로 조달하는 것과 공채를 발행해서 조달하는 것 중 국민경제에서 어느 쪽이 유리할까라는 문제는 예전부터 경제학자 간에 논의되어 다각적인 이론연구와 실증연구가 이루어져 있다.

이 논점에 관해서는 일정 조건 아래에서는 지출을 해당 연도의 세금(증세)으로 조달해도 공채로 조달해도 같다는 '리카도 대등 정리(공채의 중립명제)'가 공공경제학자 간에는 잘 알려져 있다. 한편으로 현실의 경제사회는 중립명제의 전제대로가 아니고, 실제로는 중립적이지 않다고 하는 실증연구도 있다.

그러나 이 책의 목적은 중립명제의 시비를 논의하는 것이 아니다. 이 책에서 논의해야 할 초점은 PFI 등에 의해 민간자본을 이용하는 것이 공채발행에 의한 자금조달보다 정말 불리한 것인가라는 점이다(중립명제에 관한 자세한 논의에 흥미가 있는 독자는 오가와 마사요시(小川正義) 외『공공경제학』등을 참조하기 바란다).

그리고 ①도 ③도 최종적으로 징세에 기초한 정부 자금(세수)을 이용한다는 점은 같다. 한편으로 재정법 제4조에는 "국가의 세출은 공채 또는 차입금 이외의 세입으로, 그 재원으로 하지 않으면 안 된다. 단 공공사업비, 출자금 및 대부금 재원에 대해서는 국회의결을 거친 금액 범위 안에서 공채를 발행하거나 차입금을 만들 수 있다"고 되어 있다. 즉, 세출은 해당 연도 세수에 의해 조달하는 것이 원칙이고, 공채발행에 의한 조달은 예외이다.

따라서 적어도 민간 자금과 공채 비용을 논하는 국면에서는 '① 해당 연도 세수'로 세출을 조달하기보다도 '③ 공채 발행'으로 조달하는 편이 유리하다고 판단할 적극적인 이유는 없어서, ①과 ③은 중립적이라고(① = ③) 보아야 할 것이다. 그러면 ① = ②인 것으로부터 ② = ③이 유도된다. 즉, 민간 자금과 공채 비용은 같다. 공채 금리는 정부 자금비용의 일부분에 지나지 않는다.

한편 국가나 지자체의 재정 담당자 입장에서는 개개의 공공시설 등의 정비 프로젝트에 대해서 징세의 기회비용(민간 부문의 일실이익)을 실제로 부담하는 일은 없다. 공채를 발행한 경우, 당면 현금이 나가는 것은 그 금리 뿐이다. 그 때문에 민간 자금을 활용할지 공채로 조달할지의 구체적 국면에서는, 아무리 해도 표면적인 현금 지출에 눈을 빼앗겨 민간 자금을 사용하는 쪽이 비싸다는 의견이 이기고 만다. 일본 국내에는 풍부한 개인 금융자산이 있기 때문에 크라우딩 아웃(crowding out: 정부가 다액의 공채를 발행해서 이자율을 끌어 올린 결과, 민간 투자가 압박당하는 상태)이 당면 문제로 우려되지 않는 것도 이러한 의견이 받아들여지기 쉬운 배경을 형성하고 있다.

그러나 장기적이고 거시적인 국민경제를 생각하면 공채의 배후에도 세금의 기회비용이 실제로 존재하고 있는 것이다.

PFI가 활성화된 영국이나 오스트레일리아에서도 도입 초기에는 일본과 마찬가지로 민관의 자금비용 차이가 논의되었다. 그러나 지금은 그러한 논의를 끝내고 가장 중요한 것은 개개 프로젝트의 진정한 리스크로서 자금을 민관 중 누가 조달할지는 관계없다고 많은 전문가들이 생각하고 있다(더 자세한 논의에 흥미 있는 독자는 D. Grimsey & M. K. Lewis, *Public Private Partnerships*를 참조하기 바란다).

불평등한 비교와 국가신용을 이용하는 것의 한계

이상과 같이 민관의 자금비용은 실질적으로 같다. 최종적으로 세금으로 상환되는 공채의 실질적인 자금비용도 민간 자금비용과 같다. 또한 공공시설 등의 정비·운영비는 정부가 행하든 PFI에 의해 민간이 행하든 최종적으로 모든 국민·주민이 세금 또는 이용료 납부로 부담한다는 점에는 변함이 없다.

원래 정부 자금비용에 대해 정부의 차입금(debt)인 공채 금리를 사용하는 한편, 민간 자금비용에 대해서는 출자(equity)의 비용인 기대 금리(배당)와 차입금(debt) 비용인 차입 금리의 합(비율에서는 가중평균치)을 사용하는 것은 정말 불합리하고 불평등한 비교이다. 원금 변제를 약정하는 차입금의 비용 쪽이 원금 변제를 약속하지 않는 에퀴티 비용보다도 낮은 것은 당연하다. 차입금 간 비교라면 신용도가 매우 높은 민간기업이 발행하는 사채 이율이 국채 이율을 하회하는 경우도 있다.

게다가 일본에서는 공채발행의 기반이 되는 국가의 신용에 황색 신호가 켜져 있다.

그것은 국가와 지방의 장기채무 잔고가 2014년도 말에는 1000조 엔을 넘어 GDP 대비 200%에 달하는 한편, 기초적 재정수지(primary balance)의 흑자화 계획은 세워졌지만, 채무를 삭감해가는 구체적인 길은 아직 보이지 않기 때문이다.

그러나 이렇게 국가와 지방의 채무를 함께 논하는 경우가 많은 것은 왜일까. 본래 "지방공공단체는 그 재산을 관리"하는 기능을 갖고(헌법 제94조), "그 재정의 건전한 운영에 노력하고, …… 국가의 재정 …… 에 누를 끼치는 정책을 해서는 안 된다"고 하고 있고, 한편으로 "국가는 지방재정의 자주적이고 건전한 운영을 조장(助長)하는 것에 힘써서 적어도 그 자립성

그림 7-6 **국가의 신용**

사발 용적(국가의 신용) 끝까지 가득 찬 물(채무)

가격 하락 우려

국채[건설·특수·재투채(財投債)]
지방채[보통회계채, 공영기업채]

↑ 암묵의 정부보증

을 헤치지 않거나 지방공공단체의 부담을 전가하는 시책을 해서는 안 된 다"(지방재정법 제2조). 따라서 지방 채무는 본래 국가 채무와는 독립한 것 으로서 논의해야 할 것이다.

그러나 실제로는 지방채에는 '암묵의 정부보증'이 있다고 일컬어진다. 그 논거로서 ① 지방채협의제도, ② 지방채원리상환금의 교부세 조치, ③ 지방재정재건제도 등의 존재를 들 수 있다. 즉, 많은 지방채가 국가신용을 배경으로 발행되고 있기 때문에 국가와 지방채무 책임을 합계해볼 필요가 있는 것이다. 그리고 〈그림 7-6〉처럼 국가의 신용을 사발의 용량으로 비교 하면 지금은 채무라는 물이 거의 가득 차서 머지않아 넘치지 않을까 하고 걱정되는 상황으로 치닫고 있다.

이러한 상황 하에서 중장기적인 재정건전화로의 길을 고려해 실행하는 것은 필수적인 정치 과제이다. 이후로는 지자체는 지방교부세교부금(地方 交付税交付金)을 포함해 국가신용에 의지한 자금 조달은 전체적으로 줄어 들 일은 있어도 늘어날 일은 없음을 각오해야 할 것이다.

따라서 민간 자금 활용은 지자체의 재정 리스크 관리의 관점에서도 중요 한 과제이다. 자금조달 방식의 다양화를 도모해서 국가신용에 의지하지 않고 가능한 한 해당 사회자본의 경제적 사회적 가치를 담보로 조달하는 것이 요구된다. 거기에는 '고향 펀드' 등을 통해 '지역의 뜻있는 투자'를 널리 모집하는 것도 필요할 것이다.

최소 용량(availability) 요금과 일체형(unitary) 지급금

한편 국가신용에 의지하지 않는 자금 조달이 필요하고 민관의 자금비용이 같다고 인식되면 BOT형 PFI가 촉진된다. 그러나 일반공원이나 일반도로 등 배제성이 결핍되고 이용자로부터의 요금을 징수할 수 없는 공공시설 등의 PFI에서는 공공시설 등에 대한 서비스 대가를 정부가 지불함으로써 민간이 투자를 회수한다. 서비스 구입형으로 불리는 유형이다. 이에 대해 이용자에게 징수하는 요금만으로 투자를 회수하는 것을 독립채산형이라고 한다.

서비스 구입형에서는 BOT형을 채용해도 결국 투자회수는 정부의 서비스 구입비이기 때문에 이용자의 많고 적음이 투자회수나 이익에 크게 영향을 주는 독립채산형과 비교해 효과적인 서비스를 제공하려는 동기가 PFI 선정 사업자에게 형성되기 어렵다.

그래서 고안된 것이 요구 수준·모니터링·지불 메커니즘을 삼위일체로 운용하는 방식이다. 이 방식은 성능발주에서 공공시설 관리 수준이나 서비스 내용에 관한 상세한 요구수준서를 작성하고, 시설정비 후 해당 공공시설에서 제공되는 서비스 질과 양의 관한 모니터링을 실시한다. 그리고 그것에 의해 평가된 서비스 제공 내용이 요구수준서 수준에 도달하지 않으면 서비스 구입비를 감액하고, 반대로 요구 수준 이상의 퍼포먼스를 보여주면 증액하는 것이다. 이 방식은 최소용량 요금이라고 불리고 있다(감액의 경우를 최소용량 요금, 요구 수준 이상을 달성해 증액하는 경우를 실적지급

(performance payments)이라고 말하기도 한다]. 이것에 일체형 지급금 방식을 더하면 민간의 긴장감은 더 강해진다.

일체형 지급금 방식이란 최소용량 요금를 전제로 시설정비비 상당분을 유지관리·운영비 상당분에서 구성되는 서비스 구입비에 대해 감액 조치를 발동할 때에 양자 구분 없이 전부 일체의 것으로서 취급하는 방식이다. 선정된 사업자 입장에서 보면 만약 요구 수준을 충족하는 서비스를 제공하지 못하면 운영비용(running cost)뿐만 아니라, 투하한 초기비용(initial cost)도 회수할 수 없게 된다.

그러나 잘 생각해보면 이것은 민간이 통상 행하고 있는 설비투자와 같다. 시설이나 설비를 건설한 후 그 운영에서 얻을 수 있는 수익에 의해 초기투자와 유지관리·운영비를 회수하는 것은 당연한 일이다. 일체형 지급금 방식의 PFI는 민간투자에서는 당연한 일을 공공서비스로 도입함으로써 민간의 지혜와 노력을 끌어내는 것이다.

또한 일체형 지급금 방식을 본격적으로 채용한 PFI 안건은 센다이 시 학교급식센터 정비사업 등이 있으나, 아직 그 사례는 많지 않다.

이익 추구 동기

다음으로 사회자본 파이낸스에 대한 또 하나의 논점인 공공적 서비스 제공에 이익 추구 동기를 도입하는 것의 시비를 둘러싼 논의를 생각해보자.

'민간의 지혜와 자금'을 활용한다고 하는 슬로건이 오래 전에 내걸렸다. 그러나 실제로 PPP에 의한 공공시설 등 운영업무에 관계하고 있는 민간사업자의 말에 의하면, 공공서비스 분야에서는 민간기업에 의한 이익 추구를 부정적으로 보는 풍조나 의식을 가진 사람이 많다고 한다. 이러한 풍조나 의식은 PPP에 대해 고위험 저소득(high risk low return)을 민간에 요구하게 된다. 또한 지방자치법 개정에 의해 도입된 지정관리자 제도는 종래 국가나 지자체 등이 직접 실행해온 공공서비스를 민간에 포괄적으로 위탁할 수 있게 한 것으로, 공공시설 등으로의 민간 직접투자를 동반하지 않는다. 그럼에도 제도 그 자체에 반대하는 의견이 있다.

그러나 공공서비스 분야에 이익추구 동기를 도입하는 것이 PPP의 핵심이기 때문에 '민간의 지혜와 자금'을 끌어낼 수 있다.

자신의 돈을 자신을 위해 사용하는 것과 타인의 돈을 타인을 위해 사용하는 것 중 사람은 어느 쪽에 더 진지하게 임할까. 이론적으로는 자신의 돈을 자신을 위해 사용하는 한 그것이 낭비라고 생각되는 용도일지라도, 그렇게 해서 손해 보는 것은 자기 자신이기 때문에 타인에게 이러니저러니 말을 들을 이유는 없다. 이에 대해서 타인의 돈을 타인을 위해서 사용할 경우 최대한 유용하게 사용할 책무를 짊어진다. 그것을 직무로서 실행한다면 한층 더 책무가 커진다. 그러나 사용방식이 유용했는지 그렇지 않았는지는 간단하게 평가할 수 없다. 공공서비스 분야에서 진정한 평가는 수십 년이 지난 후가 아니면 할 수 없는 경우도 많다.

그러나 경험상으로는 이론적으로 당연한 태도와는 반대로 자신의 돈을 자신을 위해 사용하는 경우에는 사람이 더 신중하고 진지하게 행동하고, 타인의 돈을 타인을 위해 사용하는 경우에는 부정이나 낭비의 위험이 높다고 인식하고 있다. 타인을 위하는 체하면서 실제로는 자신을 위해 사용한다거나, 어차피 타인의 돈으로 자신의 배가 아픈 것은 아니기 때문에 낭비에 대한 점검(check)이 소홀하게 된다는 우려가 따라다닌다.

투자 세계에서는 타인의 돈을 타인을 위해 사용하는 펀드 매니저에게, 자신의 돈을 투자가로부터 위탁한 돈과 함께 투자하도록 요구하는 일이 종종 있다. 펀드 매니저와 "같은 배(same boat)에 탄다"고 표현되는 이러한 요구는 그 경험에 기초하고 있다.

표 7-1 **자금·목적 매트릭스**

		누구의 자금을	
		타인	자신
누구를 위해서	타인	재정지출	자선사업·기부
	자신	(횡령·배임)	투자·소비

〈표 7-1〉과 같이 재정지출은 타인의 돈을 타인을 위해 사용하는 것이다. 한편 민간투자는 자신을 위해 자신의 돈을 사용하는 것이다. PPP에 기초한 민간 지혜와 자금 활용의 동기는 일본의 재정난이 그 중심에 있다. 그러나 PPP에서는 자신의 돈을 자신을 위해 사용하는 즉, 사람이 이익을 추구하고자 할 때 생겨나는 지혜와 노력을 공공서비스 분야에 대해 끌어내려는 의도가 있다. 만약 이익 추구 동기를 부정하면 그러한 지혜와 노력이 생기지 않는다. 애초부터 고위험 저소득(high risk low return) 사업에 민간 자금을 투입하는 것은 수지가 맞지 않는다.

사익을 추구하는 것이 효과적인 공공서비스 제공이나 효율적인 시설운영으로 연결되도록 PPP 구조를 마련하는 것이 사회자본 파이낸스의 요체이다. 물론 그 스킴(scheme) 설계에는 대상이 되는 사무사업의 종별에 따라 법세제상의 장해 또는 적절한 민관 리스크 분담 방법, 공적 보조 방법, 수준 결정 등 해결해야 할 과제도 많다. 게다가 사익 추구와 공익 추구가 트레이드 오프 관계에 있는 경우도 발생한다. 따라서 PPP에서는 관청이 공익추구 시점에서 체크하는 체제를 정비하는 것도 중요하다.

그러나 이러한 과제나 대립구조를 인식하고 정면으로 마주할 때, 처음으로 과제 해결과 대립을 지양하기 위한 새로운 지혜와 궁리가 생긴다. 적자를 재정자금으로 보전하는 연성 예산 제약 아래서는 이러한 갈등은 발생하지 않고 새로운 지혜나 노력이 생겨날 기회도 적다.

또한 이익 추구 동기는 민간기업 간의 경쟁성을 가져오고 그것이 새로운 지혜나 궁리를 낳는 요람이 된다.

재정자금의 효과적 이용과 최적의 리스크 분담

게다가 민간 자금을 한정된 재정자금과 조합시키는 것은 더 많은 사업실시나 민관의 다채로운 리스크 분담으로 이어진다.

〈그림 7-7〉은 그 개념도이다. 재정자금만으로는 하나의 사업(A)밖에 실시할 수 없으나 민간 자금을 도입하고 재정 자금과 조합시킴으로써, 사례에서는 3개의 사업(A~C)이 가능하게 된다. 또한 리스크가 낮은 '융자', 리스크가 높은 '출자' 아니면 중간 형태(mezzanine, 원래 뜻은 '중2층')를 취하는 등 해당 사업의 재정 자금 투자로서 가장 적절한 형태를 선택할 수 있다.

민간 자금 활용의 폭을 넓히기 위해서는 널리 민간의 제안을 요구하는 것도 중요하다. 민간의 지혜와 자금 활용을 폭넓게 원한다면 실제로 지혜와 자금을 가지고 있는 민간에게 대상 사업이나 대상 자산을 제안하도록 하는 것이 이치에 합당하다. 그리고 이를 위해서는 행정이 공회계시스템을 정비하고, 공공시설 등의 제원표나 유지관리비, 또는 공공서비스에 관한 수익비용 상황을 개별 시설·개별 사업마다 밝힐 필요가 있다. 이 시점에서도 공공시설백서의 작성은 중요하다.

또한 경쟁적 대화방식 도입 등을 통해 관과 민이 서로의 의도를 잘 이해하는 것도 중요하다.

이 때 민간의 지혜를 이끌어낼 인센티브도 중요하다. 입찰 결과 가격경쟁에서 낙선되고, 아이디어만 사용된다면 진지하게 지혜를 낼 마음이 생기지 않는다. 가치 있는 아이디어를 낸 자에게는 상응의 보상이 주어지는 것이 마땅하다.

이와 같이 민간 자금을 폭넓게 활용하려면 재정 자금에만 의지했던 시대적 발상을 크게 전환할 필요가 있다.

증권화 수법의 활용

〈그림 7-7〉에 나타낸 개념도는 실은 자산이나 사업을 증권화할 때의 기본적 구조이기도 하다. 민간 자금 도입에 즈음하여 금융자본시장에서 넓게 자금을 모으는 것이 가능한 증권화 수법 활용도 검토할 만하다.

특히 노후화한 공공시설 갱신과 함께 수익을 올릴 수 있는 민간서비스시설과 민관복합시설을 정비하는 안건에서는 부동산 특정 공동사업 등을 통한 증권화 수법을 활용해 민간에서 개발 자금을 조달하는 방법이 있다. 일

그림 7-7 **민관자금협동의 의의**

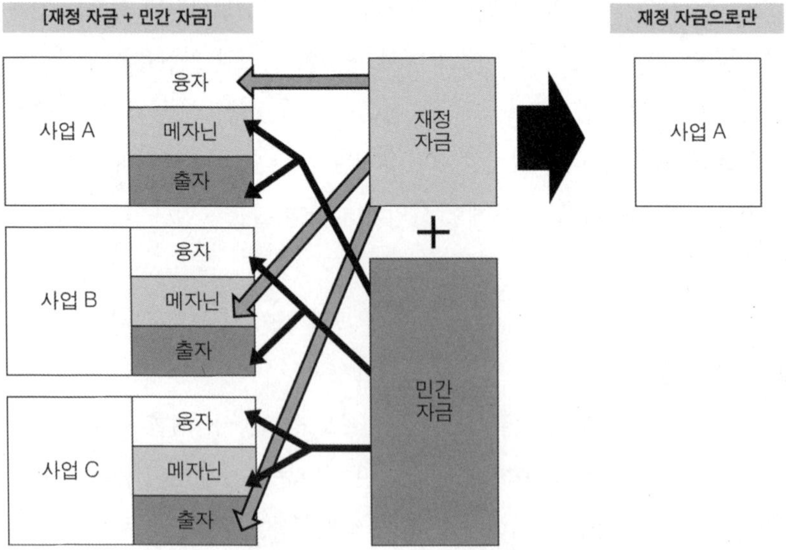

정 조건을 만족시키면 환경부동산보급촉진기구에 의한 내진·환경부동산 형성촉진사업에 기초해 출자를 받을 수 있다. 또는 전국시가지재개발협회의 마을 내 거주재생펀드나 민간도시개발추진기구의 마을재생출자·메자닌 지원 업무의 정책 목적과 사업 내용이 합치된다면, 거기에서 출·융자를 얻는 것도 가능하다.

또한 갱신(재건축)사업이 완료된 후 해당 복합시설 전체를 J-리트(J-REIT: Japan Real Estate Investment Trust의 약자)라고 불리는 상장형 부동산 브랜드나 사모(私募)-리트로 불리는 비상장형 부동산 브랜드 등에 매각해, 공공시설로서 이용하는 부분은 지자체가 정기 차가(借家)계약 등을 통해 빌리는 방법도 있다. 그때 투자적격부동산으로서 금융자본시장의 자금을 모을 수 있도록 대지가 되는 공유지의 경계나 권리관계, 공공시설로서 사용하는 부분의 임대차계약 내용 등을 후일 이의가 발생하지 않도록 명확하게 하는 작업이 중요하게 된다.

또는 PFI 등에 의해 공유지의 정기차지권상에 민관복합시설을 정비한 경우, 민간이 그것을 증권화하는 경우를 상정해서 민관 간의 계약에 필요한 조처를 취해 두는 것도 중요하다. 만약 지자체가 공공시설로서 이용하는 부분의 건물임차료와 공유지의 임대료(지대)가 동일한 수준이라면 재정지출 없이 공공시설 갱신이 가능하게 된다.

3. 갭 펀딩(gap funding)

공적기관의 직영에 항상 따라다니는 연성 예산 제약 문제를 해결하는 것과 함께 조건 불리 지역 사업에 대해서도 그 채산을 확보함으로써 민간 자금 도입을 가능하게 하는 방법이 '갭 펀딩'이다. 갭 펀딩은 사회자본 파이낸스의 개념을 명쾌하게 표현한다. 그 방법과 목적을 개관하고 공공시설 정비·갱신으로의 활용을 검토하자.

갭 펀딩과 이익공유제(profit sharing)

갭 펀딩은 미국이나 영국에서 PPP를 추진할 때 널리 받아들여지고 있는 방법이다.

갭 펀딩에서는 경쟁 입찰 등으로 선정된 민간 사업자에 의한 경영을 전제로, 채산을 확보하기 위해 필요한 공적보조를 사전에 관과 민 사이에서 합의한다. 즉, 사회적인 가치(외부경제)는 크지만 사업채산이 맞지 않기 때문에 시장기능에서는 제공되지 않는 서비스에 대해 전망 채산 라인과 예상 수익과의 갭을 정부가 보전(펀딩)하는 방식이다. 실제로 사업을 운영한 결과, 채산 균열 상태에 빠졌다고 해도 합의한 보조 이외에는 기본적인 정부

그림 7-8 **연성 예산 제약에서 경성 예산 제약으로**

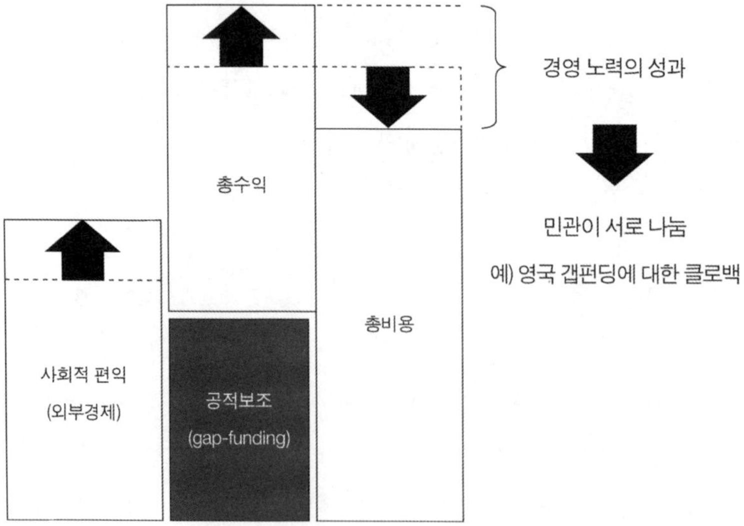

경영 노력의 성과

민관이 서로 나눔
예) 영국 갭펀딩에 대한 클로백

총수익

총비용

사회적 편익
(외부경제)

공적보조
(gap-funding)

지원은 얻을 수 없다. 이것에 의해 연성 예산 제약을 경성 예산 제약으로 전환한다(〈그림 7-8〉).

갭 펀딩을 실행할 때 동시에 종종 이용되는 것이 이익공유제이다. 영국에서는 클로 백(claw back)이라고도 불린다. 이것은 민의 경영노력에 의해 당초 합의한 기준치 이상의 경비 삭감이나 수익 증가로 발생한 이익을 민관에서 서로 나누는 규칙을 정해두는 것이다.

갭 펀딩과 이익공유제의 구체적 이미지를 예시해보자. 예를 들면 조건 불리 지역에서 지역 활성화의 기폭제가 되는 개발 프로젝트에 대해 다음과 같은 채산이 예상된다고 하자.

(a) 상정 개발비용	1000억 엔
(b) 상정 엔드밸류(end value)	800억 엔
(c) 갭(a-b) = 보조금	200억 엔
(d) 실제 개발비용	950억 엔
(e) 매각가격	850억 엔
(f) 클로 백	50억 엔 [{(a-b)+(e-d)} × 50%*]

*민으로의 인센티브가 50%인 경우

개발 비용은 1000억 엔으로 예상되는 한편, 사업완성 시에 경제적으로 성립하는 물건가격(상정엔드밸류)은 800억 엔으로 예상되고 있다. 이대로라면 민은 투자할 수 없기 때문에 양자의 차 200억 엔을 메우는 것이 갭 펀딩이 된다.

실제로 프로젝트 완성에 든 비용이 950억 엔이고 매각가격이 850억 엔이었다고 하고, 이 때 얻어진 자본이득(capital gain) 100억 엔을 민관이 반반씩 나눈다고 하자. 이것에 의해 민간에 부가가치 높은 개발을 실현하는 인센티브를 주면서 관이 이전에 제공한 보조금을 회수한다.

만약 관이 자본이득을 전부 몰수한다면, 민은 1000억 엔의 비용을 들여 800억 엔으로 팔리는 프로젝트 밖에 만들지 않을 것이다. 반대로 민이 자본이득(capital gain)을 전부 향수할 수 있다고 하면, 관은 갭 펀딩의 금액(보조금)이 적정하지 않았다는 비난을 받을 것이다. 이러한 비난을 피하고자 관은 갭 펀딩 액을 보수적으로 어림잡으려고 한다. 그러면 이번에는 민간 측의 리스크가 높아져 사업 참가 희망자가 적어진다. 결과적으로 프로젝트의 시작부터 경쟁력이 저하되어 버린다. 이익공유제(클로 백)는 이러한 딜레마를 해결한다. 즉, 관과 민이 윈-윈(Win-Win) 관계가 된다.

클로 백은 갭 펀딩을 동반하지 않는 경우에도 유용하다. 그 실례를 하나 소개한다[본 실례에 관한 기술은 주로 마치다 히로히코(町田裕彦)『PPP의 지식』 내용에 기초함]. 클로 백은 영국사회보험성이 민간 주도 부동산 관리(Private sector Resource Initiative for Management of the Estate: PRIME)라고 하는 명칭으로 1998년에 도입한 사업이다.

영국사회보험성이 전국의 중심시가지에 보유한 약 700동의 사무소를 민간 컨소시엄(consortium)이 조성한 SPC(Special Purpose Company)인 트릴리엄(Trillium)에 일괄 매각한다. 그 유지관리·운영·처분을 민간 SPC의 경영에 맡기고, 스스로 필요한 부분은 SPC에서 임차한다. 사업소에 드는 수도광열비 등 관리비용의 삭감액이나 임차료 감액, 잉여자산 매각 이익 등으로 만약 정해진 기준을 상회하는 성과가 발생한 경우, SPC는 그 50%를 사회보험성에 되돌려준다. 따라서 민간의 인센티브는 나머지 50%가 된다.

이와 같이 갭 펀딩과 이익공유제에는 민의 사익 추구가 효과적이고 효율적인 프로젝트 실행을 촉진하는 기능이 있다.

일반적 보조금과의 차이

한편, 갭 펀딩도 보조금의 일종인데 갭을 산정해서 그 금액을 보조액으로 한다는 점에서 일반적인 보조금과는 성격이 다르다. 통상 보조금은 본래 민간이 독립채산사업으로 실시하는 것이 원칙인 사업에 산업정책 관점에서 시장을 조기에 확대시키기 위해, 또는 지역정책으로서 조건 불리 지역에 대한 사업 리스크 일부를 공공도 부담하기 위해서라는 이유로 재정 자금을 투입하는 것이다. 또는 정비된 민간시설 일부가 공공성이 높은 용도로 제공되는 경우 그 부분에 한해 보조하는 것이다. 거기에는 채산 라인과 실제 수익과의 갭을 메운다고 하는 발상은 없다.

한편 지자체가 병원이나 학교 등을 유치할 때 시설용지를 무상 공여함과 함께 보조금을 유치해 대상시설에 제공하는 경우에는, 실질적인 갭 펀딩이 될 가능성이 있다. 그러나 명시적이고 객관적으로 갭을 메운다고 하는 의도를 가지고 행하는 것은 아닐 것이다.

이에 대해 갭 펀딩은 사회적 가치(편익)는 높아도 채산이 맞지 않는 프로젝트에 대해서 실제로 채산이 확보되는 수준까지 명확한 의사를 갖고 보조하는 것이다.

따라서 갭 펀딩을 정식 제도로서 채용하기 위해서는 먼저 대상사업 유형(사회자본)이 실현하는 사회적인 편익을 계산하고, 그 금액이 사업채산 확보에 필요한 보조액보다 큰가를 생각해볼 필요가 있다. 그러한 확인을 거침으로써 갭 펀딩에 정당성이 부여된다(사회자본 파이낸스의 전제조건 ①).

한편, 제도로서 도입한 갭 펀딩의 운용에서 행정기관은 보조금을 부여하는 구체적 프로젝트의 채산 계산을 충분히 파악함으로서 펀딩(보전) 규모를 적절하게 결정할 필요가 있다. 또한 보조가 낭비되지 않도록 보조금을 부여하는 사업의 지속 가능성을 확인할 필요가 있다.

그러나 이를 위해서는 사업이 이루어지는 시장의 특성이나 해당 보조사업자의 사업수행 능력을 행정이 판단할 수 있는 체제를 갖추어야 한다. 그러나 실제로 사업을 실시하지 않는 행정에서 그러한 체제를 갖추는 것은 어렵다.

시장규율에 의한 프로젝트와 사업자 선별

갭 펀딩에 동반하는 이러한 문제에 정교하게 대응하는 방법이 미국에 있다. 그것은 세액공제제도를 사용해 갭 펀딩을 시행함과 함께, 시장기능을 통해 프로젝트와 사업자를 선별하는 구조이다. 그 대표적인 것이 임대 주택 공급자 대상 세액공제권(Low Income Housing Tax Credit: LIHTC)라고 불리는 저소득자를 위한 임대주택[이하 '어포더블(affordable) 주택'이라고 함]의 정비·운영을 민간 사업자에게 맡기는 제도이다.

LIHTC에서는 주정부가 인정한 민간사업자의 어포더블 주택 개발 프로젝트에 연방 정부의 실질 보조금인 세액공제권(tax credit)을 부여한다. 각 프로젝트에 부여된 세액공제권의 총액은 해당 사업이 채산성을 갖는 데 필요한 금액이다. 즉, 갭 펀딩이다. 세액공제권을 얻은 민간사업자는 해당 개발사업으로의 출자자(투자가)에게 세액공제권을 매각함으로서 그것을 자금화한다. 만약 투자가를 모으지 못하면 사업자는 세액공제권을 환금할 수 없어 보물을 가지고도 썩히게 되는 것이다. 즉, 투자가의 마음에 드는 프로젝트와 사업자에게만 보조금이 지급되도록 되어 있다.

LIHTC 시스템의 개요를 간략화해서 제시한 것이 〈그림 7-9〉이다. 이것도 충분히 복잡하지만 실제로는 더욱 복잡하게 얽혀 있기 때문에 상세한 것은 연구노트에서 다루도록 한다.

LIHTC는 1987년에 한시적으로 실시되어, 1993년부터 항구화되었다.

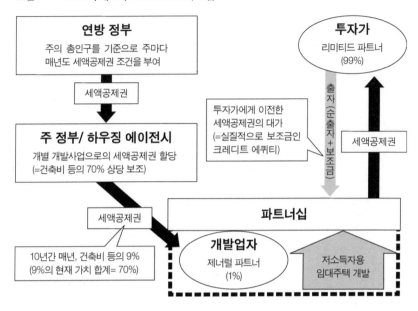

그림 7-9 LIHTC의 개요와 TAX CREDIT의 흐름

연방 정부
주의 총인구를 기준으로 주마다
매년도 세액공제권 조건을 부여

세액공제권

주 정부/ 하우징 에이전시
개별 개발사업으로의 세액공제권 할당
(=건축비 등의 70% 상당 보조)

세액공제권

10년간 매년, 건축비 등의 9%
(9%의 현재 가치 합계= 70%)

투자가
리미티드 파트너
(99%)

투자가에게 이전한
세액공제권의 대가
(=실질적으로 보조금인
크레디트 에쿼티)

출자 (순출자 + 보조금)

세액공제권

파트너십

개발업자
제너럴 파트너
(1%)

저소득자용
임대주택 개발

이 제도를 이용해서 2008년까지 누계 약 167만 호의 어포더블 주택이 공급되었다. 같은 해 공영주택 스톡은 약 115만 호이고, 미국 어포더블 주택 정비의 주류는 공영주택 방식에서 민간이 개발 운영하는 LIHTC 시스템으로 이행하고 있다. 이 방식의 최대 목적은 보조금을 배분하는 프로젝트 선별과 운영의 모니터링에 시장규율(Market Discipline)을 도입하는 것이다.

갭 펀딩과 시장기능을 활용하는 LIHTC 시스템은 일본에서도 검토할 만하다. 니시무라 키요히코(西村淸彦)·야마시타 아키오(山下明男) 편『사회투자펀드』는 일본에서도 세액공제권을 이용해서 갭 펀드를 행하는 '사회투자펀드' 활용을 제창하고 있다. 세액공제권은 사회적으로 유익한 프로젝트와 투자가를 연결하는 효과적인 방법이고, 그 유연한 활용이 바람직하다. 한편 세액공제를 이용한 LIHTC 시스템은 상당히 복잡하고 고도로 발달한 자

본시장의 존재를 전제로 하고 있다. 보조사업의 선별이나 모니터링에 시장
규율을 도입할 수 있다면 일본에서는 그다지 복잡한 시스템으로 하지 않는
편이 현명할 것이다.

공영주택은 일본 공공시설 중에 가장 수가 많아 전국에 약 145만 호
(2011년)있다. 그 갱신에는 방대한 자금이 필요하고, PRE/FM 전략상 큰 문
제이다. '민간의 지혜와 자금'을 끌어내는 갭 펀딩은 그 해결책의 하나로서
검토할 만하다.

『연구노트』 미국의 임대 주택 공급자 대상 세액공제권

임대 주택 공급자 대상 세액공제권(Low Income Housing Tax Credit)의 약칭 LIHTC은 미국에서는 라이테크로 불리고 있다. 라이테크는 어포더블주택(저소득자를 위한 임대주택)을 민간이 공급하게 하기 위한 보조 프로그램이다.

라이테크는 연방 정부가 주 정부를 통해 그 건설비 등의 70%를 상한으로 개발업자(developer)에 보조한다. 신축 외에 대규모 개수나 컨버전(conversion)도 대상이 된다. 또한 허리케인 카트리나 등에 의한 재해지의 부흥사업에도 활용되고 있다. 라이테크를 이용해서 1987년부터 2008년까지 누계로 약 167만 호의 어포더블 주택이 공급되었다.

라이테크의 최대 특징은 투자가를 통해 보조금을 교부하는 점이다.

일반 보조금에서는 정부로부터 현금이 일괄 직접 교부된다. 이에 대해 라이테크는 현금을 교부하지 않고, 10년간 세액공제권 즉, 세액공제를 10년에 걸쳐 매년 정부에 청구할 수 있는 채권을 준다(〈그림 7-10〉).

그러나 개발업자가 스스로 세액공제를 신청하는 일은 거의 없다.

개발사업을 위해 당장 현금이 필요한 민간 개발업자는 출자를 얻는 형식으로 세액공제권을 투자가에 매각하고 현금화한다. 즉, 보조금이 투자가를 통해 간접 교부되는 것이다.

이것은 어음 할인에 빗대어 생각하면 알기 쉽다. 세액공제권이라는 10개의 어음이 있어 투자가가 그것을 한꺼번에 현금으로 할인한다고 생각하는 것이다. 그리고 은행이 어음을 할인할 때에 부도가 나지 않을까를 체크하는 것과 마찬가지로, 투자가는 투자에 있어서 개발업자나 개발 프로젝트를 엄격히 심사한다.

왜냐하면 투자가는 세액공제와 배당 이익에 의해 투자를 회수하고 이익을 확보해야 하기 때문이다. 만약 개발업자가 보조 여건을 지키지 않았을 경우 투자가는 정부

그림 7-10 LIHTC 보조금교부의 방법

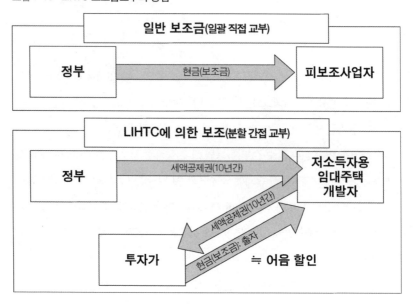

로부터 세액공제 반환을 요구할 수 있다.

이와 같이 라이테크는 상당히 복잡하게 얽혀 있는 시스템이기 때문에 세액공제권의 흐름을 따라가면서 좀 더 자세히 설명한다(〈그림 7-10〉 참조).

먼저 연방정부가 주의 총인구를 기초로 해서 주마다 매년도 세액공제권의 조건을 부여한다.

주정부는 구체적인 개발 계획을 가진 개발업자의 신청을 기초로 심사를 한 후 세액공제권을 분배한다. 앞에서 언급한 것처럼 개발업자는 스스로 세액공제권을 사용하는 일은 거의 없다. 대부분은 프로젝트의 개발 운영을 목적으로 한 파트너십을 형성해 투자가로부터 출자금을 모은다.

투자가는 지분의 99%를 보유하기 때문에 세액공제권의 99%도 투자가에게로 이동한다. 투자가의 출자에는 투자가에게로 이전된 세액공제권의 대가가 포함되어 있다. 즉, 이것은 세액공제권의 자본화·현금화한 것으로 이것을 공채지분(Credit

그림 7-11 LIHTC펀드

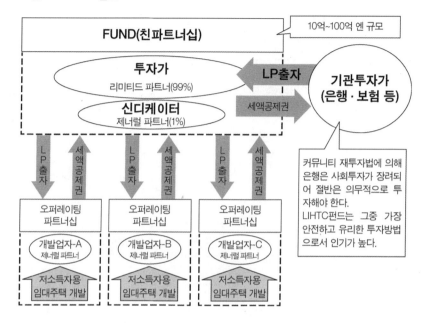

Equity)라고 한다.

여기서 유의해야 할 것은 세액공제권은 언뜻 보기에 투자가에 대한 보조로 보이지만 그렇지 않다는 것이다. 정부로부터 세액공제권으로서 교부된 보조가 투자가에 의해 현금화되어 그것이 개발업자에게 교부되는 것이다. 〈그림 7-10〉에서 투자가로부터의 화살표에 '현금(보조금): 출자'라고 쓰여 있는 것은 그것을 표현하고 있다.

실제로는 개별 사업에 투자가를 모집하는 일은 적고 전문의 신디케이터(syndicator)가 복수 사업을 한꺼번에 펀드화하고 거기에 출자를 모집한다(〈그림 7-11〉).

펀드로의 투자가는 은행 등의 기관투자가가 중심이다. 특히 은행은 커뮤니티 재투자법이라는 법률에 의해 사회 투자가 장려되어 절반은 의무적으로 투자해야 한다. 라이테크 펀드는 그중 가장 안전하고 유리한 투자 방법으로 인기가 있다.

라이테크의 묘미는 보조사업을 행정과 투자가가 이중으로 심사·모니터링 하는 것

그림 7-12 행정과 투자가에 의한 이중 심사

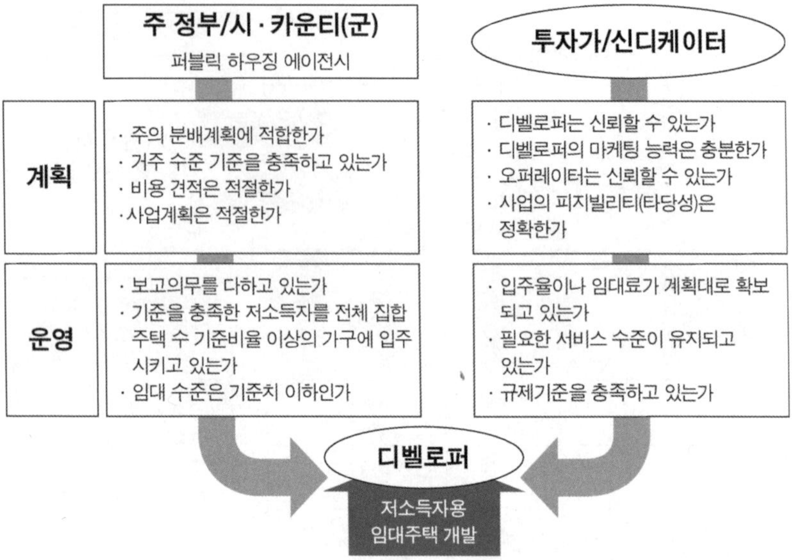

에 있다(〈그림 7-12〉).

간단하게 말하면 행정은 준칙에 따라 사업이 설계·운영되고 있는가를 체크한다. 투자가나 신디케이터(syndicator)는 그 사업이 잘 운영되어 경제적으로 성공할지를 체크한다. 즉, 중립성과 객관성이 강하게 요청되는 행정심사의 한계를 투자가가 보완하는 것이다.

예를 들면 신청한 개발업자가 정말 신용할 만한 회사인지 임대시장을 잘 파악해서 적절한 마케팅을 행할 능력을 가지고 있는지, 행정은 좀처럼 심사할 수 없다. 그러나 이익을 확보하지 않으면 안 되는 투자가는 그러한 점을 엄격하게 살펴본다. 이것을 통해 라이테크에서는 투자가 마음에 드는 자에게만 보조금을 교부하는 것이 된다.

이와 같이 라이테크는 개발업자에 대한 보조금을, 세액공제권이라고 하는 수단에 의해 투자가를 경유해서 간접적으로 교부하는 것이다.

보조금을 직접 교부하는 경우와 비교한 라이테크의 장단점은 〈표 7-2〉와 같다.

표 7-2 **LIHTC의 이점 결점**

장점	○시장 규율(market discipline)에 의해 보조사업의 선별 및 개발·운영의 효율화를 도모할 수 있다. ○항구 세제에 기초한 보조제도이기 때문에 각 연도 예산 배분에 의해 좌우되는 보조금에 비해 안정적이라 개발업자는 안심하고 프로젝트 준비를 할 수 있다. ○만약 개발업자나 운영자가 보조기준을 위반한 경우에도, 패널티는 투자자가 지기 때문에, 저소득자를 위한 임대주택의 경영이 곤란해져도 입주자가 불이익을 당할 가능성이 낮다.
단점	○시스템이 매우 복잡하고, 시스템 비용이나 구축 비용이 크다 ○불경기로 투자가 적자에 빠지면, 세액공제의 이점이 없어져, 보조제도가 기능하지 않게 된다 * 실제로, 서브프라임 론(subprime loan) 사태로 LIHTC 펀드의 주요한 투자가인 은행이 일제히 적자에 빠졌기 때문에, 펀드로의 자금 공급이 멈췄다. 이에 대처하기 위해 연방 정부는 세금공제권을 현금 보조와 교환하는 제도를 도입했다.

그중에서도 최대 이점은 시장 규율(Market Discipline)을 통해 보조사업의 선별하고, 개발·운영의 효율화를 도모하는 것이 가능하다는 점이다. 미국에서 많은 개발자들을 인터뷰했는데 모두 이구동성으로 시장 규율의 효용을 들었다. 반면 라이테크는 시스템이 상당히 복잡하고, 시스템 비용이나 구축 비용이 크다는 결점도 있다.

갭 펀딩과 시장기능을 활용하는 라이테크 시스템은 복잡하지만 풍부한 시사점이 있다.

인용·참고문헌

서론

金本良嗣. 1997. 『都市経済学』. 東洋経済新聞社.

岩井隆幸. 2011. 「都市施設とまちづくり」. 『人口減少時代の都市計画』. 学芸出版社, 66~96ページ.

제1장

中川雅之. 2008. 『公共経済学と都市政策』. 日本評論社.

根元祐二. 2011. 『朽ちるインフラ』. 日本経済新聞出版社.

제2장

上森貞行. 2014. 『公共施設マネジメントにおける市民討議会の活用』. 経済財政諮問会議 ‘選択する未来’委員会 地域の未来ワーキンググループ 第6回会議(2014年9月24日)資料2(内閣府WEBサイト）。なお, 同名の論文が 岩手県立総合政策学会 ≪総合政策≫(2015年 3月)に 掲載される予定である.

奥野信宏·栗田卓也. 2010. 『新しい公共を担う人びと』. 岩波書店.

増田寛也 編著. 2014. 『地方削減』. 中公新書.

제3장

アンソニー·E·ボードマン 他. 2004. 『費用·便益分析』. ピアソン·エデュケーション.

志村高史. 2012.3. 「都市の老朽化にどう備えるか？: 人口減少、少子高齢化時代のインフラ·公共施設の更新·維持管理」. ≪日本不動産学会誌≫, 第25巻 第4号, 57~65ページ.

제4장

OECD. 2012. 『コンパクトシティ政策(初校)』. OECDグリーン成長スタディ.

岩田知也・内海正太郎・日諸恵利. 2010.3. 「青森市市街地活性化のための現状分析と提言」. 東京大学公共政策大学院 ポリシーリサーチペーパー[GraSPP-P10-004].

栗田卓也・中川雅之. 2006. 「中心市街地の活性か政策の評価分析」. ≪季刊集濯土地経済≫, 62号, 21~29ページ.

澤田廉路. 2008.6. 「境港市の「水木しげるロード」整備と商店街の変容に関する考察」. ≪国際交通安全学会誌≫, Vol.34 No.1, 68~76ページ.

総務省. 2014.8. 『地方中枢拠点都市圏構想推進要網』(総務省Webサイト).

竹蔵誠. 2013. 「都市地域製作と社会資本ファイナンス」. ≪不動産証券化ジャーナル≫, Vol.15, 9~14ページ.

東京大学公共政策大学院と中心市街地活性化プロジェクトチーム2005"大店規制の経済分析~前橋を例に~"

深井正. 2013.7. 「'きらめき広場・哲西'におけるこれまでの取り組みと今後の課題」. ≪人と国土21≫, 第39巻 2号, 37~40ページ.

제5장

奥野信宏・栗田卓也. 2012. 『都市に生きる新しい公共』. 岩波書店.

国土交通省・(財)公園緑地管理財団公園. 2008.3. 「平成19年度都市公園利用実態調査報告書」.

日本学術会議 対外報告. 2007.7.13. 「わが国も子どもを元気にする環境づくりのための国家戦略の確立に向けて」.

日本学術会議提言. 2008.8.28. 「わが国の子どもの成育環境の改善に向けて―生育空間の課題と提言―」.

広井良典. 2009. 『コミュニティを問いなおす―つながり・都市・日本社会の未来』ちくま新書.

レイ・オルデンバーグ. 2013. 『サードプレイス』. みすず書房.

제6장

石井幹子. 2001. 『都市と緑地―新しい都市環境の創造に向けて―』. 岩波書店.

国土交通省・(財)公園緑地管理財団公園. 2008.3. 「平成19年度都市公園利用実態調査報告書」.

小林昭. 2009.5. 「都市公園業背の現状と課題」. ≪公園緑地≫, Vol.70 No.1,

6~13ページ.

社会資本整備審議会・都市計画-歴史風土分科会・都市計画部会・公園緑地小委員
会. 2003.4.「今後の緑とオープンスペースの確保の方法第一次及び第二
次報告」.

都市計画協会. 2012.8.「広場の利用・管理に関する研究会報告書」.

三井不動産 S ＆ E 研究所・北山創造研究所 編. 1994.『まちづくりの知恵と作
法』. 日本経済新聞社.

吉村慎治・内藤伸浩. 2006.「更新期を迎えた中心市街地の高速道路問題と都市
再生」. *Traffic & Business*, No.84, 秋季号, 17~21ページ.

제7장

Darrin Grimsey, Mervyn K.lewis. 2004. *Public Private Partnerships*."
Eddward Elgar.

Henry A Davis(ed.). 2008. *Infrastructure Finance : Trends and Techniques*.
Euromoney Institutional Investor.

井堀利宏. 1999.『政府と市場 官と民の役割分担』. 税務経理協会.

大庫直樹. 2013.『人口減少時代の自治体経営改革』. 時事通信社.

篠原二三夫・真田年幸・渡部薫. 2003.「英国の地方都市における年再生に向けた
試行と成果――ギャップ・ファンディングと魅力溢れるアーバンデザイン
の導入」. ≪ニッセイ基礎研究所≫, Vol.29, 144~210ページ.

土井丈朗. 2007.『地方債改革の経済学』. 日本経済新聞出版社.

西村清彦・山下明男 編. 2004.『社会投資ファンド』. 有斐閣.

林正義・小川光・別所俊一郎. 2010.『公共経済学』. 有斐閣アルマ.

不動産証券化協会 編著. 田辺信之 監修執筆. 2014.『入門不動産証券化ビジネ
ス』. 日経BP社.

町田裕彦. 2009.『PPPの知識』. 日本経済新聞出版社.

吉野直行・塩澤修平・鍛冶佐保子 編著. 2013.『ふるさと投資ファンド』. 慶応義
塾大学出版会.

266

지은이

나이토 노부히로

도쿄대학공공정책대학원 객원교수. 1981년, 도쿄대학 법학부를 졸업하고 미츠비시부동산(주)에 입사. 현재 동사에서 부동산증권회협회(출향). 1991년, 게이오기주쿠대학 대학원 경영관리연구과 석사과정 수료. 2009년부터 도쿄대학 공공정책대학원 특임교수(2014년 3월 퇴임), 2014년 10월부터 동 대학원 객원교수.

국토교통성관련의 공공 부동산에 관한 각종위원회 등의 위원을 역임. 마을 만들기를 위한 공공 부동산활용과 공공 퍼실리티 매니지먼트전략의 보급·연구를 위해, 나라·지방공공단체 직원을 대상으로 한 'PRE/FM연수회'(국토교통성·도쿄대학공공정책대학원 공동주최)를 기획·실시하고 있다.

저서는,『애셋(asset) 파이낸스』(다이아몬드 사),『일본기업의 전략관리시스템』(공저, 하쿠토 서방).

옮긴이

충남연구원

충남연구원은 지역 및 도시계획, 환경·생태, 관광, 산업경제, 행·재정, 디자인 분야 등 다양한 행정수요 변화에 적절한 대처방안을 연구하기 위해 1995년 설립된 충청남도 출연 연구기관이다.

충남지역 발전을 선도하는 싱크탱크(Think Tank)로서 충청남도와 15개 시·군이 전국에서 가장 우수한 행정을 펼 수 있도록 능동적인 정책과제 발굴과 창의적인 연구수행을 하고 있다.

임준홍

계명대학교 도시공학과에서 박사학위를 취득 후 국토연구원, 일본 오사카대학 외국인특별연구원에서 도시계획과 도시재생 연구를 주로 하였으며, 현재는 충남연구원에서 연구활동을 하고 있다.

박춘섭

도쿄대학 총합문화연구과 박사 과정을 거쳐 현재 충남연구원 사회적경제연구센터에 근무 중이다.

김정연

서울대학교 환경대학원과 서울시립대학교 도시공학과에서 도시 및 지역계획을 공부하였으며, 한국 농촌경제연구원과 충남연구원에서 도시·지역재생, 농촌중심지 활성화 관련 연구활동을 해왔다.

김한수

계명대학교를 졸업한 후 일본 오사카대학에서 공학박사(도시계획 및 도시설계)를 취득하여 현재는 계명대학교 도시계획학과 교수, 한국감정원 상임감사로 재직하고 있으며, 한국주거학회회장, 대한 국토도시계획학회 대구·경북지회장 등을 역임하였다.

임지현

일본여대에서 건축을, 도쿄대 대학원에서 사회문화환경학(도시계획)을 전공. 석사학위 취득후, 인간 환경디자인연구소에서 3년간 근무. 마을 만들기, 건물 내 안전사고와 다세대 주거공간에 대해 연구. 현재 프리랜서 통번역가 및 연구자로 활동 중이다.

한울아카데미 1978

인구감소 시대의 공공시설 개혁

마을 만들기가 키워드

지은이 **나이토 노부히로**

기획 **충남연구원**

옮긴이 **임준홍·박춘섭·김정연·김한수·임지현**

펴낸이 **김종수**

펴낸곳 **한울엠플러스(주)**

편집 **조수임**

초판 1쇄 인쇄 **2017년 3월 30일**

초판 1쇄 발행 **2017년 4월 10일**

주소 **10881 경기도 파주시 광인사길 153 한울시소빌딩 3층**

전화 **031-955-0655**

팩스 **031-955-0656**

홈페이지 **www.hanulmplus.kr**

등록번호 **제406-2015-000143호**

Printed in Korea.

ISBN 978-89-460-5978-8 93350

* 책값은 겉표지에 표시되어 있습니다.